AF396745

21/
905

1ᵉ année

Conserver cette couverture)

178101

DROIT INTERNATIONAL PRIVÉ

Année 1904-1905

RÉSUMÉ DU COURS

DE

M. A. PILLET

Professeur de la Faculté de droit
de l'Université de Paris

Prix net: 20 francs.

PARIS

A. PEDONE, Éditeur

LIBRAIRE DE LA COUR D'APPEL ET DE L'ORDRE DES AVOCATS

13, Rue Soufflot, 13

Exemplaire N° _______________

DROIT INTERNATIONAL PRIVÉ

RÉSUMÉ DU COURS
DE M. A. PILLET

1904-1905

PREMIÈRE LEÇON. — *14 novembre.*

MESSIEURS,

Je suis appelé, en l'absence de mon savant collègue M° Lainé, à vous enseigner cette année le Droit international privé. C'est une science dont l'étude exige une attention soutenue, car elle ne laisse pas d'être difficile à comprendre. On court le risque, si on n'y applique pas son esprit dès le début, d'être arrêté en cours de route par des obstacles insurmontables, pour qui ne s'est pas pénétré des premiers éléments. Mais je vous montrerai bientôt, au contraire, combien cette science devient intéressante, pour celui que n'effraie pas un certain labeur. En un mot, notre science est aussi difficile qu'attrayante.

Cette observation faite, je vais essayer de vous donner la définition du droit international privé. Je dis essayer, car cette définition est très discutée, à tel point même qu'on ne peut en fournir une ne donnant point prise à quelque critique. Voici d'abord la définition du célèbre auteur allemand de Bar : « Le Droit « international privé est le droit qui détermine la « compétence de la législation et des organes (tribu- « naux, autorités publiques) des divers Etats en ce « qui concerne les rapports de droit privé ».

Pour Westlake : « Le Droit international privé est « ce département de la loi nationale qui a son origine « dans ce fait qu'il existe dans le monde diverses juri- « dictions territoriales possédant des lois diffé- « rentes ».

Pour M⁰ Lainé : « Le Droit international peut être « défini le droit qui règle les rapports des Etats au « sujet des conflits de leurs lois. »

Enfin, permettez-moi d'ajouter ma définition : « Le « Droit international privé est la science qui a pour « objet la réglementation juridique des rapports in- « ternationaux d'ordre privé. »

Je ne veux pas entrer ici dans la discussion des objections que ces définitions sont susceptibles de soulever. Cette tâche m'entraînerait trop loin. Qu'il vous suffise de savoir que non seulement la définition, mais encore le nom même de notre science est contesté. Les uns l'appellent la science des conflits des lois, les autres, science des rapports des lois dans l'espace... Mais je m'arrête, peu importe la dénomination. Toutes ces formules laissent malgré leur diversité une impression assez nette. Le Droit international privé a pour objet d'établir un certain accord entre les lois des différents pays, une certaine harmonie entre les divers systèmes législatifs. Il a pour but, je le répète, de créer une certaine concordance entre les lois civiles des différents Etats. Les lois civiles ! Et il ne faut pas prendre ce mot dans un sens étroit. Le Droit international privé s'applique aussi bien au droit commercial qu'au droit civil, au droit civil qu'à la procédure. Le droit pénal doit être excepté pourtant. Pourquoi ? Le droit pénal, en effet, n'est-il pas considéré comme rentrant dans le domaine du droit public ? A ce titre il reste en dehors de notre champ d'étude. En outre, il forme l'objet d'une science particulière, le droit criminel international. Cette réserve faite, on peut dire que toutes les branches de la législation privée sont du ressort du Droit international privé.

Je vous parlais, Messieurs, il y a un instant, d'harmonie à établir entre les lois civiles, d'accord à réaliser. Pourquoi donc vouloir créer cette concordance entre les législations primitives ? D'où vient qu'elle soit nécessaire ? Cela tient à deux faits, sur lesquels je vais m'expliquer, — d'abord la *territorialité du pouvoir de l'Etat*, ensuite *l'existence du commerce international*.

Le pouvoir territorial de l'Etat est un fait essentiel, fondamental. C'est l'une des raisons premières de la distribution du monde civilisé entre plusieurs Etats différents. Je passe sur les autres raisons qui expliquent l'existence des Etats. Sans la territorialité du pouvoir de l'Etat, il n'y aurait pas de droit possible.

Comment, en effet, pourrait-on réaliser l'ordre dans un Etat, s'il n'y avait pas un pouvoir exclusif pour établir cet ordre et le maintenir ? Il faut donc un *pouvoir territorial*, — j'insiste sur cette expression, en vous faisant observer que je n'ai point parlé de *souveraineté territoriale de l'Etat*, ou de *compétence territoriale de sa loi*. Ces termes seraient inexacts. Ils laisseraient croire que l'Etat perd tout droit de commandement sur ses sujets lorsque ceux-ci sont hors de leur patrie, ce qui est manifestement inexact, ou que l'on n'applique jamais sur le territoire de l'Etat que les lois de cet Etat, ce qui inexact également.

Ce qui est vrai, c'est que l'Etat possède sur son territoire un droit exclusif de réglementation et de sanction. De là dérive pour lui le droit de faire des lois et d'instituer des tribunaux pour en assurer l'observation.

Le premier fait, justifiant la nécessité d'une concordance entre les législations positives, étant ainsi expliqué, je passe à l'examen du second, — le commerce international.

Qu'est-ce que le commerce international ? Cette expression revêt ici un sens tout particulier. Pour vous le faire comprendre, je rappelle vos souvenirs de droit romain. Vous savez que les Romains désignaient sous le mot commercium, le droit de participer aux actes de la vie juridique, notamment à la *mancipation*. C'est à ce commercium des Romains que je comparerai le commerce international, — en ce sens que j'entends sous ce terme le droit pour les particuliers, appartenant à des nations différentes, de nouer ensemble des rapports juridiques. Le commerce international peut aussi désigner les relations que les Etats ont entre eux, relations réglementées par le Droit international public. Mais pour en revenir au Droit privé, — supposons que l'un d'entre vous aille se marier à l'étranger, il fait un acte de commerce international, et cependant cet acte n'a rien de commercial au sens actuel du mot.

Voilà donc examiné le second des grands faits qui ont nécessité la création de cette harmonie à laquelle j'ai fait allusion tout à l'heure.

Abandonnant les formules, je vais, par un exemple, vous montrer l'utilité de cette harmonie. Un Français se rendant en Allemagne, prend un train, qui, je le suppose, traverse le territoire luxembourgeois. Il meurt brusquement par suite d'un accident quelconque, au moment où il se trouve sur ce territoire. Si la loi de cet Etat était exclusivement territoriale, s'il n'était pas possible d'établir une concordance entre les législations positives, il faudrait dire que ce Français aura sa succession régie par les lois du Grand Duché de Luxembourg, où, pourtant, il n'est pas né, où il n'a jamais vécu, où il ne possède aucun bien. Les questions de partage, de réserve, de rapport entre co-héritiers seraient réglées par la loi étrangère. Ces conséquences, vous le comprenez, seraient absurdes : il saute aux yeux que la succession de ce voyageur ne peut pas être régie par la loi du lieu où il a accidentellement perdu la vie, et que les tribunaux de ce lieu, s'ils sont saisis de cette affaire, devront la juger d'après des lois étrangères.

Dans l'exemple choisi, la loi luxembourgeoise et la loi française sont en présence ; on ne créera un accord entre ces lois qu'à la condition de sacrifier l'une et de faire prévaloir l'autre. Le choix à faire entre elles appartient à notre science, et vous pressentez déjà que si ce choix n'était pas soumis à des règles fixes, il n'y aurait ni sécurité ni justice possibles dans le commerce international.

Je me demande maintenant comment l'on pourra établir cette harmonie nécessaire? Les Romains avaient déjà affaire à des difficultés du genre que nous venons de voir, bien que les questions alors soulevées fussent très différentes des nôtres. Dans l'Empire coexistaient deux catégories de personnes qui ne suivaient pas la même loi : les citoyens et les pérégrins. Les Romains, maîtres du monde connu à cette époque, auraient pu aisément supprimer ces divergences, mais, au moins jusqu'à l'édit de Caracalla, ils laissèrent subsister cet état de choses pour ne pas faire disparaître les avantages attachés au titre de citoyen romain. Pour remédier à la difficulté, ils avaient créé, sous le nom de *jus gentium*, un droit particulier aux rapports des pérégrins entre eux et à leurs rapports avec les citoyens. De nos jours, on ne rencontre plus rien de semblable à ce *jus gentium*, personne ne peut songer à le faire revivre, car il n'y a plus de législateur souverain pour l'imposer au respect de tous les États. Pourtant, dans certaines conventions actuelles, on voit les puissances établir un régime qui leur sera commun, — ce sont les Unions. Par exemple, l'Union postale, la plus grande des conventions existantes actuellement, l'Union télégraphique de 1865, l'Union des transports de marchandises par chemins de fer de 1890. Voilà des cas, où l'on peut trouver quelque chose d'analogue à l'antique *jus gentium*, en ce sens qu'un régime international se trouve dans les Etats contractants superposés au régime intérieur qui demeure propre aux rapports des citoyens entre eux.

Mais puisqu'il n'est plus possible de ressusciter le *jus gentium*, comment donc va-t-on résoudre, de nos jours, les problèmes internationaux d'ordre privé ? Deux solutions apparaissent à l'esprit :

1° Etablissement d'une communauté de droit ;

2° Fixation de la compétence des diverses législations.

Et d'abord établissement d'une communauté de droit. Si l'on pouvait créer entre les Etats un droit civil, un droit commercial, une procédure uniformes, la plupart des difficultés de notre science disparaîtrait. Mais la communauté de droit doit être considérée, à l'heure présente, comme une utopie. Elle ne sera pas réalisée, elle n'est même pas réalisable en fait.

En effet, quand même l'entente serait parfaite, chaque peuple dans son pays ne serait pas libre de réaliser les progrès qui lui sembleraient souhaitables. Il lui faudrait obtenir le consentement de tous les autres, et le droit courrait alors le risque de vieillir vite et de se cristalliser. Mais la communauté du droit ne peut pas se produire, pour bien des raisons. Je ne vous dirai pas, avec Montesquieu, que chaque peuple a ses mœurs, ses coutumes, ses institutions, qui ne conviennent qu'à lui seul, je crois ce raisonnement plus apparent que réel, mais ce qui me paraît certain, au contraire, c'est qu'un peuple tient à sa législation particulière, parce qu'il tient à ses traditions nationales, parce qu'il tient à sa patrie. Voilà des barrières infranchissables qui s'opposent à l'établissement d'une communauté de droit. Pourtant une tendance à l'uniformité des lois a pu être observée, notamment en matière d'effets négociables. Dans certaines conventions diplomatiques, on a même vu cette uniformité des lois obtenue dans une assez large mesure, par exemple dans la convention de Berne du 9 septembre 1886, — où l'on a réglementé la protection des droits de l'auteur d'une œuvre littéraire et artistique.

Quoi qu'il en soit, Messieurs, on ne peut attendre d'une semblable méthode la solution des conflits de lois. Reste donc, comme dernier recours, la *fixation de la compétence des diverses législations*.

Puisque nous savons que le *jus gentium* a disparu sans espoir de retour, puisque l'uniformité des législations positives est une utopie, nous sommes bien obligés de subir la diversité des législations. Il importe donc de fixer la compétence de chaque loi positive, en d'autres termes d'indiquer dans quel cas telle loi sera appliquée, dans quel autre cas elle ne le sera pas.

La réponse à cette question constitue l'objet principal du Droit international privé. Je prends un exemple. Voici une société dans laquelle plusieurs gérants ont été institués par le pacte social. Que faire pour éviter les conflits entre eux ? Il sera de prudence élémentaire de définir ce que l'on attend de chacun de ces gérants. Il en va de même dans notre matière. Chaque législateur peut être considéré assez exactement comme le gérant des affaires de ses sujets. Il est nécessaire de définir avec précision les fonctions de chaque législateur, de déterminer quand la loi qu'il a édictée s'appliquera, ou quand elle devra céder la place à une autre loi.

Savigny donnait une formule assez saisissante du Droit international privé, quand il écrivait que le but de cette science est de fixer « les limites locales de l'empire des lois. » Il rapprochait cette idée de la théorie de la rétroactivité, qui traite des « limites temporaires de l'empire des lois. »

IIe LEÇON. — *15 novembre.*

MESSIEURS,

J'ai essayé hier de vous montrer comment les questions du ressort du Droit international privé ont leur source : 1° Dans l'exclusivité du pouvoir de l'État sur son territoire ; 2° dans les nécessités du commerce international.

Je vais préciser mieux aujourd'hui les problèmes de notre science, pour vous faire connaître l'ordre d'idées dans lequel nous allons entrer cette année. A mon avis, le Droit international privé comprend trois grandes questions :

    1° *La condition des étrangers ;*
    2° *La solution des conflits des lois ;*
    3° *L'effet international des droits acquis.*

Pour vous expliquer ma méthode, je vous propose un exemple. J'ai le projet de me marier en Russie avec une Russe. Trois questions bien distinctes dérivent de cette situation ; elles correspondent à trois moments différents dans le rapport de droit dont il s'agit. Avant de me présenter au fonctionnaire chargé de célébrer mon mariage, je me demande, si moi Français, je puis me marier en Russie avec une

Russe? Si c'est impossible, je n'ai plus qu'à abandonner mon projet. Voilà la première question relative à la condition des étrangers. Je la suppose résolue affirmativement. Alors se présente le point de savoir à quelle loi l'union que je veux contracter va être soumise? Quelle loi vais-je suivre? Quelles dispositions légales me régiront au point de vue de ma capacité, des empêchements qui peuvent faire obstacle à mon union, des formes dans lesquelles elle devra être célébrée? La même question se pose pour ma future épouse. Vous voyez surgir ici des questions de conflits de lois, nous doutons de la loi qui va réglementer mon mariage. Sera-ce la loi française ou la loi russe? Et, en compliquant un peu les choses, en me supposant domicilié en Suisse, — ne serait-ce point cette troisième loi qui va m'imposer ses prescriptions? Poussons plus loin l'hypothèse. Admettons que je sois fixé sur la loi qui régit les conditions de mon mariage ; je sais, par exemple, que c'est la loi française qui m'est applicable. Me voici marié, — quelle loi va régler les effets de mon mariage, soit qu'il s'agisse des rapports légaux, soit qu'il s'agisse des rapports pécuniaires résultant de cette union. Sera-ce la loi française, la loi russe ou bien la loi suisse ?

Vous sentez, Messieurs, par cet exemple, qu'il existe en Droit international privé de graves difficultés. A chaque pas nous serons arrêtés par des obstacles difficiles à franchir.

Je suppose que mon mariage ait été célébré sans

qu'aucune question d'ordre international se soit posée. Voici venir maintenant un autre problème se rattachant à l'*effet international des droits acquis*. J'épouse une Française en France ; dix ans après ce mariage, une circonstance m'oblige à me transporter à l'étranger, où je vais être obligé d'invoquer ma qualité d'époux. Le juge étranger sera-t-il obligé de reconnaître cette qualité d'époux ? Jusqu'à quel point mon mariage en France va-t-il produire ses effets à l'étranger ? Dans quelle mesure les juges étrangers devront-ils respecter les conséquences de mon union ? Vont-ils être obligés de les respecter toutes ? Les mêmes questions surgiront devant mes enfants, s'ils sont appelés à invoquer à l'étranger les droits qu'ils tiennent de leur qualité d'enfants légitimes.

Voilà les trois questions que comprend le Droit international privé.

Je vais les reprendre maintenant sous une forme moins concrète.

La première question ne mérite pas de nous arrêter longtemps. — Quand une personne se propose de faire un acte juridique dans un pays étranger l'on doit se demander immédiatement si le droit que cette personne veut exercer existe à son profit dans ce pays, ou bien si ce n'est pas un droit réservé aux seuls nationaux ? Eclaircissons le problème par un exemple très simple pris dans le droit interne. Vous voulez vous présenter au conseil municipal dans votre commune, une première question se pose : êtes-vous éligible ? — En Droit international privé, on se demande si l'étran-

ger se trouve dans les conditions légales exigées pour
posséder le droit qu'il invoque? S'il ne peut pas être
titulaire de ce droit, il doit renoncer à accomplir un
acte juridique qui ne saurait l'investir, lui étranger,
du droit auquel il prétend.

La seconde question est plus compliquée et mérite
de nous arrêter davantage dès à présent.

La question de conflits de lois est la plus ancienne
de notre matière. Les premiers jurisconsultes qui se
soient occupés de notre science n'étudiaient que des
problèmes se rattachant aux conflits de lois. Ils lais-
saient de côté la condition des étrangers.

C'est qu'en effet, la question des conflits de lois est
la plus importante de toutes les questions de notre domaine. L'Ecole anglo-américaine, par exemple, ne
s'occupe, aujourd'hui encore, que des conflits de lois,
tout comme le faisaient d'Argentré, Dumoulin, Bouhier, tous nos anciens auteurs.

Pourquoi se servir de cette appellation conflits de
lois? Elle porte en elle une allure belliqueuse. Il faudrait plutôt dire concurrence de lois, — mais tenons-
nous-en à l'expression courante, conflits de lois.

Il y a conflit, toutes les fois qu'un rapport de droit
se forme, se modifie, ou se détruit et disparaît dans
des circonstances qui permettent de douter de la législation applicable à l'opération juridique dont il
s'agit.

Quelles sont ces circonstances? Elles sont multiples. Les principales d'entre elles sont le lieu où l'acte
est fait, la nationalité différente des parties en cause,

l'endroit où elles ont fixé leur domicile, le lieu de la situation des biens faisant l'objet de ce rapport de droit, voire même le lieu où siège le tribunal qui doit être saisi de ce rapport.

Pour vous rendre ces choses plus claires, je fais une comparaison. Je suppose qu'un certain contrat soit passé en France entre Français, — une vente, par exemple, — Quelle est la loi qui lui est applicable ? Vous direz : c'est la loi française. Pourquoi ? Est-ce parce que les parties sont françaises, que l'acte a été fait en France, que ses effets vont se produire en France ? A la vérité, nous n'en savons rien, le législateur ne nous l'a point dit. Si nous le savions, nous connaîtrions les règles du Droit international privé, nous saurions quelle loi appliquer dans le cas où ce même contrat, loin d'être national dans toutes ses parties, a des attenances avec plusieurs pays, par conséquent avec plusieurs législations. Nous dirions alors : nous savons que la loi française s'applique aux contrats purement français par l'effet de telle circonstance, de la nationalité des parties, par exemple. Donc, dans un contrat touchant à plusieurs pays nous ne considérerons que la législation du pays auquel les contractants appartiennent. Toutes les autres circonstances nous laisseront indifférents. Mais le législateur n'a pas prévu ces questions.

Il suffit qu'un élément étranger se glisse dans un rapport de droit pour qu'un conflit de lois naisse, et avec lui le doute sur la législation à appliquer. Ajoutons à ce premier élément étranger d'autres éléments de la même nature, et voici que l'hypothèse se complique à l'infini.

Des conflits peuvent se présenter dans toutes les matières du droit, de là la généralité de notre science et aussi son uniformité.

Mais les conflits ne surgissent qu'au moment de la naissance de ce rapport de droit, parce que c'est à ce moment que les lois auxquelles la validité de ce rapport est subordonnée exercent leur autorité et produisent leur effet.

J'insisterai maintenant sur le troisième point, — que, le premier, j'ai proposé de séparer des deux autres. Ce troisième point consiste dans l'étude de l'effet international des droits acquis.

Un conflit de lois peut toujours naître, mais il ne peut naître qu'à l'instant de la création du droit. Cette troisième question suppose, au contraire, le droit déjà né, et il s'agit de savoir si ce droit peut produire son effet dans un pays autre que celui où il a pris naissance. Pourquoi ne les produirait-il pas ? Cela peut vous sembler surprenant. Mais, pour vous faire comprendre les embarras que ce problème peut faire naître, je vous dirai que des obstacles de diverses sortes peuvent entraver sa solution. Et, somme toute, pourquoi un Etat serait-il obligé de respecter les effets d'une loi qu'il n'a pas édictée ? Evidemment, cette objection révèle une certaine absence de sociabilité, mais enfin, c'est l'application brutale de la maxime : « Chacun chez soi. » Nous verrons que l'Etat n'est pas tout à fait libre de parler ainsi. Quoi qu'il en soit, supposons pour un moment que l'Etat admette l'application sur son territoire des effets juridiques des lois de l'Etat étranger. Voici un pays doué d'institutions démocratiques, un étranger y réclame un droit privilégié, par exemple une certaine prérogative concédée dans un pays aux seuls membres de la noblesse. L'Etat chez qui ce droit sera invoqué répondra qu'il ne peut pas tenir compte d'un privilège incompatible avec ses institutions politiques, et ainsi un droit très régulièrement acquis dans un pays ne pourra cependant pas produire ses effets dans un autre pays.

Autre exemple. Supposons que le maître d'un esclave veuille faire consacrer par les tribunaux français les effets de la servitude, les magistrats refuseront leur appui à cette prétention, contraire à l'ordre public français.

Une observation s'impose ici. Une question de conflit de lois met toujours en jeu la validité ou l'invalidité d'un rapport de droit. Le juge n'a qu'à dire si ce rapport est valable ou nul. Au contraire, quand il s'agit de mesurer les effets internationaux d'un droit acquis à l'étranger, on ne se demande plus si ce droit est valable ou inexistant, il ne s'agit plus que de savoir s'il peut produire ses effets à l'étranger, et dans quelle mesure il peut les produire.

Il m'a semblé, Messieurs, au cours de mes études de Droit international privé, que ces questions de conflits et d'effets de droits acquis devaient être séparées, soit parce qu'elles ne se présentent pas au même moment de l'existence du droit, soit parce qu'elles n'ont pas la même amplitude et ne peuvent pas être résolues de la même façon. C'est ce qui vous explique la division tripartite de ce cours.

Il reste à savoir comment on distingue ces questions entre elles. A quel signe reconnaîtra-t-on une question relative à la condition des étrangers d'avec une question de conflits de lois ou de droits acquis ? Je pense qu'on peut les différencier très simplement. Vous vous rappelez que ces problèmes se rapportent à trois moments différents.

1° Le droit n'existe pas encore ;

2° Le droit naît ;

3° Le droit a été acquis.

Pour savoir à quelle catégorie appartient une question que l'on rencontre, il faut se demander si le droit prétendu existe déjà en quelque lieu au moment où la question se pose, dans le cas contraire, si, cette question étant supposée résolue, il existera ou n'existera pas encore au profit de la personne qui le revendique.

Si le droit prétendu existe déjà dans un pays quelconque au profit de la personne qui prétend l'exercer, il ne s'agit que de savoir si ce droit peut être étendu à un pays autre que celui où il a été constitué ; c'est une question d'effet international des droits acquis. Si le droit prétendu ne peut avoir d'existence qu'à la condition de résoudre la question pendante, mais si cette question étant résolue décide directement de la validité de ce droit, de son existence par conséquent, c'est une question de conflits. Quelle loi était compélente? Cette loi a-t-elle été suivie? Voilà la forme habituelle de cette question. Enfin, si la question touche simplement à l'aptitude générale d'une certaine personne à posséder un certain droit, à en avoir la jouissance, il ne suffira pas que cette personne voie cette question résolue en sa faveur pour qu'elle puisse effectivement exercer ce droit. Il faudra encore qu'elle accomplisse auparavant l'acte juridique d'où dépend l'acquisition de ce droit. Une question de ce type est une question de condition des étrangers.

Exemple : La femme étrangère a-t-elle une hypothèque légale en France? La jurisprudence traite cette question comme une question de condition des étrangers. A mon avis, c'est une erreur. A quel moment se rapporte cette question? A celui de l'exercice effectif du droit. On ne se demande pas si la femme étrangère peut acquérir dans l'avenir une hypothèque légale sur les biens de son mari ; on se demande si elle l'a, si elle peut l'invoquer et cela dépend bien évidemment de la loi qui détermine les effets de son mariage. C'est une question de conflits.

Veut-on savoir au contraire si l'étranger peut acquérir une hypothèque conventionnelle en France? Possède-t-il actuellement cette hypothèque? Non, il peut l'acquérir seulement ; alors il ne s'agit plus que d'une question de condition des étrangers.

Pour distinguer le conflit de lois des droits acquis, voici comment on doit poser les termes du problème. En supposant la question non encore résolue, on se demande si la personne intéressée a déjà exercé ou a

pu exercer dans quelque pays le droit dont il s'agit.
Si cette personne possède déjà un droit, droit qu'elle
peut exercer dans un lieu déterminé, on est en présence de droits acquis. Si, au contraire, la question
n'étant pas résolue, l'intéressé doit en attendre la
solution pour exercer son droit, nous rentrons dans
le domaine du conflit de lois.

Une personne publie dans un pays étranger un
livre. Nous supposons qu'elle jouit dans ce pays du
droit de propriété littéraire. La question de savoir si
elle peut à l'occasion de ce livre invoquer cette propriété revient à se demander quelles lois régissaient,
quant à elle étrangère, l'acquisition de cette propriété
et si elle les a observées. C'est une question de conflit.

Mais si cet étranger a publié son livre dans un pays
où il a incontestablement acquis le droit de propriété
littéraire et s'il prétend ensuite exercer ce droit à
l'égard d'un contrefacteur opérant à l'étranger, la
question qui se pose ne concerne pas l'existence du
droit, ce droit existe sans aucun doute, mais la possibilité de faire valoir ce droit hors du pays où il a été
acquis, c'est une question d'effet international des
droits acquis.

Voilà le procédé pratique, je ne pense pas qu'il
laisse de doute dans vos esprits.

Je terminerai par deux observations générales.

La première, c'est que ces trois questions qui forment le patrimoine du Droit international privé, ne
sont pas liées d'une façon indissoluble les unes aux
autres. Elles peuvent se poser séparément. Elles peu-

vent aussi se poser en groupe. Mais, si elles se présentent sous ce dernier aspect, leur ordre est invariable, toujours on rencontre en première ligne la condition des étrangers, puis le conflit de lois, et enfin les droits acquis. Le Droit avant sa naissance, sa naissance, ses effets. Puis-je me marier? Quelles lois seront compétentes? Ce mariage une fois contracté, où pourrai-je invoquer les conséquences qui en découlent?

Ma seconde observation est plus importante.

Ces trois questions n'ont pas la même amplitude. Celle qui possède le domaine le plus considérable, c'est la question des conflits. Elle peut se présenter partout où il y a *diversité de législations*. Les questions de condition des étrangers et d'effet international des droits acquis ne se rencontrent que lorsqu'il y a en outre *diversité de souverainetés*. Par exemple, l'ancienne France soumise à la même souveraineté ne connaissait presque que les conflits de coutumes. Cette situation est moins fréquente aujourd'hui qu'autrefois. On peut encore la retrouver dans certains États modernes, comme la Suisse, l'Autriche séparée de la Hongrie, l'Espagne, où subsistent quelques provinces privilégiées. Il y a lieu en pareilles hypothèses à conflits interprovinciaux.

Au contraire, dans ces mêmes cas, où plusieurs provinces obéissent à des législations différentes, il n'existe pas de questions sur la condition des étrangers, de même pour les droits acquis. Un droit acquis dans une province doit produire son effet dans une autre province soumise à la même souveraineté.

En résumé, la question de conflit de lois apparaît dès qu'il y a diverses législations, tandis que le problème de la condition des étrangers ou celui des droits acquis exigent, en outre, qu'il y ait une diversité des souverainetés.

Quand la question des conflits de lois se rencontre à l'intérieur de pays obéissant à la même souveraineté le conflit pourra être réglé par le pouvoir supérieur. Au contraire, le conflit non plus interprovincial, mais international est plus grave, car il n'existe pas de pouvoir central pour établir l'unité.

Les conflits de lois interprovinciaux disparaîtront peut-être un jour par suite de codifications. Voici l'exemple de l'Italie, de l'Allemagne qui ont unifié leur législation. Pourtant, d'autres pays, par exemple les Etats-Unis d'Amérique, résisteront encore longtemps à ce mouvement, et nous ne verrons pas l'époque où il n'y aura plus que des conflits de lois internationaux.

IIIe LEÇON. — *16 novembre* (1).

MESSIEURS,

Je vais traiter aujourd'hui des sources du Droit international privé. C'est une question difficile, et pour la bien comprendre, il faudra vous façonner déjà un peu un esprit international. Ce Droit international privé, qui est destiné à concilier les divergences des législations, à quelles sources irons-nous le puiser? Où trouver la matière de cette discipline particulière? Je dois distinguer deux points de vue, dont la séparation est essentielle à l'intelligence de notre sujet : le point de vue du Droit international POSITIF, et le point de vue du Droit international SCIENTIFIQUE.

Qu'est-ce que le Droit international positif? Les législateurs se trouvent dans la nécessité d'édicter certaines règles générales qui serviront d'indications à leurs juges pour les guider dans la solution des questions du Droit international privé. Comment le législateur va-t-il réglementer ces difficultés? Par voie de dispositions insérées dans les Codes, le plus souvent dans les Codes civils. Ainsi chez vous, l'article 3, le seul général d'ailleurs sur la matière, a été placé dans

___

(1) Droits de traduction et de reproduction réservés.

le Code civil afin de donner aux juges français des indications leur servant à solutionner les conflits de lois, quand ils se présenteront devant eux. On retrouve ces dispositions dans le Code italien, dans le Code espagnol, surtout dans le Code civil allemand. Je vous en parlerai tout à l'heure.

Parfois la mission de régler le conflit des lois est renvoyée par le législateur à la jurisprudence avec ce principe, que *les précédents sont obligatoires*. C'est le cas de l'Angleterre et des Etats-Unis d'Amérique. Les juges y sont liés alors par les décisions antérieures, et la succession de leurs arrêts forme la législation internationale positive du pays.

Quelquefois aussi, ce Droit positif international est formé par la voie de traités particuliers, ou par des stipulations qu'on rencontre dans les traités généraux. Ainsi, au XVIIIᵉ siècle et au commencement du XIXᵉ, les traités de commerce contiennent toujours des dispositions sur la condition des étrangers.

Ce Droit international privé positif consiste donc, en de certains articles, de législation intérieure ayant la force des lois civiles du pays dans lequel ils ont été promulgués. Ainsi, l'article 170 du Code civil parle du mariage des Français à l'étranger. Cette disposition n'est qu'une loi française, obligatoire pour nos seuls tribunaux. Mais en dehors des frontières, cette règle n'a plus aucune autorité.

Il en résulte que les différents pays ont chacun un Droit international privé qui leur est propre, celui qu'ils ont promulgué eux-mêmes. Il y a de ce chef un

Droit international privé français, allemand, italien, anglais, etc., et ils sont tous, malheureusement, très dissemblables les uns des autres. Vous apercevrez immédiatement le défaut de cette forme positive du Droit international privé. La disposition qui a force de loi en France n'étant pas la même, par exemple, que celle qui s'impose en Allemagne, une même question recevra une solution variant suivant le tribunal qui aura à en connaître.

A côté de ce Droit international privé en existe un autre, possédant d'autres avantages, mais aussi d'autres défauts. C'est le Droit international privé envisagé sous sa forme générale, scientifique. La doctrine s'applique à imiter dans la société internationale l'œuvre que le législateur national s'efforce de réaliser dans son pays. Elle cherche à créer une réglementation qui puisse être considérée partout comme efficace. Mais cette réglementation n'a pas de force obligatoire, parce qu'il ne se trouve pas de législateur suprême pour l'imposer à toutes les nations.

Nous verrons cependant qu'il existe certains moyens de pénétration de la doctrine dans la pratique.

Etant donné que le Droit international privé se présente à nous sous deux formes, l'une positive, spéciale, l'autre scientifique, générale, quelle est des deux formes celle qui est préférable? A mon avis, la forme doctrinale, générale, est la meilleure, car c'est la seule qui donne satisfaction aux besoins du commerce international.

En faveur de cette opinion milite d'abord, Messieurs, une raison théorique. On imagine pas, en effet, qu'un même conflit puisse donner naissance à plusieurs formes de conciliation, rationnellement il n'y en a qu'une seule qui soit véritablement parfaite ; concevrait-on, pour prendre une comparaison, qu'une même société fût formée par plusieurs actes constitutifs et que chacun des associés en possédât un exemplaire différent ? Il en est de même de la société internationale, il lui faut une formule unique de conciliation pour des intérêts contraires, sinon il n'y a pas de conciliation véritable.

A côté de cette raison théorique, il en est de pratiques. Si l'on savait par avance, au moment où chaque rapport de droit se forme, dans quel pays et devant quels juges, ce rapport de droit devra venir pour obtenir son exécution, la diversité des systèmes internationaux serait alors tolérable, car les parties sauraient à l'avance que telle loi sera compétente et non telle autre, pour les juger. Et alors elles feraient un acte obéissant aux règles du Droit international privé de ce pays et seraient assurées de la validité de cet acte.

Malheureusement, à l'époque de la naissance d'un rapport de droit, elles ne peuvent pas deviner le lieu où siègera le tribunal qui aura à connaître de ce rapport, ni par conséquent, savoir quel système de Droit international privé sera appliqué à leurs relations. D'où l'inconvénient de la pluralité des systèmes de Droit international privé. C'est pour les parties une cause d'insécurité absolue ; elles ne sont jamais sûres de la validité du contrat qu'elles ont passé. Il y a plus. A cette première insécurité vient s'en ajouter une seconde. Très souvent, une personne, qui a obtenu condamnation contre une autre, est obligée de demander l'exécution de ce jugement dans un pays étranger. On lui fera, dans ce pays, application d'un système particulier de Droit international privé. Le juge étranger pourra refuser l'exécution du jugement, et le droit sera valable dans un pays, alors qu'il se trouvera nul dans l'autre.

Cette situation est des plus fâcheuses.

Le droit doit présenter, en effet, une certitude absolue, et aussi longtemps qu'il y aura des Droits internationaux privés divergents il n'existera aucune sécurité pour les individus engagés dans des conflits internationaux.

J'en ai dit assez, Messieurs, pour justifier la préférence que j'accorde à la forme scientifique, générale du Droit international privé. Correspondant aux deux formes, dont je viens de vous entretenir, existent deux catégories de sources différentes. Les unes, les *sources positives*, correspondant au Droit international privé positif ; les autres, les *sources doctrinales*, se rattachant au Droit privé général. Je vais vous donner quelques indications sur chacune d'elles.

Les principales sources positives sont LA LOI et LA JURISPRUDENCE. La loi est à notre époque une source importante. Les Codes renferment habituellement, je vous le disais, des dispositions relatives aux principes du Droit international privé.

Dans le Code civil français nous citons deux dispositions générales : l'une consacrée à la condition des étrangers, c'est l'article 11 ; l'autre, l'article 3, sur les conflits. J'étudierai plus tard ces textes. Un mot seulement sur le dernier.

Cet article 3 tend à deux buts: d'abord à soumettre sous certains égards les étrangers à la loi française et à conserver dans certaines hypothèses le bénéfice de notre loi aux nationaux qui se trouvent à l'étranger. Il n'est donc relatif qu'à l'application de la loi française. Cet article dénote peu d'intelligence des nécessités du commerce international. Ce silence sur la loi étrangère constitue une grave lacune. Pour arriver à la solution des conflits, en effet, il ne suffit pas de légiférer que ses propres juges, il faut encore présenter une solution qui puisse être acceptée par les juges étrangers. Or, les juges étrangers seront peu disposés à accorder aux Français le bénéfice de la loi française, même dans les cas où son application est la plus légitime, s'ils ne savent pas que leurs nationaux sont assurés en France d'un traitement analogue. Or, le silence de notre Code est de nature à les inquiéter sur ce point. En outre, pourquoi ce silence? Ne sait-on pas qu'il faudra quelquefois appliquer en France les lois étrangères aux étrangers. Ne valait-il pas mieux dire dans quelle mesure ces lois étrangères pourraient être appliquées sur notre territoire?

Jetons maintenant un rapide coup d'œil sur quelques codes étrangers.

Le Code italien, promulgué en 1865, et qui est en

vigueur depuis 1866, contient plusieurs dispositions concernant le Droit international privé. Elles sont contenues dans les dispositions préliminaires. La condition des étrangers, traités d'une façon très libérale, est réglée dans le corps du Code civil même (article 3). Les règles sur le conflit des lois ont été évidemment écrites sous l'influence directe de Mancini. Il est à remarquer que la rédaction du Code italien, en ce qui concerne le Droit international privé, est meilleure que celle de notre propre Code. Les règles posées sont applicables aussi bien aux Italiens qu'aux étrangers. Elles sont empreintes d'un caractère très large, et sont par là de véritables dispositions internationales.

Le Code espagnol, promulgué en 1889, présente ceci de particulier, qu'il n'a pas établi en Espagne l'unité complète de législation. Il laisse subsister les *fueros* ou législations locales dans certaines provinces, notamment les provinces basques. Ce Code espagnol s'inspire du Code italien aussi bien quant à la condition des étrangers que touchant le conflit de lois. Le Code espagnol est intéressant à étudier, parce qu'il règle les conflits susceptibles de s'élever entre le Droit du Code et celui des fueros.

Le Code civil allemand, promulgué en 1896, est en vigueur depuis 1900. Le principal défaut de cet ouvrage, en ce qui concerne notre matière, est, à mon avis, que le succès de l'œuvre ne correspond pas à la peine que l'on a prise pour l'édifier. A la vérité, de nombreuses dispositions y sont renfermées, mais elles sont trop détaillées. Les rédacteurs de ce Code ont envisagé les problèmes séparément, et il ne se dégage pas de leur œuvre une idée générale directrice. Ce Code laisse une impression d'obscurité, et l'interprétation doit, je pense, en être difficile pour les tribunaux. Il ne contient rien sur les contrats, ce qui constitue une importante lacune. Il présente d'autres défauts ; ainsi, en matière de succession, l'article 24 de la Loi d'instruction soumet l'acquisition des biens à une certaine loi, et le paiement des dettes à une loi différente. C'est une faute de méthode évidente. Pourtant, comme disposition particulière, citons l'article 31, qui autorise le Chancelier de l'Empire à prendre des mesures de rétorsion contre les États étrangers, leurs sujets ou les ayants cause de ces derniers. C'est une menace contre les autres États. Je ne sache pas qu'il ait été fait application de ce texte jusqu'à présent. Je mentionne encore la réserve de la validité des traités antérieurs à la promulgation du Code. Je citerai enfin les règles sur les législations provinciales, dont l'application ne peut avoir lieu qu'autant qu'elle est permise par les articles de la loi d'introduction.

IVᵉ LEÇON. — *21 novembre* (1).

MESSIEURS,

Je vais vous entretenir d'abord de la jurisprudence considérée comme une source positive de Droit international privé.

La jurisprudence est une des plus abondantes sources de notre science : car les législations même les plus développées sont toujours radicalement insuffisantes en présence des nombreuses questions de Droit international privé susceptibles de se présenter devant les tribunaux. Nombre de pays comme le nôtre ont une législation écrite ; le juge y est alors l'interprète de la loi, et son rôle, apparent au moins, consiste à démêler l'intention du législateur et à l'appliquer aux espèces variables qui se présentent devant lui. Mais rien n'empêche théoriquement les juges de donner des solutions différentes à la même espèce, rien, pas même le contrôle de la Cour de cassation, contrôle qui ne s'étend pas au delà de l'application du droit à l'espèce qui lui est soumise. Pourtant, en pratique, dans les pays de législation écrite, il se forme une certaine façon assez constante de traiter les ques-

---

(1) Droits de traduction et de reproduction réservés.

tions de droit et, au bout d'un temps plus ou moins long, une jurisprudence bien établie y acquiert toute la fixité de la loi. Eh bien ! cette jurisprudence, très abondante en notre pays, aura en fait force de loi.

Dans d'autres pays, à législations coutumières, le rôle du juge est plus élevé et plus vaste ; il dit véritablement le droit, et alors il est obligé de respecter les précédents, sous peine de laisser s'établir dans la pratique judiciaire une irrémédiable confusion. C'est ainsi qu'en Angleterre et dans les Etats-Unis d'Amérique, où la législation n'est pas codifiée en ce qui concerne le Droit international privé, la justice constitue, suivant l'expression de Dicey, une législation subordonnée, subordonnée en ce sens qu'elle est susceptible d'être modifiée par une loi écrite émanée du législateur. Cette hypothèse se présente rarement, et c'est de la sorte que le Droit international privé de l'Angleterre s'est peu à peu formé par suite du respect des juges anglais pour les précédents.

Enfin, il faut ajouter encore aux sources du Droit international privé positif les traités. Pour chacune des H. P. C., les articles contenus dans les traités deviennent autant de dispositions de Droit international privé dans les relations existant entre elles.

On se demande souvent ce qui vaut mieux pour un pays d'un droit écrit ou d'un droit non écrit. En ce qui concerne le Droit international privé, la réponse n'est pas douteuse.

Quand la formation de notre science a été abandonnée à la jurisprudence, il en est résulté une indétermination si grande, que les meilleurs jurisconsultes, par exemple Dicey, Westlake en Angleterre, sont obligés de s'exprimer d'une façon dubitative sur les plus graves problèmes. Malgré l'antiquité de la jurisprudence anglo-américaine et son respect absolu des précédents, il reste beaucoup de points sur lesquels il est impossible de formuler avec précision les règles qu'elle applique.

Voilà pour les sources positives. Passons à l'étude des sources générales qui doivent concourir à la formation du Droit international privé universel.

En premier lieu, nous rencontrons la doctrine, c'est-à-dire l'opinion des jurisconsultes. Elle n'a et ne doit avoir aucune force obligatoire, car les jurisconsultes ne sont à aucun degré des législateurs. La doctrine est indispensable cependant, et elle est même plus nécessaire ici que partout ailleurs. Pourquoi? C'est qu'ici il ne se trouve pas de législateur suprême pour trancher d'une manière impérative les difficultés du domaine de notre science.

L'homme de doctrine, s'il n'a pas le pouvoir du législateur, présente au moins sur ce dernier l'avantage d'être assez dégagé des préoccupations locales, pour envisager véritablement les questions sous un angle international. Car la solution la meilleure pour chacun en Droit international privé se confond avec la solution la meilleure pour tous. Ce point de vue échappe fatalement, l'expérience le prouve, aux praticiens, trop préoccupés des intérêts particuliers de leur pays pour pouvoir statuer avec une indépendance suffisante sur les intérêts de la communauté internationale.

C'est ainsi que le législateur s'occupe volontiers de l'application de sa propre loi et néglige dans son œuvre la place qu'il convient de donner à l'application des lois étrangères ; de même, la jurisprudence cède trop volontiers à la tentation de soumettre les cas douteux à l'empire de sa loi intérieure, soit parce que cette loi est celle que les juges connaissent le mieux, soit en vertu de ce préjugé que leur loi est la meilleure de toutes.

L'histoire nous donne de nombreux exemples d'influence directe exercée par la doctrine. Au XVIe siècle, Dumoulin, dans une consultation célèbre, a posé un principe fondamental de notre science touchant le rôle de la volonté en matière de contrat, c'est le principe de l'*autonomie de la volonté*. Ce principe s'est imposé à la pratique de haute lutte, les Parlements y résistaient, Froland, deux siècles après Dumoulin, le contestait encore, et pourtant la théorie de l'autonomie a triomphé.

Plus récemment, la doctrine de Mancini a dominé la rédaction du Code italien ; tout dernièrement encore, on a pu être frappé de l'influence que les études doctrinales de ces dernières années ont prise sur les délibérations des Conférences de La Haye. Par exemple, on a résisté longtemps au principe de l'unité de la succession en Droit international privé ; la jurisprudence française n'a jamais voulu accepter ce principe, adopté pourtant sous la poussée de la doctrine dans les Conférences de La Haye.

Comme autre source générale du Droit international privé, on peut citer la coutume.

La coutume a sur la doctrine cette supériorité incontestable de posséder force de loi dans les pays où elle est reçue. Mais la coutume n'a de valeur générale qu'autant qu'elle s'étend à tous les pays civilisés. L'ancien droit nous offre un illustre exemple de l'influence de la coutume. Grâce à elle, la théorie des statuts a étendu son autorité à tous les pays civilisés. Pendant le XVIIe et le XVIIIe siècle, il n'était aucun pays qui ne reconnût l'autorité de la théorie des statuts. Cette reconnaissance fut l'œuvre de la coutume. De nos jours, on lui rapporte la création de la règle *Locus regit actum.*

C'est encore à la coutume qu'on doit l'admission des pouvoirs des consuls en Droit international privé. Elle a unifié les traités sur ce point.

Il arrive parfois que les diverses législations positives adoptent toutes une même règle pour la solution d'une question de Droit international privé. Prises en particulier, ces règles ne sont que des dispositions de Droit international privé positif, mais envisagées dans leur ensemble, elles forment une coutume dans la communauté internationale des États. Par exemple, on admet partout que la capacité de l'étranger est régie en principe (et sauf certaines exceptions), par sa loi nationale. Ce principe constitue une véritable coutume internationale.

Je crois, Messieurs, vous avoir donné des indications suffisantes sur les sources de notre science. Elles correspondent, comme vous le voyez, à deux droits, l'un, droit général, qui est désirable, vous le savez maintenant, mais qui est aussi, le plus souvent dépourvu de sanction pratique ; l'autre positif, qui a la force obligatoire de la loi interne, mais qui est relatif et varie d'un pays à l'autre.

Peut-on songer à une pénétration du premier dans le second ? Si oui, par quels moyens ?

Cette pénétration de la doctrine générale dans la pratique est possible. Elle s'effectuera par deux moyens, par l'action de la jurisprudence et par les traités internationaux.

D'abord par l'action de la jurisprudence. Le juge doit interpréter la loi, mais la loi en notre matière est toujours, je vous l'ai dit, radicalement insuffisante. De là une liberté plus grande pour le juge. Comment va-t-il en user ? Il arrive parfois que bien que la loi ait gardé le silence sur une question posée au juge, l'intention du législateur est évidente, dans ce cas le juge est lié. Par exemple, un juge italien qui n'interpréterait pas le Code italien conformément aux idées de Mancini, donnerait à ce Code une mauvaise interprétation. De même, chez nous, un parti important soutient que l'interprétation de l'article 3 doit être maintenue conforme à la théorie des statuts. De là, pour ce parti, une méthode d'interprétation obligatoire pour le juge. Mais ces lignes d'orientation manquent le plus souvent, et de bonne foi, on ne peut pas savoir quelle a été l'intention du législateur. Le champ est ouvert devant le juge, qui peut et doit user de sa liberté pour faire pénétrer dans la pratique nationale la théorie générale de Droit international privé qui lui semble juste. Le juge, en effet, a pour mission de réaliser le droit, « et la jurisprudence est chez nous, « à l'époque moderne, la seule occasion vraiment fé- « conde, en tout cas la plus fréquente, de formation « d'une coutume générale. » (Cf. Geny, *Méthode d'interprétation*, p. 436.)

Donc, en résumé, la jurisprudence doit s'inspirer d'une doctrine générale dans ses décisions, toutes les fois qu'elle n'est pas liée par le texte de la loi et qu'elle peut suivre cette doctrine sans se mettre en contradiction avec l'intention du législateur. Voilà un premier moyen facilitant la pénétration du Droit international privé rationnel dans le domaine du Droit international privé local.

Le second moyen de pénétration se rencontre dans les conventions diplomatiques. Mancini en préconisait déjà l'emploi permettant d'arriver à l'application d'un Droit international privé satisfaisant. (Cf. Mancini, Cl 1874, p. 221 et suiv.)

Au témoignage d'un écrivain hollandais, M. Asser, une initiative semblable fut prise par un ministre des affaires étrangères des Pays-Bas, le baron Gericke de Herwinen.

En 1889, les Etats du Sud de l'Amérique passèrent entre eux, à Montevideo, un certain nombre de traités importants sur des matières du ressort du Droit international privé. Mais un auteur italien (Gemma) prétend qu'ils n'ont pas été ratifiés par les Etats contractants.

Plus récemment, une tentative beaucoup plus sérieuse a été faite, c'est celle des conférences de La Haye, tendant à l'unification des règles du Droit international privé et à leur adoption par les divers Etats, au moyen de grands traités.

Ces conférences ont été tenues à quatre reprises, en 1893, 1894, 1900 et 1903. C'est sur l'invitation du gouvernement néerlandais que ces conférences ont eu lieu. Tous les Etats de l'Europe y prirent part, à l'exception de l'Angleterre et de la Turquie. Pour la Turquie, cette abstention est très intelligible, car les capitulations rendent les étrangers à peu près indépendants de l'autorité ottomane. Dès lors, le nombre des conflits de Droit international privé est moins grand dans ces pays. De plus, en Turquie, la législation varie suivant la religion des personnes. Pour l'Angleterre, son abstention est moins compréhensible. Elle a sa cause dans les différences nombreuses qui séparent en matière de Droit international privé le système anglo-américain des divers systèmes reçus sur le continent. Et puis, il est très difficile de faire accepter en Angleterre des règles juridiques qui ne soient pas conformes aux traditions anglaises.

Les conférences de La Haye ont tendu à l'unification du Droit international privé par l'adoption de règles communes à tous les Etats qui y ont pris part, ou à ceux qui viendraient plus tard se rallier aux ré-

solutions prises. A La Haye, les hommes politiques
et les jurisconsultes sont tombés d'accord sur ce point
que pour réaliser le Droit international privé, il fallait
des règles générales que l'on imposerait ensuite à la
pratique des nations intéressées. C'est une victoire
signalée des partisans des méthodes générales.

Les membres de la conférence de La Haye n'ont
pas posé des principes théoriques abstraits, ils ont
rédigé des lois, suivant ainsi une méthode de caractère concret. Mais il est facile de reconnaître dans ces
conférences les progrès de la doctrine depuis ces
trente dernières années. On a usé à La Haye d'une
méthode prudente et sage. En 1893 et 1894, on a procédé par voie de conclusions qui ont été soumises à
l'examen des gouvernements intéressés, et, une fois
les réponses des Etats revenues, on les a discutées
dans le sein de la conférence. En 1893, on a résolu
ainsi les questions touchant au mariage, les commu-
nications des actes judiciaires ou extra-judiciaires,
les commissions rogatoires, les successions.

En 1894, une nouvelle délibération a eu lieu sur ces
mêmes questions à la suite des observations présen-
tées par les gouvernements. On a pris de nouvelles
résolutions sur les effets du mariage quant à l'état de
la femme et des enfants, sur le divorce et la séparation de corps, sur la tutelle, sur la caution *judicatum
solvi* et l'assistance judiciaire, sur la faillite, sur les
testaments et les donations à cause de mort.

Vᵉ LEÇON. — *22 novembre* (1).

Messieurs,

A son tour, la conférence de 1900 aboutissait à la rédaction de projets de conventions sur les conflits de lois en matière de mariage, sur les conflits de lois et de juridiction en matière de tutelle, et enfin sur les conflits de lois relativement aux successions, aux testaments et aux donations pour cause de mort.

Les conférences de La Haye ont eu déjà des résultats pratiques assez appréciables. Une convention fut signée le 14 novembre 1896 sur divers points de procédure ; elle comprenait la Belgique, l'Espagne, l'Italie, le Luxembourg, les Pays-Bas, le Portugal et la Suisse. Elle fut suivie d'un protocole additionnel du 22 mars 1897. Indépendamment des Etats qui avaient signé cette convention, elle reçut l'adhésion de la Suède et Norvège, de l'Allemagne, de l'Autriche-Hongrie, du Danemark, de la Roumanie et de la Russie.

L'objet de cette convention est quintuple ; il se rattache à la communication des actes judiciaires et extra-judiciaires, aux commissions rogatoires, à la caution *judicatum solvi*, à l'assistance judiciaire, et enfin à la contrainte par corps. Cette convention a été

---

(1) Droits de traduction et de reproduction réservés.

ratifiée par la France par un décret du 19 mai 1899.

Le 12 juin 1902, trois conventions ont été signées : l'une sur les tutelles, l'autre sur le mariage, la troisième sur le divorce et la séparation de corps. Un nombre relativement considérable de puissances ont participé à ces conventions et les ont signées : ce sont la France, l'Allemagne, l'Autriche-Hongrie, la Belgique, l'Espagne, l'Italie, le Luxembourg, les Pays-Bas, le Portugal, la Roumanie, la Suède et la Suisse.

Malheureusement, tous les Etats qui ont signé n'ont pas encore ratifié ; voici la liste des Etats qui ont ratifié : la France, l'Allemagne, la Belgique, l'Espagne, le Luxembourg, les Pays-Bas, la Roumanie et la Suède. Chez nous, la promulgation de ces conventions a eu lieu par deux décrets en date du 17 juin 1904.

Et la dernière convention, relative à la séparation de corps, a été ratifiée par un décret en date du 21 juin 1904.

Les traités ont été faits avec *protocole ouvert*, c'est-à-dire que rien n'empêche les puissances tierces, même celles qui n'auraient pas envoyé de représentants aux conférences, d'adhérer après coup aux traités et d'en étendre à leurs sujets leur bénéfice.

En 1903, de nouveaux projets ont été arrêtés à la réunion qui s'est tenue à La Haye ; ils ont porté sur les points suivants : les effets du mariage quant à la femme et aux enfants, ensuite les effets pécuniaires du mariage, les effets du divorce et de la séparation de corps, la faillite, la tutelle des majeurs, la délivrance des certificats de lois ou de coutumes.

Vous pouvez juger par là de l'amplitude de l'œuvre des conférences de La Haye. Ces traités n'ont été conclus que pour cinq ans, à partir de l'échange des ratifications, mais ils sont renouvelables par tacite reconduction. Si une puissance veut s'en dégager, le traité n'en subsiste pas moins entre les autres contractants.

Tels sont, Messieurs, les modes de pénétration de la science dans la pratique. Je ne pense pas pourtant que ce mouvement aboutisse à l'unité du Droit international privé ; toutefois, grâce à lui, il se formera probablement deux groupes considérables d'Etats ; d'une part le groupe anglo-américain, trop attaché à la doctrine des statuts pour admettre un droit nouveau aussi éloigné des précédents ; d'autre part le groupe des Etats continentaux, qui reconnaîtra pour loi commune le droit sorti des délibérations des conférences de La Haye. Ce sera un pas décisif fait vers l'unité. Il est certain que si, au lieu de vingt formules différentes de Droit international privé, il n'existe plus que deux systèmes l'un en face de l'autre, un grand progrès aura été accompli dans le sens de la certitude et de l'efficacité du droit.

Je vous ai parlé, Messieurs, de la pénétration de la pratique par la science ; il faut que je vous parle maintenant de la réaction du droit positif sur la doctrine, phénomène inverse du précédent, phénomène qui se produit quelquefois, et je dis plus, joue un rôle nécessaire dans l'économie générale de notre science.

Notre science a un caractère particulier qu'il faut bien accepter, elle est imparfaite ; c'est une science où

parfois les principes les plus solides ne donnent pas
de bonne solution pour les difficultés de la vie courante ; c'est une science qui a des trous, des lacunes
qu'elle est impuissante à combler, au moins d'une
façon satisfaisante pour les besoins du commerce international. C'est alors la pratique qui vient au secours de la doctrine, pour fournir des solutions qui
comblent les lacunes de cette dernière. Le meilleur
exemple de la réaction nécessaire de la pratique sur
la doctrine réside dans la règle *locus regit actum*, difficilement explicable en pure doctrine, et si nécessaire
en pratique qu'elle constitue peut-être le seul exemple
d'une règle à laquelle la coutume a procuré une autorité universelle.

J'en ai fini, Messieurs, avec ces notions générales,
que je voulais placer en tête de ces explications, et je
puis vous signaler maintenant ce qui fait l'intérêt particulier et, j'ose le dire, la beauté de notre science.

Nous allons avoir à établir entre les législations
positives une formule de conciliation qui puisse re-
vendiquer des titres égaux au respect dans tous les
pays faisant partie de la communauté internationale.
Quand vous étudiez une branche quelconque de la législation française, vous recherchez l'intention de notre
législateur national, et vous examinez la formule qu'il
a donnée du droit, en d'autres termes vous étudiez le
droit dans la formule toujours un peu arbitraire que
lui a donnée le législateur, dont l'œuvre est commen-
tée devant vous. Ici, au contraire, nous qui voulons
établir des formules générales valables pour tout

pays civilisé, nous ne pouvons nous attacher à aucune loi particulière. Pour réaliser cette harmonie que nous souhaitons, que nous devons atteindre pour que le Droit international privé ait dans sa sphère toute l'efficacité que le droit intérieur a dans la sienne, nous sommes obligés de rechercher le caractère intime des institutions juridiques elles-mêmes, et ne pouvons nous attacher qu'à ceux de leurs traits qui leur sont tellement essentiels qu'on les rencontre toujours présents sous l'indéfinie variété des législations positives. Notre méthode va donc nous conduire à des recherches d'une nature élevée, indépendante des textes écrits par les législateurs, plus vivantes et plus profondes que ne le sont d'habitude les études juridiques: c'est ce qui, précisément, constitue la beauté de notre science, c'est ce qui fait qu'on l'aime quand on l'a comprise.

Ce cours comprendra trois parties ; nous allons d'abord étudier la *condition des étrangers ;* dans une seconde partie, les *conflits des lois et leur solution ;* dans une troisième, l'*effet international des droits acquis.*

PREMIÈRE PARTIE

Des étrangers et des nationaux.

Avant de traiter de la condition des étrangers, je devrais logiquement traiter de la *nationalité,* mais, au point de vue de la compréhension du Droit international privé, je préfère n'étudier la nationalité que dans un second chapitre, après la condition des étrangers. Ce premier chapitre comprendra cinq sections :

1° Historique de la condition des étrangers ;
2° Les étrangers dans la législation française ;
3° Les étrangers dans les législations étrangères ;
4° Les étrangers en Droit international ;
5° Les personnes morales étrangères.

CHAPITRE I

De la condition des étrangers.

SECTION I. — *Histoire de la condition des étrangers.*

On entreprend généralement cette étude, en disant avec raison d'ailleurs, que les civilisations anciennes n'étaient pas favorables aux étrangers. La cité antique s'est toujours caractérisée par un esprit d'exclusivisme tout d'abord absolu. Elle n'admet pas les étrangers dans ses murs, ou au moins elle ne les y admet que très exceptionnellement. L'étranger était, à l'origine, suspect, parce qu'il ne participait pas au culte de la cité, et ensuite parce que les cités anciennes, en général peu puissantes, vivaient toujours dans la crainte de tomber sous le joug d'adversaires mieux armés. Admettre les étrangers dans son sein, c'était pour la cité permettre une infiltration dangereuse pour sa propre sécurité.

Sous la pression des circonstances, les civilisations anciennes firent une place très restreinte, ensuite un peu plus large à l'étranger. Elles lui constituèrent même peu à peu un certain état de droit.

A Athènes, les étrangers n'étaient pas tous traités de la même façon. Il y avait d'abord les étrangers voyageurs, sans résidence dans la cité, et à qui aucune concession juridique ne paraît avoir été faite. A côté d'eux, figuraient les étrangers qui avaient élu domicile dans la cité, c'étaient les Métèques ; ils étaient soumis à un impôt, et devaient trouver dans la ville un citoyen destiné à leur servir de répondant, le proxène. En revanche, les Métèques jouissaient de certains droits ; ce qui nous le prouve, c'est qu'on avait institué en leur faveur une juridiction, celle du *polémarque*. Aristote nous dit que son rôle était comparable à celui de l'archonte, dont le pouvoir s'exerçait sur les citoyens. On connut même à Athènes des étrangers d'une situation supérieure à celle des Métèques. C'était ceux qui pouvaient se prévaloir d'un traité d'isopolitie, ils se nommaient les isotèles. Ils étaient dispensés du tribut qui pesait sur les Métèques.

Voilà à peu près tout ce que nous savons de précis sur les étrangers à Athènes.

A Rome, la condition des étrangers a passé successivement par plusieurs phases très différentes les unes des autres. Les étrangers semblent d'abord avoir paru odieux aux Romains. Pour la Rome primitive, tous les étrangers étaient des barbares. Entre eux et les citoyens romains, pas de communauté de droits possible ou même imaginable. Le mot *hostis* désignait également l'ennemi et l'étranger. La loi des XII Tables nous fournit un précepte rigoureux à l'égard des étrangers : *Adversus hostem æterna auctoritas esto.* Dans la Rome de la République, le droit des étrangers prend une figure toute nouvelle. C'est le droit des péregrins ; on peut le faire remonter assez exactement à l'année 507 de la fondation de Rome, année où fut institué le préteur pérégrin.

Jusque là, les étrangers ne trouvaient à Rome quelque protection que par les traités d'hospitalité ou par le patronat. Une fois le droit pérégrin créé, les choses changèrent. Les pérégrins se répartissent en deux classes : les latins et les pérégrins proprement dits.

Les Latins se divisaient eux-mêmes en trois catégories : *Latini veteres*, *Latini coloniarii*, et *Latini juniani*. Il y avait peu de différence entre les citoyens romains et le *Latini veteres*, à qui était refusé seulement le *jus honorum*, mais ils avaient le *jus suffragii*, le *jus conubii* et le *jus commercii*. Quant aux autres Latins, leur participation au droit de cité paraît s'être limitée à la concession du seul *jus commercii*.

Quant aux pérégrins ordinaires, leur situation était différente. Les pérégrins n'étaient pas, à la vérité, tous des étrangers, c'étaient, le plus souvent les sujets de Rome, non citoyens romains, et puis les étrangers alliés de Rome.

Quels étaient les droits des péregrins ? Ils ne participaient pas au *jus civile*, mais ils avaient pour eux

4

le *jus gentium*. L'ancien exclusivisme romain ne permettait pas qu'on leur concédât des droits propres aux seuls citoyens. Toutefois, le sens pratique des Romains les poussait à accorder aux pérégrins des avantages égaux à ceux des citoyens. C'est ainsi qu'au *connubium* s'opposait un mariage *jure gentium*, qui produisait à peu près les mêmes effets que ce dernier. Les pérégrins n'avaient pas la propriété quéritoire, le *dominium*, mais ils possédaient l'*in bonis ;* ils ne pouvaient pas contracter sous la forme « *spondesne ? spondeo* », mais d'autres formes leur étaient permises ; ils ne pouvaient figurer dans un *judicium legitimum*, mais ils pouvaient ester en justice dans les *judicia imperio continentia*.

L'habileté des jurisconsultes romains a été, tout en maintenant le respect du droit de cité, d'assurer l'existence du commerce international par des institutions qui présentaient les mêmes avantages que les institutions du *jus civile*.

La distinction des pérégrins et des citoyens disparut avec l'édit de Caracalla.

Je laisse de côté la question de savoir si, après l'édit de Caracalla, subsistèrent encore des non citoyens romains.

La dernière politique des Romains consista à attirer les Barbares sur ce territoire de l'Empire, en cherchant à en faire des alliés. La politique romaine finit donc par un système contraire à celui par lequel elle avait commencé.

VIᵉ LEÇON. — 22 novembre (1).

Messieurs,

A la puissance romaine succéda dans le monde actuellement civilisé l'empire des hordes barbares venues de Germanie, c'est la période gallo-franque. Elle marque dans l'histoire de nos institutions en même temps qu'un bouleversement social complet, une transformation profonde dans la nature des institutions juridiques. Les Barbares obéirent à certaines tendances, importées de leur pays d'origine sans doute, tendances qui aboutirent au système de la personnalité des lois. Les faits qu'on habitait un territoire déterminé, qu'on était soumis à l'empire de tel souverain, ne déterminèrent plus le droit applicable à la personne, — les Barbares suivaient la loi de la race à laquelle ils appartenaient, les anciens habitants du pays, les Gallo-Romains, demeuraient soumis aux lois romaines. Certains auteurs modernes ont voulu voir dans la personnalité du droit de l'époque gallo-franque la source de la personnalité des lois admise par exemple dans le Code civil italien. Nous discuterons plus tard leur opinion.

Quelle a été la condition des étrangers après les invasions jusqu'au début de la féodalité ? Les étrangers, qui s'appelaient Warganei, paraissent avoir été

---

(1) Droits de traduction et de reproduction réservés.

durant cette période plongés dans une situation fort misérable, situation dont le malheur procédait de leur qualité d'étrangers. Les sources les plus éloignées que nous possédions indiquent que l'étranger, pour jouir d'une certaine protection, devait se mettre sous le patronage d'un citoyen. Ce fut l'origine de la coutume très suivie de la *recommandation*. Elle n'avait pas seulement des avantages pour l'étranger, à qui elle assurait les droits essentiels à l'existence, elle en présentait aussi pour la communauté ; car il parait établi que la personne sous la protection de laquelle se plaçait l'étranger était responsable des actes de ce dernier durant son séjour. Quoique protégé par la recommandation, l'étranger n'avait pas de droits politiques, ne pouvait assister au *mallum*, ni porter les armes ; de plus, dans la sphère du droit privé, il ne pouvait pas contracter mariage avec une personne de race franque, ne pouvait devenir propriétaire de la terre salique. Enfin, on croit bien que déjà à cette époque la fameuse incapacité du droit d'aubaine existait à sa charge.

D'une manière générale, l'on est porté à penser que la condition des étrangers fut assez précaire dans la période gallo-romaine, puisque les capitulaires ordonnaient à la population de ne point les maltraiter. Cette disposition révèle des mœurs hostiles aux étrangers, mœurs que le législateur d'alors s'efforçait d'adoucir.

L'époque féodale a été, au point de vue de la formation du droit, exactement l'inverse de ce que fut l'époque gallo-franque. Dans cette période, quand le seigneur fut devenu un souverain dans ses domaines, le droit devint territorial. La condition des étrangers fut alors particulièrement mauvaise. Les étrangers, qu'on appelait à cette date *aubains* ou *épaves*, étaient frappés de lourdes charges et de graves incapacités. Dans la rigueur du droit féodal, à ses débuts, on était aubain, non seulement quand on venait d'un pays étranger, mais même lorsqu'on appartenait à une seigneurie étrangère. L'homme qui sortait des terres de son seigneur devenait un aubain. On ne pense pas que ce dernier état de choses se soit prolongé au delà du XIVe siècle.

Quelle fut la condition des aubains? Il existe une différence très sensible entre le Nord et le Centre d'une part, le Midi de la France d'autre part. Dans le Nord et dans le Centre, le sort des aubains fut particulièrement rigoureux. Dans le Midi, au contraire, sous l'influence du droit romain contenu dans le bréviaire d'Alaric et aussi sous l'influence de l'émancipation des communes, survenue d'assez bonne heure, ils furent plus favorablement traités.

Dans le Nord, où le régime féodal avait poussé librement de profondes racines, l'aubain était en servitude. Il était, en tant que serf, abandonné au bon plaisir de son seigneur, il était taillable et corvéable à merci. Le seul point qui parût douteux à cette époque était de savoir si l'aubain relevait du seigneur de la terre ou bien du roi. Ce dernier encourageait la controverse, qui ne pouvait que lui profiter. De leur côté, les aubains préféraient se donner au roi ou à l'Eglise, car ils jouissaient de ce chef d'une condition plus douce.

Cet état de choses disparût peu à peu vers le XV° siècle, sous l'influence de diverses causes, dont voici les principales. L'affranchissement des aubains d'abord, qui était une source de profits pour le seigneur, contribua à améliorer leur condition. Puis l'établissement des communes franches, où les aubains devenaient libres et citoyens au bout d'une résidence d'un an et un jour. Les progrès de l'autorité royale aidèrent également au relèvement de la condition des aubains. Du jour où ce principe fut emporté de haute lutte, que les aubains ressortissaient à l'avouerie royale, l'infériorité de leur état comparé à celui des regnicoles ne se manifesta plus que par l'existence de certaines charges et de certaines incapacités.

Les aubains, sous notre ancienne monarchie, étaient assujettis en premier lieu à certains droits accidentels. C'est ainsi que les rois, en temps de pénurie, levaient des taxes extraordinaires sur les aubains. Ces taxes extraordinaires étaient aussi exigées parfois à titre de représailles, quand les étrangers avaient causé quelques torts aux regnicoles ; ces représailles allaient jusqu'à la confiscation de leurs biens.

D'autres droits présentaient, au contraire, un caractère permanent : c'étaient le droit de *chevage*, de *formariage*, et le *droit d'aubaine* proprement dit.

Le droit de chevage consistait en une espèce de cens que l'on prélevait sur chaque famille d'aubains établie dans le royaume ; ce droit profita d'abord au seigneur, ensuite au roi.

Le droit de formariage était, comme le précédent, un droit pécuniaire que l'on percevait de l'aubain quand celui-ci épousait une femme d'une autre condition que la sienne, ou même une femme domiciliée dans une autre seigneurie.

Ces droits tombèrent en désuétude après la féodalité, et sous la monarchie ils ne furent plus invoqués par les rois que comme un prétexte, quand ceux-ci jugeaient utile de frapper de quelque taxe extraordinaire les aubains.

Enfin, le droit d'aubaine *stricto sensu*, je dis *stricto sensu*, car, dans un sens plus large, on emploie aussi le mot droit d'aubaine pour désigner l'ensemble des incapacités qui pesaient sur les aubains, s'analysait dans l'incapacité de l'aubain de disposer ou de recueillir, soit par voie de succession *ab intestat*, soit par voie de succession testamentaire. Cette double incapacité de disposer et de recueillir fut d'abord appliquée dans toute sa rigueur aux aubains, — si bien que leur succession, dans tous les cas, profitait fatalement au seigneur ou au roi. Mais une exception reçue de bonne heure admit que l'aubain pourrait à sa mort laisser sa succession à son fils né dans le royaume, possédant donc la qualité de regnicole. Sous cet état de droit, on disait de lui qu'il ne pouvait avoir d'autre héritier que son corps. On reconnaissait aussi la faculté pour l'aubain de léguer à l'Eglise jusqu'à concurrence de la somme de cinq sous,

Mais l'incapacité de recueillir demeura entière. Notre ancienne jurisprudence tira du droit d'aubaine une distinction juridique célèbre : c'est la distinction des *actes de droit civil* et des *actes de droit des gens.*

Les premiers correspondant à l'incapacité de l'aubaine, les seconds correspondant à sa capacité.

Notre ancienne jurisprudence entendait par actes de droits des gens, accessibles à l'aubain, tous les actes entre vifs, soit à titre onéreux, soit même à titre gratuit (donations, don mutuel, et peut-être encore l'institution contractuelle).

Par actes du droit civil, la jurisprudence comprenait tous les actes faits pour cause de mort. C'étaient ceux qui étaient interdits à l'aubaine. Il ne pouvait, en effet, laisser de succession, ni faire de testament, ni de donations *mortis causa.* On ajoutait à ces actes le retrait liguager.

Cette distinction entre ces deux catégories d'actes a donné lieu à la création de l'adage : « L'étranger vit libre et meurt serf en France. »

L'aubain subissait encore d'autres incapacités, celle de n'occuper aucune charge ou office public. Il ne pouvait, par exemple, être tuteur (la tutelle étant un *munus civile*), il ne pouvait être principal ou régent dans les Universités, ni enfin titulaire d'un bénéfice.

Cette exclusion de la vie politique pourtant laissait place à des exceptions, — elle était beaucoup moins absolue qu'aujourd'hui. Elle ne s'étendait pas notamment aux commandements militaires. Nous avons un exemple fameux en la personne du maréchal de Saxe.

Le droit d'aubaine resta théoriquement en vigueur jusqu'à la Révolution française. Je dis théoriquement, parce qu'en pratique il reçut de tels adoucissements, qu'à la veille de 1789 il n'existait plus, à la vérité.

Voyons les adoucissements dont nous parlons. Ils sont nombreux.

Des particuliers, pour services rendus à l'Etat, recevaient des lettres de naturalité qui devaient être enregistrées aux Chambres des Comptes et des Domaines. Mais il ne s'agissait ici que de cas particuliers. Des exceptions collectives d'une importance bien plus grande furent accordées. La première est celle dont bénéficiaient les étrangers venant aux foires du royaume ; s'ils mouraient pendant la durée de la foire, leurs héritiers recueillaient leur patrimoine mobilier. On étendit bientôt cette exception aux marchands étrangers, présents dans le royaume, politique habile destinée à développer notre commerce.

Sur la même ligne furent mis les ouvriers appelés par le roi au service de ses manufactures ; de même les militaires ou les marins ayant porté les armes sous les enseignes françaises ; enfin, les écoliers étrangers fréquentant nos Universités. Toutefois, à leur égard, la question était discutée.

Je citerai encore les dispenses accordées aux étrangers possesseurs de rentes sur l'Etat ou sur l'Hôtel de Ville. C'était une mesure de crédit public.

En outre, certaines provinces, notamment le Languedoc, la ville de Toulouse, puis la Guyenne, l'Arfois, les villes de Lyon, de Bordeaux, de Marseille, eurent parmi leurs statuts la dispense du droit d'aubaine.

Je mentionnerai encore une exception tout à fait particulière ; n'étaient pas considérés comme aubains en France les habitants des provinces qui, bien que n'appartenant pas à la Couronne, étaient revendiqués par elle. Ainsi, les habitants de la Bourgogne, de la Bretagne, de la Franche-Comté, jusqu'au moment où ils devinrent Français, n'étaient pas considérés comme étrangers en France. Cette exception profitait aussi aux sujets des Flandres, du Milanais, depuis Louis XII, bien que ces territoires n'aient jamais été intégralement français.

D'autres fois, la dispense du droit d'aubaine était accordée aux habitants des pays alliés depuis longtemps avec la France, ainsi notamment aux sujets de la Suisse et de l'Ecosse, depuis le mariage de Marie Stuart avec le Dauphin, devenu plus tard François II.

La dernière et plus importante exception résultait de traités diplomatiques. On les rencontre fréquemment dès le XVIIe siècle. Ils sont fort nombreux. On en a compté de 60 à 80. Avec un si grand nombre de traités, il ne paraît pas rester une large place à l'application du droit d'aubaine. Quelquefois, le droit d'aubaine dans ces traités était remplacé par la perception d'un droit modique sur la succession de l'étranger, c'est ce qu'on appelait le droit de détraction. Il ne subsistait donc, à la vérité, vraiment que peu de chose du droit d'aubaine, au moment où il fut aboli.

VIIᵉ LEÇON. — *28 novembre* (1).

Messieurs,

Le droit d'aubaine et les charges qui s'y rattachent ne devaient pas trouver grâce devant le législateur de la période intermédiaire. Le profit de l'aubaine n'était pas pour le Trésor royal un gain véritable. Necker a donné de ce fait une démonstration péremptoire. Ce profit passait aux mains des courtisans, comme signe de la faveur royale. En outre de ce motif, qui devait entraîner la disparition du droit d'aubaine, le législateur de la Révolution, imbu d'idées cosmopolitiques, était porté à supprimer ce droit.

Cette suppression fut réalisée par deux lois. La première, en date des 16-18 août 1790, s'exprime ainsi : « L'Assemblée nationale, considérant que le droit d'aubaine est contraire aux principes de fraternité qui doivent lier tous les hommes, quel que soit leur pays et leur gouvernement ; que ce droit, établi dans des temps barbares, doit être proscrit chez un peuple qui a fondé sa constitution sur les droits de l'homme et du citoyen, et que la France libre doit ouvrir son sein à tous les peuples de la terre, décrète : Le droit d'aubaine et celui de détraction sont abolis pour toujours. »

____

(1) Droits de traduction et de reproduction réservés.

Un peu plus tard, le législateur de la Révolution revint sur cette disposition en déclarant, par une autre loi des 8-15 avril 1791, les étrangers capables de succéder *ab intestat* et de disposer, de quelque manière que ce soit. Les étrangers qui, vous le savez, avaient déjà l'usage du droit des gens, se trouvaient ainsi placés pour la jouissance des droits civils sur la même ligne que les Français. Ils avaient une situation égale au point de vue du droit privé à celle des nationaux.

Les rédacteurs des lois de l'époque intermédiaire espéraient que les nations étrangères imiteraient leur exemple. Mais celles-ci persistèrent à distinguer sur leur territoire les étrangers des nationaux. La raison de cette résistance se trouve dans les événements politiques qui marquèrent la Révolution française. La guerre déclarée alors à tous les peuples voisins de la France fut-elle pour nous un motif de rétablissement de l'ancien droit d'aubaine? Le Tribunal de cassation, le 3 vendémiaire an X, décida que, nonobstant l'état de guerre, la suppression du droit d'aubaine devait produire ses effets, même à l'égard des sujets appartenant aux nations belligérantes.

Mais ces effets ne purent se manifester, car, en outre des événements politiques que nous venons de signaler, les conditions économiques dans lesquelles vécut la Révolution, notamment le cours forcé et les assignats, ne furent pas de nature à attirer les étrangers dans notre pays.

Quand on fut sur le point de donner de nouvelles lois à la France, on se demanda si l'on allait suivre

la politique libérale de la Révolution ou la répudier.
Le premier projet du Code civil consacrait l'égalité
des étrangers et des nationaux. Mais les idées changèrent, et on considéra comme une duperie de traiter
si favorablement des étrangers qui, chez eux, n'avaient
pas de pareils égards envers nous.

On s'arrêta d'abord au principe de la réciprocité
pure et simple, mais ce système ne paraissant pas
fournir aux Français une garantie suffisante, on lui
substitua le principe de la réciprocité diplomatique,
contenu aujourd'hui dans notre article 11, dont je
vous présenterai bientôt le commentaire.

Section II. — *La condition des étrangers dans le droit français.*

La condition des étrangers dans le droit français
doit être appréciée au point de vue du droit public et
du droit privé.

Je ne vous donnerai que quelques notions sur la
condition des étrangers en droit public.

Il nous faut distinguer les droits politiques d'une
part, et les droits publics proprement dits d'autre part.

Dans la sphère des droits politiques le principe est
très simple : l'étranger ne jouit pas chez nous des
droits politiques. Par conséquent, non seulement
l'étranger ne peut pas prendre part aux élections,
comme électeur ou éligible, mais encore il ne peut
remplir aucune fonction impliquant une participation
à l'exercice de l'autorité publique. L'étranger ne peut

être ni juge, ni juré, ni officier ministériel, ni même avocat ; par contre, on peut le choisir comme arbitre dans une contestation, ou comme liquidateur ou syndic de faillite. Les étrangers ne peuvent être témoins ni dans les actes notariés, ni dans les saisies. Ils peuvent figurer, au contraire, comme témoins dans les actes de l'état civil. Les étrangers ne peuvent servir que dans la légion étrangère ; ils ne peuvent pas exercer les fonctions ecclésiastiques ; enfin, les médecins ou chirurgiens étrangers ne peuvent pas pratiquer en France sans l'autorisation du gouvernement. Je m'arrête ; je n'ai pas la prétention de vous donner ici une énumération limitative. Notons encore que l'étranger peut, cependant, être consul de France, mais c'est une exception sans grande importance pratique actuellement.

Après les droits politiques, venons aux droits publics proprement dits. Ce sont la liberté individuelle, la liberté de conscience, la liberté de la pensée et de la parole, la sûreté de la personne et de la propriété, l'égalité. Ce sont des droits que l'on considère comme l'apanage indispensable de la personne humaine. Ils ressortent de la qualité d'homme.

Ce point de vue vous étant connu, vous comprenez de suite que les droits publics proprement dits sont incontestablement accordés aux étrangers. Aussi ils ont sur notre territoire un droit absolu à la liberté de leur personne. La loi des 28 septembre-16 octobre 1791, article 1er, a déclaré que « tout esclave deviendrait libre en touchant le sol français. » Ce n'est que l'application de notre principe. De même, les étrangers jouissent en France du droit de réunion et d'association, du droit de pétition aux Chambres, de la liberté de la presse (à l'exclusion des fonctions de gérant de journal), de la liberté de l'enseignement sous les mêmes conditions que celles qui régissent les Français. Il a été jugé notamment que les étrangers avaient droit à l'inviolabilité de leur domicile comme les Français ; on a décidé aussi que les étrangers victimes de troubles pouvaient invoquer la loi du 10 vendémiaire an IV, qui met la conséquence de ces troubles à la charge des communes.

Voilà donc l'assimilation des étrangers aux Français admise en ce qui concerne les droits publics. Mais il y a aussi des différences ; elles sont au nombre de deux : la première est celle qui pèse sur les étrangers, les obligeant à faire une déclaration d'établissement ; la seconde consiste dans le droit d'expulsion appartenant au gouvernement à leur égard.

1° Les étrangers qui viennent en France pour y résider sont tenus à une déclaration. Ils y sont astreints par le décret du 2 octobre 1888, qui oblige les étrangers venant se fixer en France à faire devant le maire de la commune, sur le territoire de laquelle ils s'établissent, une déclaration touchant leur identité, leur nationalité, enfin leurs moyens d'existence. Cette obligation est sanctionnée par des peines de simple police. Un second texte, la loi du 8 août 1893, est relatif aux étrangers qui viennent en France exercer une industrie ou un commerce. Dans les huit jours de son arrivée dans la commune, l'étranger doit se faire immatriculer à la mairie. S'il est ouvrier, son patron est responsable de l'accomplissement de cette formalité, et peut être puni de peines de simple police en cas d'inobservation.

Quant à l'étranger lui-même, il peut être frappé d'une amende de plusieurs centaines de francs et se trouve en outre menacé de l'expulsion.

2° Le droit d'expulsion est plus important et plus juridique aussi. Il a été réglementé successivement par la loi du 28 vendémiaire an IV, article 7, et par la loi actuellement en vigueur du 3 décembre 1849, articles 7 et 8. Ce droit d'expulsion est général et absolu. Il permet au ministre de l'intérieur de renvoyer du territoire français tout étranger dont la conduite paraît menaçante pour l'ordre public.

Dans les départements frontières, le préfet possède ce même droit à l'égard des étrangers non résidents, à charge seulement par lui d'en référer immédiatement au ministre de l'intérieur. L'étranger qui, après avoir été chassé du territoire français, y est retrouvé, devient passible d'un emprisonnement de six mois à un an.

Ce droit est arbitraire. Il est confié au ministre de l'intérieur sous sa seule responsabilité. Dans les rapports de la France et de certaines nations étrangères il a été tempéré par des conventions diplomatiques, portant en général que l'expulsion ne pourra être prononcée que pour des causes graves et à charge d'en référer immédiatement à l'agent diplomatique du pays dont l'étranger expulsé est le sujet. Vous apercevez, Messieurs, l'avantage de cette stipulation. Elle ouvre un terrain de discussion et ainsi fournit un motif de réclamation à l'Etat étranger au cas où l'un de ses nationaux aurait été l'objet de vexations arbitraires. Par contre-coup, elle garantit les étrangers qui peuvent l'invoquer contre une expulsion précipitée et sans motifs suffisants.

Je vous signale en passant, sans y insister, une difficulté qu'a fait naître en droit privé l'exercice du droit d'expulsion. Ce droit, appartenant au gouvernement, est général ; d'autre part, certaines catégories d'étrangers, en vertu de nos lois sur la nationalité, peuvent devenir Français par le bienfait de la loi, à la condition de fixer leur domicile en France. Tels sont, par exemple, l'enfant d'un étranger né en France, mais qui n'y est pas domicilié lors de sa majorité (article 9, § 1, du Code civil), ou l'enfant né d'un ex-Français (article 10). Il est possible que l'une de ces personnes ait été expulsée, et alors on se demande si cette personne peut, malgré son expulsion, rentrer en France et y fixer son domicile dans le but d'acquérir la qualité de Français ?

Il existe à cet égard un conflit très aigu entre le Code civil et la loi de 1849, article 8.

Comment concilier ces deux textes ? Je ne veux pas entrer dans les détails d'une controverse qui a occasionné un partage entre la chambre criminelle et la chambre civile de la Cour de cassation. La chambre criminelle disait : « Les étrangers ont été expulsés, ils ne peuvent plus rentrer en France, où leur présence est délictueuse et ne peut leur servir de prétexte pour acquérir la qualité de Français. » La chambre civile répondait : « Ces individus ont conservé de par le Code civil la possibilité d'acquérir la qualité de Français en fixant leur domicile en France, et cette fixation de domicile ne peut être considérée comme délictueuse en aucun cas, puisqu'elle ne constitue que l'exercice d'un droit. » Dans une affaire Lorent, le débat alla jusqu'aux chambres réunies de la Cour de cassation, qui, par arrêt du 9 décembre 1896 (Cl. 97, p. 563), donnèrent raison à la jurisprudence de la chambre civile, en déclarant que ces étrangers pouvaient rentrer en France et y fixer leur domicile, par ce motif, qu'ayant bien certainement une vocation à devenir Français, ils devaient posséder aussi les moyens pratiques de faire valoir cette vocation, et par conséquent de fixer leur domicile en France.

Cette doctrine me paraît très soutenable. D'ailleurs, depuis 1893, l'étranger qui veut bénéficier de sa qualité de Français doit faire enregistrer sa déclaration, et le gouvernement, après avis conforme du Conseil d'État, a la faculté de refuser cet enregistrement pour indignité du postulant. Cette législation fait disparaître l'inconvénient pratique de la jurisprudence des chambres réunies, en donnant au gouvernement le moyen de refuser la nationalité française aux sujets le plus manifestement indignes de l'acquérir. (Cf. Cl. 97, 98, articles de Mᵉ Lainé contre la juriprudence de la Cour de cassation.

J'en ai fini, Messieurs, avec la question des droits publics de l'étranger. J'arrive aux droits privés. Je veux vous faire connaître en cette fin de leçon les textes qui ont trait à la matière. Tout d'abord, un texte général, l'article 11 du Code civil, puis les articles 726 et 912 (abrogés par la loi du 14 juillet 1819), les articles 14, 15 et 16, puis l'article 13, qui crée une classe d'étrangers privilégiés. En outre, je dois noter que beaucoup de lois postérieures au Code civil ont accordé des droits importants aux étrangers. Ainsi, le décret-loi du 16 janvier 1808, article 3, permet aux étrangers d'acquérir des actions de la Banque de France ; le décret du 5 février 1810, article 40, et le décret du 28 mars 1852 reconnaissent à l'étranger le droit de propriété littéraire et artistique ; la loi du 21 avril 1810, article 13, concède aux étrangers le droit d'être concessionnaires de mines en France ; la loi du 5 juillet 1844 les autorise à prendre un brevet d'invention ; la loi du 23 juin 1857, complétée par la loi du 20 novembre 1873, les admet au bénéfice des marques de fabrique ; la loi du 20 juillet 1886, article 14, leur permet d'user des caisses de retraite pour la vieillesse.

Par contre, on cite l'article 905 du Code de procédure civile, qui leur refuse la cession de biens ; il est vrai que cette disposition n'a plus d'intérêt, depuis l'abolition de la contrainte par corps.

VIIIe LEÇON. — *22 novembre* (1).

MESSIEURS,

Nous allons examiner successivement d'abord ce que dit l'article 11, et ensuite ce qu'il ne dit pas. L'article 11 du Code civil est ainsi conçu : « L'étranger jouira en France des mêmes droits civils que ceux qui sont ou seront accordés aux Français par les traités de la nation à laquelle cet étranger appartiendra. »

Que dit cet article et quelles en sont les conséquences immédiates? Cet article 11 nous explique que les étrangers seront admis à jouir en France des droits dont les Français jouissent dans le pays de ces étrangers en vertu de traités. C'est le principe de la réciprocité diplomatique. Vous savez que ce n'était pas celui auquel s'étaient arrêtés les rédacteurs du Code civil, je vous renvoie aux explications que je vous ai fournies à ce sujet dans ma dernière leçon.

La première réflexion que suggère l'article 11 est que sa disposition est complètement inutile. Lors, en effet, qu'un traité est passé entre la France et une nation étrangère, conférant aux Français certains droits dans le pays étranger, il n'est plus besoin de l'article 11 pour autoriser l'étranger à jouir de ces droits en France. Pourquoi? Parce que ces traités contiennent toujours des avantages réciproques : et

---

(1) Droits de traduction et de reproduction réservés.

il suffit du traité pour permettre aux sujets des Parties Contractantes d'exercer les uns chez les autres les droits qui y sont stipulés.

Ce texte de l'article 11 a suscité récemment une difficulté considérable qui aurait pu se présenter plus tôt. Que faut-il entendre par le *même* droit dont il est question dans l'article 11 ? S'il faut que ce droit soit réglementé de façon identique, il est certain que notre article 11 devient inutile pour cette seconde raison. On ne peut pas exiger, en effet, une identité complète, on doit se contenter d'une similitude. Le mot est vague. Jusqu'à quel point doit être poussée cette similitude ? Quand un droit établi à l'étranger est-il assez semblable au droit pratiqué en France pour être considéré comme le *même* droit ?

Je veux, à cet égard, résumer devant vous une espèce qui s'est présentée dernièrement. Il y a quelques années, un ordre était ouvert en France sur des immeubles appartenant à un Suisse vaudois. La femme du débiteur se prévalut de la convention franco-suisse du 23 janvier 1882 et demanda qu'en vertu de cette convention elle fut colloquée au premier rang sur le prix à provenir de la vente des immeubles. La femme vaudoise alléguait que les femmes françaises jouissaient dans le canton de Vaud d'une sûreté analogue à l'hypothèque légale. Cette sûreté s'appelle l'assignat, et le tribunal de Thonon, la Cour de Chambéry et la Cour de cassation eurent à se demander s'il y avait similitude entre l'assignat et l'hypothèque légale pour permettre à la femme vaudoise d'exercer ce droit en France.

La prétention de la femme fut repoussée par un arrêt de la Cour de cassation en date du 27 janvier 1903. (S. 04, 1, 81.)

Ce qui décida la jurisprudence à déclarer qu'il n'y avait pas similitude entre l'assignat et l'hypothèque légale, c'est que l'hypothèque légale résultant de la loi est générale et appartient à toute femme mariée, alors que l'assignat n'a qu'un effet spécial et exige une déclaration particulière de la femme ou de ceux qui ont la garde de ses intérêts.

Voyons maintenant ce que ne dit pas l'article 11. À lire ce texte, il semble que tous les droits privés quelconques ne peuvent appartenir à l'étranger en France qu'à la condition de cette réciprocité diplomatique que l'on trouve dans l'article 11. Il existe en réalité peu de conventions de la forme de celle prévue par l'article 11. Et, il faut bien le dire, si l'on devait s'en tenir à l'article 11, les étrangers en France manqueraient le plus souvent des droits les plus élémentaires. Il y a dans l'article 11 une lacune considérable. Comment faut-il la combler ?

La jurisprudence s'est arrêtée de bonne heure sur ce point à une interprétation assez large et flexible, interprétation à laquelle son autorité a valu le suffrage de nombreux juriconsultes.

Elle a ressuscité pour les besoins de cette cause la distinction ancienne du droit civil et du droit des gens. Voici le résumé de sa doctrine. Parmi les facultés dont l'ensemble constitue le droit privé de la nation, il faut séparer les droits qui font partie du patrimoine commun des nations, droits que l'on retrouve dans toutes les législations parce qu'ils ont pour fondement le droit naturel, de ceux qui sont au contraire particuliers à chaque État. Ces derniers ont en eux un certain caractère politique, au moins en ce qu'ils portent l'empreinte des mœurs, des traditions de chaque peuple.

Ce sont ces droits qui constituent les droits civils dont les étrangers ne peuvent jouir que s'ils bénéficient de la réciprocité diplomatique, ou bien s'ils figurent parmi les étrangers privilégiés de l'article 13. Quant aux droits qui forment le droit des gens, ce n'est pas à eux que fait allusion l'article 11. Ils appartiennent *de plano* aux étrangers sans récicité diplomatique ni condition quelconque.

Cette distinction repose sur l'histoire, puisqu'elle remonte jusqu'au droit romain, qui l'a léguée à notre ancien droit. C'est elle que les rédacteurs ont voulu faire passer dans le Code civil. Portalis et le tribun Siméon ont fait allusion dans les travaux préparatoires à la distinction du droit civil et du droit des gens. Il faut observer que d'après notre pratique française la plupart des droits privés sont comptés comme faisant partie du droit des gens, à l'exception de l'adoption, de la tutelle officieuse, de la tutelle des mineurs, et encore il y a lieu d'ajouter qu'un étranger peut être tuteur, subrogé-tuteur ou curateur à l'émancipé, si le mineur est son descendant.

La jurisprudence compte encore parmi les droits civils dont sont privés les étrangers l'usufruit légal des père et mère sur les biens de leurs enfants, les hypothèques légales, et peut-être, la question est douteuse, le droit d'avoir un domicile en France. Voilà la liste des droits de droits civils *stricto sensu*. Tous les autres droits sont accessibles aux étrangers sans conditions.

Peut-on ranger à ce système et considérer comme ayant été adoptée par le législateur la distinction entre le droit civil et le droit des gens ? Cela me semble assez difficile, Messieurs, pour la raison que voici. Il est toujours possible de supposer que les rédacteurs du Code civil ont entendu s'approprier une distinction ancienne, mais encore faut-il, pour que cette interprétation soit acceptable, que l'on ne donne pas à cette distinction un sens différent de celui dans lequel elle était reçue autrefois. C'est précisément le défaut de la jurisprudence, qui ne prend plus la distinction du droit civil et du droit des gens dans le sens qu'elle avait jadis. Dans l'ancien droit, on considérait par actes de droit des gens tous ceux qui se faisaient entre vifs, et par actes de droit civil ceux qui avaient lieu à cause de mort. Ce n'est pas à ce sens que se réfère la Cour de cassation, qui entend par actes de droit des gens « les institutions juridiques qui existeraient par la nature des choses et quand même la loi n'en aurait pas déterminé la forme, par droit civil les institutions dont on ne peut pas concevoir l'existence sans que la loi civile intervienne. »

Voilà un langage bien différent de celui que te-
naient nos anciens jurisconsultes, et les magistrats
qui nous donnent cette définition nouvelle ne peuvent logiquement se référer à l'ancienne tradition.
Voici un exemple pour éclairer la question. Dans l'ancien droit, la faculté de recevoir par donation appartenait au droit des gens. Le Code civil, dans l'article
912 (abrogé depuis par la loi du 14 juillet 1819), la
refuse à l'étranger. Comment prétendre, après cela,
que ses rédacteurs ont entendu s'approprier la distinction ancienne ?

La notion actuelle du droit des gens et du droit
civil ne se rapporte donc plus à la notion ancienne.
De plus, on a fait observer que les citations que l'on
tire des travaux préparatoires ne sont pas formelles.
Rien ne prouve chez les rédacteurs du Code l'intention arrêtée d'adopter cette distinction.

Ces motifs me semblent assez graves pour ne pas
accepter en doctrine le sentiment de la jurisprudence
sur ce point.

Oui, mais alors la difficulté reste entière. On ne
peut pas se contenter de l'article 11. Par quelle théorie arriver à construire une condition juridique des
étrangers satisfaisant au commerce international ?
Certains auteurs, comme Mᵉ Demolombe, ont voulu
tirer de ce texte la solution de la difficulté. C'est,
disent-ils, une disposition générale à côté de laquelle,
en fait et en théorie, il n'y a rien. Soit, mais alors
comment accorder aux étrangers des droits qui leur
sont essentiels pour vivre ? Ce parti de la doctrine

s'efforce de tourner la difficulté en prétendant que bien souvent des textes de la loi française ont conféré directement des droits à l'étranger, par exemple, l'article 3, § 2, et l'on dit, puisque les immeubles possédés par l'étranger en France sont régis par la loi française, c'est donc que le droit de propriété foncière lui est acquis. De même on dit, l'article 16 impose à l'étranger plaidant contre un Français une caution, c'est donc qu'il possède le droit d'ester en justice. Ce raisonnement consiste à tirer de toute allusion faite par un de nos textes à un droit quelconque, la preuve que ce droit appartient aux étrangers. Le raisonnement est trop large.

Reprenons l'article 3, § 2. Qui nous dit qu'il ne s'agit pas, dans ce texte, des immeubles appartenant à des étrangers couverts par des traités de réciprocité ? Qui nous dit qu'il ne s'agit pas ici d'étrangers admis à domicile ? *A priori*, nous n'en savons rien. Il est donc impossible de déduire d'un texte semblable que le droit dont la réglementation se trouve en jeu est nécessairement accessible à l'étranger.

Cette opinion n'est plus soutenue actuellement. La faveur va à un troisième système, imaginé par MM. Valette et Demangeat. C'est un système à apparence paradoxale qui ne craint pas d'affirmer le contraire de ce qui se trouve inscrit dans l'article 11. Les étrangers en France jouissent de tous les droits privés que le législateur n'a pas expressément subordonnés quant à eux, à la condition de la réciprocité diplomatique.

C'est bien, en apparence au moins, aller contre le texte de l'article 11.

Ce sont les articles 726 et 912, actuellement abrogés, qui ont permis à MM. Valette et Demangeat de soutenir cette opinion favorable au commerce international. L'article 726 subordonne pour l'étranger le droit de recueillir une succession en France à la condition de la réciprocité diplomatique. L'article 912 subordonne expressément à la même condition le droit pour l'étranger de recevoir une donation en France.

On dit : si l'article 11 devait être pris au pied de la lettre, les articles 726 et 912 seraient inutiles. Il ne serait pas venu au législateur l'idée de répéter à propos de la succession et de la donation cette même condition de réciprocité diplomatique déjà posée dans l'article 11. Dans cet article est comme une pierre d'attente, c'est une réserve annonçant que le législateur entendait garder le pouvoir de soumettre la jouissance de certains droits à la condition de la réciprocité diplomatique. Cette explication est ingénieuse. Il y a plus. Elle n'est pas facile à combattre. Vous remarquerez, en lisant l'article 726, qu'il y est question du droit de recueillir une succession, mais qu'il ne s'agit pas du droit de la transmettre. Eh bien ! s'il fallait appliquer la distinction ancienne du droit civil et du droit des gens, comme le veut la jurisprudence, à quoi aboutirions-nous ? Le droit de transmettre une succession était autrefois compris dans le droit d'aubaine ; donc, il faudrait dire que les étrangers ne pourraient jamais transmettre de succession en France. Ce que la jurisprudence, pourtant, n'a pas fait. Si l'on admet, au contraire, avec MM. Valette et Demangeat, que tous les droits appartiennent aux étrangers qui ne leur sont pas expressément refusés, on n'hésitera pas à leur reconnaître le droit de laisser une succession à des héritiers français. Et c'est ce que la jurisprudence, en dépit de son principe, est obligée de faire.

On a trouvé même pour l'opinion de MM. Valette et Demangeat, un précédent dans les travaux préparatoires. Le tribunal a demandé qu'on spécifiât quels seraient les droits de droit civil. Il en résulte que, de la pensée de ceux qui formaient cette demande, tous les droits privés appartiendraient aux étrangers, sauf ceux qui leur seraient expressément retirés.

Une dernière explication a été fournie par M⁰ Weiss, qui a cherché à conseiller l'opinion de la jurisprudence de M. Valette. Le Code civil aurait adopté en principe la distinction de la jurisprudence entre le droit des gens et le droit civil, mais ses rédacteurs n'auraient considéré comme droits civils que les droits expressément refusés aux étrangers. Cette opinion, au fond, nous ramène à celle de MM. Valette et Demangeat.

Tel est, Messieurs, l'état de cette grande et célèbre controverse sur la portée de l'article 11.

Sur le terrain de la pratique, les deux opinions très divergentes en doctrine de M. Valette et de la jurisprudence se rapprochent beaucoup par la tendance qu'ont les tribunaux à augmenter toujours la liste des droits du droit des gens et à diminuer la liste des droits du droit civil.

Lorsqu'à la fin de ma dernière leçon, Messieurs, je vous parlais du mouvement législatif postérieur au Code civil, je vous indiquais la tendance générale de notre législation en cette matière. Sans revenir sur ces lois, il me semble utile de vous faire connaître la situation faite aux étrangers au point de vue de la propriété littéraire et artistique et au point de vue de la propriété industrielle.

Pour la propriété littéraire et artistique, nous sommes actuellement sous l'empire de la loi du 14 juillet 1866 sur le droit d'auteur, ses conditions d'exercice et son mode de protection. Les étrangers, bien avant 1866, avaient été nommés dans un décret du 5 juillet 1810, article 40, qui leur permettait de céder leurs droits d'auteur ; donc ils en jouissaient. Mais on ne leur permit d'abord d'en jouir que sur celles de leurs œuvres qu'ils avaient publiées en France. Pour les œuvres publiées à l'étranger au cours de cette période, la protection ne pouvait en être assurée en France que par les dispositions d'un traité diplomatique.

Puis vint une période extrêmement libérale pour les étrangers, celle du décret du 28 mars 1852, qui assimile les œuvres publiées à l'étranger à celles publiées en France au point de vue de la répression de la contrefaçon.

A partir de 1852, des traités de plus en plus nombreux furent signés, mais la combinaison du droit légal et du droit conventionnel fut assez délicate. Le terme de l'évolution a été marqué par l'Union de Berne du 9 septembre 1886, qui a été complétée le 4 mai 1896.

Voilà les sources où les étrangers puisent leurs droits de jurisprudence littéraire et artistique. Je vous expliquerai les conséquences qui en dérivent, en étudiant dans la troisième partie de mon cours l'effet international des droits acquis.

IXe LEÇON. — *30 novembre* (1).

Messieurs,

Je vais, au début de cette leçon, vous donner une idée sommaire des droits des étrangers au point de vue de la propriété industrielle. D'après la loi du 5 juillet 1844, articles 27 et 28, l'étranger peut prendre un brevet en France aux mêmes conditions qui s'imposeraient en pareil cas au Français, c'est-à-dire à la condition d'exploiter en France son invention dans le délai de deux ans après la prise du brevet. Mais, un étranger peut également faire breveter en France une invention déjà brevetée à l'étranger. La loi exige pour ce nouveau brevet que celui auquel il se réfère n'ait pas encore été publié à l'étranger, cela pour mettre obstacle aux brevets d'importation, qui permettaient à la première personne venue de s'assurer le monopole d'une industrie brevetée à l'étranger en la faisant breveter avant tous autres en France. C'était le prix de la course.

Après les brevets, disons un mot des marques de fabrique. Aux termes de la loi de 1857, elles peuvent être reconnues la propriété de l'étranger dans deux cas : d'abord quand l'étranger a un établissement en France ; ensuite lorsqu'il peut invoquer la récipro-

---

(1) Droits de traduction et de reproduction réservés.

cité ; mais ici la réciprocité simplement législative suffit. (Voy. loi du 26 novembre 1873.)

La propriété du nom commercial est réglementée chez nous par une loi du 4 août 1824, loi qui ne contient aucune disposition concernant les étrangers. Dans le silence de cette loi, notre pays avait considéré que la propriété du nom commercial était réservée aux seuls Français, sauf le cas de réciprocité diplomatique, bien entendu. Mais depuis, est intervenue la loi de 1873, qui se borne à exiger ici encore la simple réciprocité législative.

Ces matières ont été l'objet de nombreux traités : je cite le plus important, celui du 20 mars 1883, connu sous le nom d'Union de Paris.

Je termine par deux observations. Dans les questions de propriété commerciale la qualité d'étranger ou de national s'apprécie, non pas d'après la nationalité du commerçant, mais d'après le lieu où est situé son établissement. Un Français établi à l'étranger est, par exemple, au point de vue de la propriété commerciale, réputé étranger.

Ma seconde observation sera celle-ci. Je n'entre pas dans les question de droit international que soulève la propriété commerciale, pas plus que je ne l'ai fait pour la propriété littéraire et artistique, me réservant de les aborder à propos de l'effet international des droits acquis.

Je vous ai jusqu'ici parlé des droits de l'étranger considéré en dehors de toute instance judiciaire. Je vais maintenant envisager la situation des étrangers,

quand ils se trouvent devant les tribunaux français.
Ce second aspect va faire apparaître des différences
sensibles entre le Français et l'étranger.

Je dois distinguer trois hypothèses et supposer :

1° Que l'étranger est demandeur contre un Français ;

2° Qu'il est défendeur, un Français étant demandeur ;

3° Que le procès s'agite entre deux étrangers.

La première hypothèse est celle d'*un étranger demandeur contre un Français*. Elle fait l'objet de deux
textes. D'abord, l'étranger qui forme une demande
contre un Français doit fournir la *caution judicatum
solvi*, suivant l'article 16 du Code civil, ainsi conçu :
« En toutes matières, l'étranger qui sera demandeur
principal ou intervenant sera tenu de donner caution
pour le paiement des frais et dommages-intérêts résultant du procès, à moins qu'il ne possède en France des
immeubles d'une valeur suffisante pour assurer ce
paiement. »

Dans l'exigence de cette caution, vous voyez, Messieurs, un obstacle sérieux aux demandes que les
étrangers peuvent former contre les Français devant
les tribunaux de notre pays. On l'appelle caution
judicatum solvi ; mais elle ne se rattache que par le
nom à l'ancienne institution romaine.

Le but de la loi, en requérant de l'étranger cette
garantie, est très visible ; on a craint qu'un étranger,
sans attaches en France et n'y possédant aucun bien,
intentât contre un Français des poursuites témé-

raires, sachant qu'il pourrait, en cas d'échec, se soustraire par une prompte disparition aux conséquences fâcheuses du rejet de sa demande.

La caution *judicatum solvi* s'applique aux frais et aux dommages-intérêts. Qu'est-ce à dire ? La caution n'est tenue de répondre que du paiement des frais qui peuvent avoir été faits par le Français défendeur et qui sont créés par le tribunal à la charge du demandeur étranger qui a succombé. Il ne s'agit ici que des frais au sens strict de la procédure. La loi parle également des dommages-intérêts. De quoi s'agit-il ? Ce sont les dommages auxquels l'étranger demandeur peut être condamné envers le Français défendeur comme compensation du préjudice qu'une demande téméraire peut avoir causé à ce dernier.

L'obligation de fournir caution est une gêne grave pour l'étranger ; aussi est-il nécessaire de la réduire bien exactement aux proportions dans lesquelles la loi l'a enfermée. Elle n'existait autrefois qu'en matière civile, mais une loi du 5 mars 1895 est venue l'étendre aux affaires commerciales. Il y a des exceptions à l'obligation de fournir caution, d'abord quand l'étranger possède des immeubles en France de nature à garantir les frais et dommages-intérêts du défendeur. Remarquons en passant que le jugement qui, en constatant l'existence d'immeubles suffisants pour la garantie du défendeur, exempte l'étranger de la caution *judicatum solvi*, n'est pas un jugement de condamnation, il n'emporte donc pas hypothèque sur les biens de l'étranger, mais si celui-ci vient à les hypothéquer plus tard, de façon à diminuer leur valeur, la jurisprudence permet alors au Français de réclamer la caution *judicatum solvi*.

Le Code de procédure, articles 166 et suivants, a assimilé ce cas à celui où l'étranger consignerait une somme d'argent suffisante.

Mais en dehors de ces deux cas, faute d'immeubles ou de somme d'argent, l'étranger doit trouver une caution. Cette obligation est pour lui une condition préalable à son admission au procès. Aussi l'exception qui s'y rapporte doit-elle être proposée *in limine litis*.

Que faut-il entendre par étranger demandeur? D'après notre jurisprudence, cette question dépend beaucoup moins du point de savoir si cet étranger possède ou non la qualité de demandeur à l'instance, que de celui de savoir s'il formule une prétention nouvelle ou s'il oppose à une demande formée contre lui une certaine résistance. Je m'explique. L'étranger qui, défendeur en première instance, est condamné et forme appel, devient ici un demandeur, et pourtant il sera dispensé de la caution, parce que sa demande d'appel est une conséquence logique de la position qu'il avait en première instance. De même, l'étranger qui réclamerait la mainlevée d'une saisie-arrêt, ou d'une saisie-gagerie, ne serait pas réputé demandeur.

Je dois citer encore, comme dernier ordre d'exceptions celui qui résulte des traités diplomatiques. Le plus connu de ces traités est celui du 15 juin 1869, passé entre la France et la Suisse.

La dispense de la caution *judicatum solvi* se re-trouve souvent dans les traités sur l'assistance judiciaire. Il arrive que dans les traités de commerce, les Etats contractants, sans stipuler rien de précis touchant la caution *judicatum solvi*, se bornent à assurer réciproquement à leurs sujets un libre et facile accès auprès de leurs tribunaux. Cette clause emporte-t-elle dispense de la caution *judicatum solvi*?

C'est une question que je me borne à vous signaler, la solution en est douteuse.

Dans l'ordre des conventions diplomatiques, je vous citerai ce traité du 14 novembre 1896 — dont je vous ai déjà parlé — premier résultat pratique des Conférences de La Haye. Les articles 11 à 13 suppriment dans les rapports des sujets des puissances con-tractantes l'obligation de fournir la caution *judica-tum solvi*.

Ce traité inaugure un système nouveau : il décide que la condamnation aux frais sera exécutoire dans la patrie du demandeur, simplement sur la justification de la régularité du jugement étranger et sur la preuve qu'il a passé en force de chose jugée.

Notre première hypothèse a donné lieu à une autre règle, de compétence celle-là, contenue dans l'article 15 : « Un Français pourra être traduit devant un tribunal de France pour des obligations par lui con-tractées en pays étranger, même avec un étranger. »

Cet article, au premier abord, semble contenir une simple application de la règle *Actor sequitur forum rei*. Et pourtant il n'en est rien, car cet article rattache la compétence du tribunal français à la nationalité du défendeur et non pas à son domicile. Donc, aucune différence n'est à faire entre le Français domicilié en France ou à l'étranger au point de vue de la compétence du tribunal français. Ainsi, même s'il s'agit d'un Français domicilié à l'étranger, ce seront les tribunaux français qui seront compétents pour juger ce Français.

Peu importe encore pour la jurisprudence que l'obligation poursuivie contre le Français soit née à l'étranger ou en France, le tribunal français est toujours compétent. Peu importe enfin que l'obligation naisse ou non d'un contrat ou de tout autre acte, le tribunal français reste compétent d'après la jurisprudence.

Nous retrouverons la difficulté que fait naître cet article quand le Français n'est ni domicilié, ni résidant en France. Devant quel tribunal le poursuivre ?

Vous voyez, Messieurs, que la jurisprudence française a fait bon marché du texte de l'article 15. Elle est allée même jusqu'à changer ce texte ! Il dit : « Le Français *pourra* être traduit... » La jurisprudence lit à la place de ce mot, *devra*. Ce n'est pas une faculté que le texte donne à l'étranger, c'est une obligation que la jurisprudence lui impose.

La jurisprudence admet donc que le Français ne devra être poursuivi par l'étranger que devant les tribunaux français. D'où, si, en fait, la poursuite dont il s'agit a eu lieu à l'étranger, le jugement de condamnation prononcé à l'étranger ne sera pas exécutoire

en France, le tribunal étranger n'étant pas compétent d'après notre jurisprudence. Elle est allée si loin
qu'elle a refusé l'exécution des décisions étrangères
dont la compétence était fondée sur l'objet du procès,
comme cela arrive en matière de société de succession ou de faillite.

Ainsi travesti par la jurisprudence, l'article 15
constitue pour les Français une garantie générale
contre les tribunaux étrangers. Au point de vue international, c'est une mesure de défiance assez grave
de nature à attirer sur nos sujets des mesures de rétorsion.

Voilà la première hypothèse examinée ; passons
maintenant à la seconde.

Un Français est demandeur contre un étranger. Ici
nous rencontrons une règle de compétence vraiment
extraordinaire. C'est le demandeur qui va assigner
le défendeur devant son domicile, à lui demandeur.
Voici l'article 14 :

« L'étranger même non résidant en France pourra
être cité devant les tribunaux français pour l'exécution
des obligations par lui contractées en France avec un
Français ; il pourra être traduit devant les tribunaux
de France pour les obligations par lui contractées en
pays étranger envers des Français. »

Le Français peut donc citer l'étranger devant les
tribunaux français. Cette dérogation aux principes
élémentaires de la compétence constitue elle aussi
une mesure de défiance plus grave que la précédente
à l'égard des juridictions étrangères. Le législateur

a-t-il vraiment réussi à créer une garantie au profit des plaideurs français ? Je ne le crois pas. Sans doute, si l'étranger a des biens en France, l'article 14 vient au secours du créancier français, mais — et c'est le cas le plus fréquent — si le débiteur étranger n'a pas de biens en France, l'article 14 ne sert plus à rien. Car les États étrangers n'admettent pas qu'on puisse attirer un de leurs sujets loin de ses juges naturels. Aussi les tribunaux étrangers refusent-ils toujours l'exécution des jugements français rendus en vertu de l'article 14. Donc voici un premier vice de cet article 14. Mais il y a plus. L'exemple de la France a provoqué de la part de certaines puissances étrangères des mesures de rétorsion. L'Italie, notamment (article 105 du Code de procédure civile), permet au créancier italien de poursuivre devant les tribunaux italiens son débiteur français. En Belgique, voyez une disposition analogue dans la loi du 25 mars 1876, articles 52 et 54.

La jurisprudence, à ce qu'il semble, aurait dû, par appréciation de ces inconvénients, donner de cet article une interprétation restrictive. C'est malheureusement ce qu'elle n'a pas fait. Nous le verrons au début de la prochaine leçon.

Xᵉ LEÇON. — 5 *décembre* (1).

MESSIEURS,

Je mentionnais à la fin de ma dernière leçon l'interprétation extensive donnée par la jurisprudence à la disposition, que j'ai qualifiée d'extraordinaire, contenue dans l'article 14 du Code civil.

Notre pratique judiciaire s'est montrée très large dans l'application de ce texte à plusieurs points de vue. D'abord en ce qui concerne les personnes appelées à jouir du bénéfice de cet article. Pour pouvoir invoquer cette compétence exceptionnelle, il faut être Français *in limine litis*, c'est-à-dire au moment où le procès s'engage. Et cela suffit pour assurer à la personne qui remplit cette condition le bénéfice de notre disposition. Il n'est pas nécessaire, par exemple, que le Français soit domicilié en France, ou même y réside. Vous sentez ce que cette solution a d'exorbitant.

Il n'est pas besoin davantage, en dépit du texte de notre article, que le demandeur ait été Français au moment où il a contracté l'obligation dont il vient demander le paiement.

Il s'est posé ici quelques questions qui ont donné lieu en jurisprudence à des discussions assez vives. Que décider notamment d'une cession de créance

____

(1) Droits de traduction et de reproduction réservés.

A. PEDONE, éditeur. — Cours PILLET.   7

faite par un étranger à un Français ? Le créancier, qui n'est devenu tel que parce qu'il a acquis le droit d'un étranger, peut-il attirer son débiteur devant les tribunaux français ?

La pratique s'est d'abord montrée peu favorable à la prétention du cessionnaire français d'une créance appartenant à un étranger. Mais depuis un certain nombre d'années, la jurisprudence a étendu à cette hypothèse l'article 14 ; les arrêts distinguent de la façon suivante : Si la cession a été faite en la forme commerciale, on admet que le porteur français de l'effet peut se prévaloir du bénéfice de notre article. On l'admet, parce qu'il s'agit d'un effet négociable, dont le débiteur savait dès le début qu'il pourrait se trouver en présence d'un créancier nouveau à l'échéance.

S'il s'agit, au contraire, d'une cession en la forme civile, la jurisprudence décide que le cessionnaire français ne peut avoir plus de droit que le cédant étranger, lequel n'aurait pu invoquer le bénéfice de l'article 14.

Que décider, Messieurs, d'un Français qui devient propriétaire par voie de succession d'une créance ayant appartenu à un étranger ? Bien qu'en règle générale le successeur n'ait pas plus de droit que son auteur, nos cours d'appel et la Cour de cassation admettent que l'héritier peut attirer le débiteur étranger devant les tribunaux français.

S'il s'agit de l'exercice de l'action oblique pour le compte d'un étranger (article 1166) ou d'un Français tuteur d'un étranger, ou d'un Français syndic d'une faillite étrangère, la jurisprudence admet que le mandataire ne peut avoir plus de droit que son mandant et lui refuse le bénéfice de l'article 14 du Code civil.

On s'est demandé inversement si un étranger cessionnaire d'un Français pouvait invoquer l'article 14 ? Ici, la jurisprudence a décidé que non, car le cessionnaire étranger n'était pas Français au moment où le débat s'engageait.

La jurisprudence ne s'est pas montrée extensive seulement en ce qui concerne les personnes, elle l'a été tout autant lorsqu'il a été question de déterminer des hypothèses dans lesquelles l'article 14 pouvait trouver son application.

Le projet du Code civil ne permettait au Français de poursuivre en France son débiteur étranger que si ce dernier se trouvait sur le territoire français au moment de la poursuite. Cette disposition ne fut pas acceptée, c'est sans doute cette généralisation opérée lors des travaux préparatoires qui a déterminé l'orientation de la jurisprudence actuelle. Cette jurisprudence admet qu'on peut poursuivre les personnes morales étrangères sur notre territoire pour les opérations qu'ont faites leurs représentants en France, même lorsqu'elle leur refuse l'existence légale dans notre pays. C'est, à tout le moins, une distinction bizarre. On peut les poursuivre en France en qualité de sociétés de fait, mais, par contre, on leur dénie le droit d'y intenter un procès.

Nos tribunaux décident également qu'on peut poursuivre devant eux toutes les obligations dont l'étranger peut être tenu à l'égard d'un Français. Remarquez ici qu'il ne s'agit pas seulement des obligations nées d'un contrat (bien que le texte de notre article ne parle que d'obligations *contractées* soit en France, soit à l'étranger), mais encore des obligations ayant une autre source, et nées, par exemple, d'un délit ou de la loi. Elle applique l'article 14 même aux actions que font naître les questions d'État. Donc, d'une disposition qui, dans les termes de la loi, était restreinte aux contrats, la jurisprudence n'a pas craint de faire une prescription générale.

L'article 14 souffre bien quelques exceptions, mais dans leur interprétation se révèle encore l'esprit extensif de la jurisprudence.

Le créancier peut valablement renoncer au droit qu'il possède de poursuivre son adversaire devant les tribunaux français. Cette renonciation pourra être expresse ou tacite, mais la jurisprudence exige qu'elle soit bien nettement exprimée. La question s'est posée à l'égard du Français qui poursuit son débiteur à l'étranger. La jurisprudence dit : Si le Français a bien librement soumis son litige aux juges étrangers, c'est bien une renonciation à l'article 14. Mais s'il est permis d'induire de quelque circonstance que le Français a été obligé de porter sa demande devant les juridictions étrangères, cette circonstance ne l'empêche pas d'introduire la même demande devant les juridictions françaises.

Une deuxième exception réside dans les traités,

dont je vous ai déjà parlé. Je vous citerai notamment
la convention franco-belge du 8 juillet 1899, promul-
guée en France par décret du 30 juillet 1900. Elle
abolit le privilège de compétence de l'article 14 dans
les rapports des Belges et des Français.

Il me reste, Messieurs, pour en finir avec cet article,
à examiner un dernier point, à la vérité plus curieux
que pratique. Il se présente quand le Français fait
usage du droit d'attirer en France son débiteur étranger. Devant quel tribunal le Français va-t-il l'assigner ?

Il y a une hypothèse simple, que l'on rencontre lorsque l'étranger a sa résidence en France. Par analogie
avec les règles de la compétence interne, on décide
que l'étranger doit être assigné en France devant le
tribunal de sa résidence. Ceci est important pour les
personnes morales que l'on poursuit en France, où
elles ont le plus souvent un établissement, soit une
agence, soit une succursale.

Quand le débiteur étranger n'a en France aucun
établissement la question devient plus embarrassante.

Les interprètes ont proposé bien des solutions différentes à cet égard. On a dit que le Français demandeur pouvait actionner l'étranger défendeur devant
n'importe quel tribunal français ; on a dit aussi qu'il
devait agir devant le tribunal dans le ressort duquel
l'acte juridique avait été fait, mais cela suppose un
acte fait en France. On a soutenu encore qu'il devait
saisir du litige le tribunal le plus près de la frontière
du pays étranger.

La jurisprudence a admis qu'à défaut de résidence de l'étranger en France, ou d'élection de domicile, le créancier français devait actionner son débiteur étranger devant son propre tribunal, à lui créancier. C'est évidemment la solution la moins mauvaise, car, à défaut du juge naturel du défendeur, c'est encore le juge du demandeur qui sera le mieux placé pour bien connaître de l'affaire.

J'en ai fini, Messieurs, avec cet article 14, et j'arrive à la troisième des hypothèses que j'avais distinguées au début de ces explications.

3°. — *Contestations entre deux étrangers.*

Pour ces contestations, il n'existe dans nos lois aucune disposition nous permettant de trancher la question de compétence qui immédiatement s'élève. Que doit-on conclure? Les tribunaux français sont-ils ou ne seront-ils pas compétents?

Notre jurisprudence paraît, dans les premiers temps qui suivirent la rédaction du Code civil, avoir hésité quelque peu sur la question. Mais, de très bonne heure, elle s'est fixée, et depuis fort longtemps déjà elle décide que les tribunaux français ne sont pas compétents dans les litiges entre étrangers. Avant de discuter cette jurisprudence, il me faut examiner devant vous les motifs invoqués par nos tribunaux à l'appui de leur solution.

On peut les ramener à deux principaux. On trouve dans beaucoup d'arrêts cette décision exprimée, que si les juridictions françaises devaient juger des litiges entre étrangers, elles seraient contraintes d'appliquer les lois étrangères, alors que nos juridictions ne sont pas instituées pour cette tâche. C'est un enfantillage ! Rien ne dit, en effet, que les tribunaux français ne soient pas obligés d'appliquer les lois étrangères ; ils peuvent y être forcés, et cela même dans des litiges entre Français.

Il y a une autre raison plus sérieuse alléguée par nos magistrats : c'est que les tribunaux français ont été créés pour rendre la justice aux Français et non pas aux étrangers. L'Etat français ne doit la justice qu'à ses propres sujets. Voilà la raison véritable sur laquelle les tribunaux français fondent le principe de leur incompétence dans les contestations entre étrangers.

Cette raison est, à mon avis, sans valeur, elle témoigne d'une méconnaissance complète du devoir de l'Etat envers les étrangers.

D'après cette raison, l'Etat serait le maître de refuser l'accès de ses prétoires aux étrangers. Cela signifie, en d'autres termes, que les étrangers sont chez nous hors la loi. Je sais bien qu'à ce principe d'incompétence la jurisprudence a apporté un nombre considérable d'exceptions, parce qu'il serait contraire aux règles du droit des gens de déclarer qu'un Etat ouvre ses frontières aux étrangers pour les priver ensuite de toute garantie sur son territoire.

Mais j'insiste, car le raisonnement de la jurisprudence, Messieurs, ne saurait être maintenu, ainsi que je vais vous le montrer encore d'une autre façon. Le législateur, en effet, est tenu de reconnaître aux étrangers un nombre considérable de droits. Du moment qu'il les reconnaît aux étrangers, comment peut-il leur refuser le secours de la justice pour les faire respecter ? Vous sentez bien ici l'antinomie. Sans le secours des tribunaux français, la promesse du législateur serait un leurre ! Je ne conçois pas que la jurisprudence française s'obstine de cette solution de principes, véritablement inconséquente et qui n'est pas reçue dans la plupart des États étrangers, dans la jurisprudence des pays anglo-saxons notamment.

Je me hâte d'en venir à l'interprétation pratique de ce principe, afin de vous signaler les nombreuses exceptions par lesquelles la jurisprudence l'a tempéré. Ces exceptions ont pour raison d'être la nécessité même des choses.

1° La première concerne les étrangers qui ont acquis un domicile en France avec l'autorisation du gouvernement (article 13 du Code civil). La pratique est même allée plus loin, elle a souvent concédé que pour l'étranger une longue résidence en France valait l'autorisation à domicile. Ceci n'est pas bien rationnel, et je vois dans cette exception le vestige de cette hésitation qui régna à l'époque contemporaine de l'apparition du Code civil. Dans tous les cas, il est bien certain que la compétence des tribunaux français n'est plus douteuse, si l'étranger établi depuis longtemps sur notre territoire n'a plus de domicile à l'étranger et se trouve par suite dans l'impossibilité de trouver un juge dans son pays.

2° En second lieu, les tribunaux français se sont reconnus compétents dans les procès entre étrangers en matière commerciale, dans les cas prévus par l'article 420 du Code de procédure civile. Il s'agit ici de la compétence *ratione loci*.

3° Nos tribunaux se déclarent compétents, en troisième lieu, quand la contestation élevée entre étrangers intéresse l'ordre public français. C'est en vertu de cette idée que les juridictions françaises prennent des mesures provisoires urgentes, alors qu'elles se dessaisissent du fonds du procès. Ce principe trouve son application en nature de tutelle, de réintégration du domicile conjugal, de scellés, de dépôt de valeurs, etc. C'est encore en vertu de ce principe qu'on permet à l'étranger de porter devant les tribunaux français l'action civile jointe à l'action publique.

Une question plus difficile est de savoir si, dans un délit civil, la victime peut porter son action devant les tribunaux français ? La jurisprudence est moins fixée, mais elle accuse une tendance à faire brèche, sur ce point encore, à son principe général d'incompétence.

D'ailleurs, la notion de ce qui touche à l'ordre public en droit international est particulièrement élastique et fuyante. On a cru éclairer les choses en parlant de droit naturel. Cette substitution n'est guère heureuse, car la conception du droit naturel est encore plus vague que celle de l'ordre public.

4° En quatrième lieu, en matière réelle ou mixte, pétitoire ou possessoire, les actions relatives à des immeubles situés en France sont de la compétence des tribunaux français, alors même que tous les plaideurs sont étrangers à notre pays. C'est un principe très ancien et reconnu en tout lieu.

5° En cinquième lieu, il arrive parfois qu'une contestation soulevée entre étrangers rentre dans la compétence des tribunaux français, parce qu'elle se rattache intimement à une autre action pour laquelle ces tribunaux sont certainement compétents. Ainsi, Messieurs, quand un plaideur français a un procès avec un étranger, si un autre étranger est mis en cause au cours des débats, le tribunal saisi reste compétent pour ce litige accessoire. Mais pour qu'il en soit ainsi, il faut du moins qu'il existe une liaison très étroite entre l'instance principale et l'instance accessoire. Ceci se produira en cas d'interventions de demandes incidentes et aussi quand le procès sera dirigé à la fois contre des Français et des étrangers. Signalons pourtant qu'en cas de demandes reconventionnelles ou de garantie, le principe d'incompétence est maintenu par nos juridictions.

XIe LEÇON. — *6 décembre* (1).

Messieurs,

6° Une sixième exception à l'incompétence des tribunaux français dans les litiges entre étrangers résulte des traités diplomatiques. Le traité le plus formel à cet égard est le traité du 15 juin 1869, conclu entre la France et la Suisse. Les dispositions de ce traité peuvent se résumer dans les quatre propositions suivantes :

1° Suppression dans les instances entre la France et la Suisse de tout privilège pour le plaideur national contre le plaideur étranger ;

2° Application aux matières réelles immobilières et même aux matières personnelles quand elles sont relatives à un immeuble, de la compétence du tribunal de la situation ;

3° En matière personnelle mobilière, application du principe *actor sequitur forum rei.*

4° Obligation pour le juge, devant qui serait portée une affaire contrairement aux prévisions du traité, de se dessaisir d'office (sauf peut-être le cas de renonciation des parties au bénéfice du traité).

Cette convention de 1869 est spéciale aux matières de juridiction.

---

(1) **Droits** de traduction et de reproduction réservés.

Citons encore le traité passé entre la France et la Belgique, le 8 juillet 1899, qui, dans son article 1er, rend les tribunaux français et belges respectivement compétents dans les termes ordinaires de la compétence.

En dehors de ces traités, qui détruisent expressément l'œuvre de notre jurisprudence, il faut compter d'autres instruments diplomatiques plus généraux. Nous avons ainsi plusieurs traités de commerce ou d'établissement dans lesquels il est spécifié que les sujets de chacune des parties contractantes auront un libre accès auprès des tribunaux de l'autre nation, et que leur condition sera semblable à celle des nationaux du pays. Les principaux de ces traités sont le traité franco-espagnol du 6 février 1882, le traité franco-serbe du 18 juin 1883, le traité franco-russe du 1er avril 1874. Il n'est pas douteux que ces traités rendent les tribunaux français compétents dans les litiges intéressant les étrangers que ces traités concernent.

Mais ce n'est pas encore tout. Les dispositions de ces traités sont-elles susceptibles d'être invoquées par des États autres que ceux qui les ont signés, en vertu de la clause de la nation la plus favorisée? Cette question est très importante au point de vue pratique. On ne peut y répondre d'une façon bien absolue. Tantôt cette clause permettra à certains plaideurs de paraître devant les tribunaux français, tantôt elle ne le leur permettra pas. Si le traité est purement commercial, on ne pourra pas en déduire au profit des étrangers une aptitude particulière à faire juger les litiges par des tribunaux français. Mais si cette clause se rencontre dans des traités où sont visés particulièrement les droits de certains étrangers, on les autorisera à l'invoquer, afin de soumettre leurs différends à nos juridictions.

7° Une septième exception est relative au cas où des parties françaises d'origine n'auraient acquis une nationalité étrangère que dans le but de se soustraire à la compétence des tribunaux français. Il y aurait là une véritable fraude, que nos tribunaux ne toléreraient point.

Mais il y a plus. Cette jurisprudence est encore affaiblie par la portée que lui prêtent nos magistrats. La jurisprudence française, en effet, n'admet pas que l'incompétence des tribunaux français dans les litiges entre étrangers soit absolue. Elle a toujours décidé que cette incompétence était facultative, et que les parties pouvaient par conséquent y renoncer.

Remarquez combien cette manière d'envisager les choses est contraire aux motifs sur lesquels la jurisprudence fonde son incompétence. Si ces motifs étaient sérieux, un tribunal ne devrait jamais connaître d'un procès entre étrangers. Et c'est pourtant le contraire que nous voyons.

Ainsi donc, quand un litige entre étrangers est porté devant un tribunal français, il est loisible au défendeur de récuser ce tribunal et de soulever l'exception d'extranéité, en ce cas le tribunal doit se dessaisir. Mais pour que cette exception produise son effet, il faut qu'elle soit opposée *in limine litis* ; plus tard elle serait inopérante. Si le défendeur n'a pas soulevé cette exception, le tribunal est maître de retenir l'affaire ou de se déclarer incompétent.

Je dois observer que d'après un parti considérable dans la doctrine, et appuyé longtemps par la jurisprudence, l'incompétence serait plus absolue quand l'instance touche à l'état des personnes. Cette incompétence, er pareille matière, serait essentielle ; de là l'exception pourrait être proposée à un moment quelconque du procès et le juge serait obligé de se ressaisir. Pourquoi ? Je ne vois qu'une raison pour expliquer cette opinion, c'est que l'état des personnes semble plus particulièrement régi par le statut personnel. Mais sur ce point encore, la jurisprudence la plus récente ne maintient pas sa rigueur ancienne, les tribunaux français tendant à traiter les procès relatifs à l'état des personnes comme les autres, et à déclarer leur incompétence facultative seulement.

Cette jurisprudence récente va jusqu'à décider que dans les procès relatifs à l'état des personnes, le défendeur doit prouver qu'il existe à l'étranger une juridiction compétente pour connaître de l'affaire dont il s'agit ; à défaut de cette preuve, nos tribunaux retiennent le procès. (Paris, 18 mai 1892, S., 1892, 2, 253.)

Telles sont, Messieurs, les idées admises par notre jurisprudence dans les instances entre étrangers. Si vous voulez bien songer au nombre considérable d'exceptions que je viens de citer, vous jugerez certainement qu'il eût mieux valu proclamer purement et simplement la compétence des tribunaux français en pareille matière.

Il ne me reste plus qu'à vous parler d'une classe privilégiée d'étrangers, celle dont parle l'article 13 : « L'étranger qui aura été autorisé par décret à fixer son domicile en France y jouira de tous les droits civils. L'effet de l'autorisation cessera à l'expiration de cinq années, si l'étranger ne demande pas la naturalisation, ou si la demande est rejetée. En cas de décès avant la naturalisation, l'autorisation et le temps de stage qui a suivi profiteront à la femme et aux enfants qui étaient mineurs au moment du décret d'autorisation. »

Cette autorisation à domicile, qui singularise la condition des étrangers visés dans ce texte, est un préliminaire de la naturalisation. Le législateur a voulu que pendant le temps que l'étranger devait passer en France, il ne souffrît pas sur notre sol des incapacités s'attachant à la condition des étrangers ordinaires.

Cette disposition a pour résultat que les différentes incapacités de l'étranger disparaissent quand il est admis à domicile. Au point de vue judiciaire, l'effet de cette autorisation est, vous le concevez déjà, plus considérable qu'au point de vue extra-judiciaire. L'étranger notamment n'est plus obligé de fournir la caution *judicatum solvi* (article 16), il n'est plus tenu de poursuivre en France le Français (article 15), enfin les tribunaux français seront compétents, s'il engage une instance avec un autre étranger.

Mais l'étranger qui échappe ainsi aux incapacités que comporterait sa qualité d'étranger, jouit-il aussi des privilèges que le législateur a attachés à la qualité de Français ? Certainement non, en ce qui concerne les droits politiques, par exemple, — mais en ce qui touche l'administration de la justice, que doit-on décider ? Par exemple, l'étranger de l'article 13 peut-il exiger d'un autre étranger la caution *judicatum solvi*, peut-il se servir de l'article 14 pour appeler un autre étranger devant les tribunaux français, peut-il exiger qu'on l'assigne devant ces mêmes tribunaux ?

La jurisprudence paraît ne pas en douter ; elle a décidé que ces divers privilèges pouvaient être invoqués par l'étranger admis à domicile. Je tiens cette jurisprudence pour douteuse eu égard aux principes. Il me semble qu'elle va trop loin dans la voie de l'assimilation du Français à l'étranger. Je n'insiste pas, et j'arrive à ma troisième section, consacrée à la condition des étrangers à l'étranger.

Section III. — *Des étrangers à l'étranger.*

Les législations étrangères sont assez différentes les unes des autres en ce qui concerne la condition des étrangers, mais en dépit de ces diversités, une même tendance peut être observée dans les législations contemporaines. Cette tendance consiste dans l'assimilation des étrangers et des nationaux. Je n'entreprendrai pas, Messieurs, de passer en revue les différentes législations étrangères, ce serait fastidieux et inutile. Je vais m'en tenir à quelques aperçus généraux.

La première question qui se présente est celle de l'admission des étrangers sur le territoire de l'Etat. C'est une question politique, sociale et économique. Entre les deux pôles opposés de l'exclusivisme national et du cosmopolitisme, il y a bien des degrés.

S'il adopte un principe exclusiviste, l'Etat risque de se cristalliser ; voyez, par exemple, la Chine, qui ne doit son infériorité qu'à son exclusivisme national. D'autre part, à ouvrir ses portes trop largement aux étrangers, un Etat risque de laisser ses forces nationales submerger par les éléments étrangers. En ce sens, Messieurs, l'exemple du Transvaal est probant. Cette question de l'admission des étrangers n'est pas seulement importante au point de vue politique, elle l'est aussi au point de vue social. En effet, la réception des étrangers dans un pays n'est pas seulement due à la disparition des anciennes traditions exclusivistes, mais encore à la nécessité pour un Etat d'attirer sur son sol des éléments nécessaires à la prospérité publique. Ceci est manifeste pour les Etats nouvellement fondés, et manquant de population. Il en est ainsi des Etats de l'Amérique latine.

Cette admission des étrangers est également nécessaire aux anciens Etats qui sont un peu anémiés. Nous sommes, il faut bien l'avouer, en France, dans cette catégorie d'Etats affaiblis, par suite d'une trop faible natalité, et l'équilibre qui nous permet de vivre ne peut se trouver maintenu que par l'admission d'étrangers.

Au point de vue économique, la question est également grave, par suite des conditions du travail, les étrangers étant parfois les seuls à pouvoir accomplir économiquement dans des circonstances données certains travaux.

D'autre part, dans le même ordre d'idées, un danger opposé peut exister. Une affluence trop grande d'étrangers peut modifier à tel point les conditions du travail dans un pays, qu'elles produisent des crises fort graves. C'est ce qui s'est passé notamment aux États-Unis, avec l'envahissement des ouvriers chinois, devenu tel dans les États de l'Ouest, que le gouvernement a dû prendre des mesures contre l'immigration chinoise.

On comprend donc qu'ici une loi générale ne puisse être proclamée ; tout dépend de la situation économique, politique et sociale d'un pays ; cette situation guidera la conduite de l'État.

A ce problème de l'admission des étrangers se relie la question de leur circulation sur le territoire. Autrefois, on ne voyageait que muni de passe-ports, de permis de séjour. Ce n'est plus actuellement qu'un souvenir, sauf dans les pays où l'ordre est souvent troublé, et où le gouvernement garde quelque inquiétude sur la fidélité de ses sujets. D'ailleurs, la faculté d'expulsion constitue le correctif naturel de la facilité moderne de circulation et de séjour des étrangers.

Passons à la question des droits de l'étranger. C'est sur ce terrain que l'unification s'est fait sentir davantage à notre époque. Elle est le fruit de la civilisation moderne, et elle a été préparée par l'introduction dans les traités de la clause la plus favorisée. Actuellement, pourquoi édicter une législation rigoureuse contre des étrangers, à la nation de qui on accorde la clause de la nation la plus favorisée ? Ce serait une tâche vaine.

J'indiquerai comme premier trait commun à toutes ces législations, l'exclusion de l'étranger des droits politiques, qui sont partout, d'ailleurs, l'apanage propre des citoyens. Pourtant, à ce principe si naturel, il existe des exceptions. En Angleterre, après un certain temps de résidence, les étrangers doivent siéger dans le jury. Dans la République Argentine, les étrangers sont admis à la plupart des emplois civils et militaires. Dans l'État indépendant du Congo, les étrangers peuvent remplir les fonctions publiques, et également dans la principauté de Monaco.

XIIe LEÇON. — *7 décembre* (1).

Messieurs,

Dans l'exposé de la condition des étrangers, j'en étais arrivé à la sphère des droits privés. Les législations étrangères se divisent à cet égard en trois catégories : celles qui admettent la réciprocité diplomatique, celles qui admettent la réciprocité pure et simple, et enfin celles qui traitent les étrangers sur un pied d'égalité avec les nationaux.

La réciprocité diplomatique, qui est le système français, est en vigueur dans les pays qui ont suivi l'exemple de notre Code civil, ce sont la Belgique, le Luxembourg, la Grèce et les pays allemands jadis régis par le Code français. Ce système, que j'ai critiqué à propos de l'article 11, est le plus mauvais de tous, je n'y reviendrai pas. Vous savez, en effet, que la dénonciation du traité établissant cette réciprocité a pour conséquence de priver des droits dont ils jouissent les étrangers sujets des nations signataires.

Le groupe des États admettant la réciprocité pure et simple est composé de l'Autriche, de la Suède, de la Serbie et de la Suisse. D'après cette formule, — réciprocité pure et simple, — il suffit que le national d'un pays possède dans un autre un droit quelconque,

---

(1) Droits de traduction et de reproduction réservés.

soit en vertu de la loi, soit en vertu de la jurisprudence, pour que les nationaux de ce dernier pays jouissent dans le premier de droits correspondants. Meilleur que le précédent, ce second système n'est pas encore excellent, il présente beaucoup d'inconvénients. D'abord et surtout parce qu'il implique de la part de l'Etat qui l'a adopté une aliénation complète de sa liberté législative en ce qui concerne le droit des étrangers. En effet, cet Etat n'est pas maître de régler chez lui d'après ses propres idées, en conformité avec ses intérêts, la condition des étrangers. Il ne peut plus dire : voici ce que je leur accorde et voici ce que je leur refuse. Il dépend des législations étrangères. Si elles retirent un droit à l'étranger, il est obligé de le lui retirer aussi, même s'il le juge utile ; si elles lui accordent un droit nouveau, il est obligé de les imiter, même s'il considère cette concession comme inutile et dangereuse.

Ce système présente un autre inconvénient. Dans les pays qui l'adoptent, il n'existe plus aucune uniformité dans la condition des étrangers. Cette condition varie pour chacun d'eux ; elle dépend des concessions faites aux étrangers par leur propre patrie. Il y a cependant dans tout ceci quelque chose d'assez juste et de défendable. Cette idée de réciprocité peut apparaître sous la forme indirecte d'une mesure de rétorsion, — vous en avez un exemple dans le Code civil allemand, dont je vous ai parlé, et ceci est équitable. En principe, on applique aux étrangers la législation locale, sauf à recourir dans des circonstances exceptionnelles à des mesures de rétorsion.

Enfin, Messieurs, il existe un troisième groupe d'États, le plus nombreux heureusement, qui se rallie à l'idée de l'égalité du national et de l'étranger. L'évolution qui s'est accomplie en ce sens dans les législations contemporaines ne constitue un phénomène ni bien ancien, ni bien complet. Ce sont les codifications les plus récentes qui ont adopté ce principe, lequel rencontre encore certaines résistances touchant le droit de succession et de propriété immobilière. C'est ainsi qu'en Angleterre, par exemple, on a pensé longtemps, à raison du caractère féodal de la propriété immobilière, qu'un étranger ne pouvait y jouir d'un véritable droit de propriété, ni surtout hériter de biens situés sur le territoire anglais. Cette prohibition a disparu avec les Acts de 1844 et de 1870. Il faut, d'ailleurs, remarquer en passant que la condition des étrangers a toujours été très libérale en Angleterre. Ceux-ci y ont toujours joui de l'*Habeas Corpus*, qui empêche de les expulser sans un act du Parlement. De plus, pendant longtemps, ils ont bénéficié de la juridiction criminelle du jury *de medietate linguæ*, institution dont je regrette la disparition, car il me paraît certain que l'étranger n'a pas en fait devant les juridictions criminelles autant de garanties que le national.

Mais cette évolution, que je vous signalais, dans les législations modernes n'est pas encore complète. Ainsi, dans les États-Unis, règne à cet égard une loi très curieuse, au moins dans certains Etats. L'accès à la propriété immobilière n'est pas librement ouvert aux étrangers. Il y est même quelquefois interdit, plus souvent accordé sous certaines conditions de résidence, ou enfin concédé seulement pour les propriétés de valeur minime. On a craint que les étrangers n'eussent trop d'influence dans les affaires.

En Roumanie, les étrangers furent longtemps inhabiles à acquérir la propriété immobilière, — il n'est pas certain encore aujourd'hui qu'ils puissent y obtenir par succession la propriété de biens ruraux. Il en a été de même en Turquie, jusqu'en 1867, où un firman autorisa les étrangers à posséder des immeubles en Turquie, en se soumettant aux lois du pays. Du reste, la condition des étrangers est, en Turquie, bien différente de celle qu'ils possèdent dans les Etats européens, surtout quant aux principes. En général, dans les Etats civilisés, la condition des étrangers au point de vue de la jouissance des droits privés se caractérise par une communication plus ou moins complète des droits organisés au profit des citoyens. En Turquie, le système adopté est différent. L'étranger ne participe pas aux institutions locales, qui sont, du reste, de nature autant religieuse que civile, mais on lui permet d'importer à son usage les institutions juridiques de sa patrie. C'est un point de vue très différent du Droit international privé habituel. On a souvent qualifié la situation des étrangers dans ce pays par l'expression peut-être pas très exacte, d'exterritorialité.

Le principe d'égalité, même dans les nations où il est le plus franchement organisé et le plus loyalement suivi, souffre cependant quelques exceptions. Par exemple, une exception existe à propos de la propriété des navires, car cette propriété engage un intérêt politique. On comprend très bien qu'un Etat ne tolère pas qu'un navire portant le pavillon national appartienne en totalité, ou au moins en grande partie, à des étrangers. On rencontre de même dans la sphère des droits intellectuels quelques exceptions, mais tempérées le plus souvent par les dispositions des Unions.

J'arrive maintenant, Messieurs, à ma quatrième section, où je dois traiter des étrangers en droit international.

SECTION IV. — *Les étrangers en droit international.*

Cette section est sinon très longue, mais du moins capitale. Jusqu'à présent, dans les détails que je vous ai fournis sur la condition des étrangers, j'ai fait appel aux législations positives, et particulièrement à la législation française. Mais le point de vue international n'a pas encore apparu. Je vous ai exposé le droit des étrangers comme s'il dépendait uniquement et arbitrairement de la volonté du législateur. Est-ce le véritable point de vue auquel il convienne de se placer ? Devons-nous nous borner à analyser et à décrire la législation positive ? Ne devons-nous pas plutôt rechercher au-dessus de ces législations un droit international vraiment digne de ce nom qui s'imposera au respect de tous, sous peine de porter atteinte aux droits des nations étrangères elles-mêmes? En général ce point de vue n'apparaît pas dans les livres consacrés à notre matière, c'est un défaut de méthode à mon sens.

Dire que les étrangers sont abandonnés en tout pays à la discrétion du législateur local, affirmer qu'ils ne peuvent avoir que les droits, qu'on veut bien leur reconnaître, constitue une erreur certaine. Si cette erreur a été si persistante, cela vient de ce fait que l'intérêt même des Etats les pousse à prendre des mesures favorables aux étrangers. S'il existe à cet égard des obligations entre les Etats, elles passent inaperçues, parce que les Etats les remplissent spontanément. En vérité, l'Etat n'est pas libre d'agir à sa guise, il est tenu en cette matière au *respect de la souveraineté des autres Etats*, et à l'observation des droits de leurs sujets au commerce international. On doit considérer comme arbitraire, comme contraire au droit des Etats et susceptible même d'amener des conflits toute législation incompatible, soit avec le respect de la mutuelle souveraineté des Etats, soit avec la vocation de leurs nationaux au commerce international. C'est un principe de droit international public.

Dans quelle mesure existe cette obligation réciproque des Etats en ce qui concerne la condition des étrangers? Elle existe, à mon avis, en deux sens différents. Il est, d'une part, certains droits que l'Etat ne peut refuser aux étrangers, sous peine d'engager sa responsabilité ; on rencontre, d'autre part, certains droits que l'État ne peut accorder aux étrangers sans manquer au souverain étranger. Donc, la liberté, qui appartient aux États, est enfermée entre deux limites, l'une minima et l'autre maxima. C'est, Messieurs, cette double limite qu'il nous faut maintenant fixer.

Voyons d'abord la limite minima. Quels sont les droits que l'État ne peut pas refuser aux étrangers? La réponse est simple. Ce sont les droits indispensables à la pratique du commerce international. Cette matière ne comporte pas d'énumération limitative. Il faut se borner à des exemples. D'abord se présente le respect de la personne de l'étranger. A cette idée élémentaire correspond la catégorie des droits publics proprement dits, dont je vous ai déjà parlé, et qu'on ne refuse nulle part. Il faut y ajouter tous les droits pouvant être considérés comme organisés pour garantir la sécurité de la personne, par exemple, les lois pénales. Cette idée est si vraie, que partout l'étranger a droit à la sécurité de sa personne ; même en temps de guerre, il n'est pas hors la loi, même s'il est sujet de la nation ennemie. Ce qui prouve bien l'existence à cet égard d'une obligation reconnué par les États, c'est qu'on a pris parfois contre les étrangers des mesures vexatoires, mais jamais on ne leur a refusé la protection de leur personne. J'ajoute que les étrangers, au point de vue de ce droit primordial, sont parfois mieux traités qué les nationaux. A l'époque, par exemple, d'une crise interne qui arme une partie de la population contre l'autre, les victimes de ces discordes n'auront aucun recours devant les tribunaux. Le cours de la justice est suspendu pour eux. Au contraire, les étrangers appuyés par leurs gouvernements obtiendront une réparation ou des dommages-intérêts.

Les Etats sont encore obligés, à un autre point de vue, d'accorder aux étrangers certains droits : ce sont ceux qui sont relatifs à l'exercice du commerce international. Les conséquences de cette idée ne sont pas très faciles à déterminer. Si l'on a pas coutume de préciser, c'est parce que les Etats ont intérêt à attirer les étrangers sur leur territoire et ne leur refuseront jamais ces droits. C'est ainsi qu'un Etat n'a jamais refusé, d'au moins d'une façon générale, l'institution chez lui de consuls étrangers. Essayons d'indiquer cependant quelques-uns des droits nécessaires au commerce international. Les étrangers auront en premier lieu le droit de circuler dans le pays, d'y entrer et d'en sortir librement. Ils pourront s'y établir, c'est indispensable pour ouvrir des fabriques, des magasins. Faut-il leur accorder le droit de devenir propriétaires fonciers ? Ce n'est pas absolument nécessaire, pourvu qu'on leur concède l'usage des immeubles, qu'on leur permette, par exemple, de les louer. Il est indispensable, par contre, qu'on leur donne le droit de propriété mobilière. De même, l'étranger doit avoir le droit de faire valablement les contrats les plus indispensables, tels que la vente, l'échange, le prêt, etc.

Doivent-ils pouvoir vouer des biens de famille ? La question est douteuse. En pratique, ils possèdent cette faculté, sauf dans les pays comme la Turquie, dont la constitution politique a un caractère religieux.

Enfin, il est nécessaire de leur accorder le droit d'ester en justice. Je vous renvoie à cet égard à ma dernière leçon.

Il existe un moyen simple, quoique peu employé, pour connaître les droits indispensables au commerce international. Il faut consulter les traités de commerce. Ceux-ci portent le plus souvent la concession de certains droits, les uns variant de traité à traité, les autres communs à ces traités. Ces derniers sont les droits indispensables au commerce international, on peut l'affirmer. S'ils sont insérés partout, c'est qu'ils sont partout nécessaires.

J'en ai fini, Messieurs, avec le tracé de cette limite minima, dont je vous avais parlé, j'arrive maintenant à la détermination de la limite maxima.

Elle consiste surtout dans certaines abstentions qu'un Etat doit s'imposer dans ses concessions à l'égard des étrangers pour ne pas froisser la souveraineté des Etats étrangers. Voilà comment il se fait qu'un Etat ne peut pas se montrer trop généreux à l'égard des étrangers, par crainte de compromettre les droits que leur patrie a sur eux. Il en résulte pour un Etat le devoir de respecter la souveraineté étrangère, et cela de différentes façons. D'abord, il ne doit pas enlever à un pays ses nationaux. C'est ainsi, par exemple, que le Venezuela, manquant de population, avait déclaré tous les immigrants citoyens. Il avait excédé ses pouvoirs, et la diplomatie française a dû intervenir.

Pour augmenter leurs finances municipales, certains cantons suisses avaient accepté des demandes de naturalisation moyennant une somme d'argent, et naturalisaient les postulants par retour du courrier. Cette pratique donna également lieu à des réclamations diplomatiques qui aboutirent à un changement dans la législation suisse. La naturalisation fédérale fut exigée comme condition préalable à toute naturalisation cantonale.

L'Etat doit encore, en vertu de la même idée, respecter les obligations qui incombent aux étrangers envers leur patrie. Il doit notamment, en cas de guerre, leur permettre de rejoindre librement leurs drapeaux. Il doit s'abstenir d'enrôler des étrangers, de façon à les empêcher de remplir leurs obligations militaires dans leur pays. Il ne peut, non plus, leur accorder des droits politiques qui seraient de nature à entrer en conflit avec la fidélité qu'ils doivent à leur patrie. Enfin, l'Etat où résident des étrangers doit toujours les admettre à recourir à la protection diplomatique de leur pays d'origine. C'était à tort que certaines Républiques de l'Amérique du Sud avaient déclaré qu'en cas de troubles internes, de sédition, de guerre civile, les étrangers n'auraient pas plus de droits que les nationaux. Cette disposition est restée, bien entendu, lettre morte.

XIIIe LEÇON. — *12 décembre 1904* (1).

Messieurs,

J'avais, à la fin de ma dernière leçon, développé cette idée, que la liberté de l'État dans ses concessions aux étrangers rencontre une limite maxima. A cette idée générale se rattache une question fort délicate, abordée, et résolue, peut-être un peu sommairement, par M. Weiss. La concession faite par l'État aux étrangers est-elle absolue ou conditionnelle? Les étrangers jouissent-ils *de plano* et dans tous les cas des droits que le législateur local leur reconnaît, ou, au contraire, n'en jouissent-ils qu'autant que ces droits sont organisés à leur profit dans leur patrie?

Dans les États civilisés, on communique, vous le savez, aux étrangers les droits dont jouissent les nationaux, mais cette communication n'emporte pas avec elle cette idée, que l'étranger doit jouir dans sa patrie de ce même droit. Faut-il s'inquiéter de ce point de vue?

La jurisprudence a rencontré un jour une belle occasion de résoudre ce problème, mais elle ne l'a pas fait. Il s'agissait d'un Anglais qui, s'étant marié en France, prétendait avoir légitimé par mariage subséquent les enfants qu'il avait eus de la femme qu'il

---

(1) Droits de traduction et de reproduction réservés.

épousait. Or, la légitimation n'existe pas en Angleterre. Pouvait-il exercer un droit que ne lui reconnaissait pas son pays ?

La Cour de cassation, par un arrêt du 23 novembre 1857 (S., 58, 1, 293), a admis que cet Anglais avait, en effet, sur notre territoire, le droit de légitimer ses enfants par mariage subséquent. La jurisprudence a considéré qu'elle était en présence ici, non d'une question de droits de l'étranger, mais d'une question de statut personnel, par conséquent d'un problème relatif au conflit de lois. Et elle a résolu ce problème affirmativement par des motifs d'ordre public français qui, à mon sens, n'avaient aucun rapport avec lui. Elle s'est crue en présence, comme disent les Allemands, de la *Handlüngsfähigheit*, alors qu'il s'agissait de la *Rechtsfähigheit*. En d'autres termes, il était ici question, non pas de l'exercice du droit de légitimation, mais de l'existence de ce droit lui-même. La Cour de cassation n'a donc pas bien résolu le problème, puisqu'elle l'a mal posé.

Si nous rétablissons la question sur son véritable terrain, comment pourrons-nous y répondre ?

Il n'est pas douteux que le droit de légitimation des enfants par mariage subséquent est un droit que le législateur met à la disposition des étrangers. Mais le met-il aussi à la disposition des étrangers qui n'avaient pas ce droit dans leur patrie ? Ceci est moins certain. La légitimation est un de ces actes dont les effets ne s'arrêtent pas aux personnes y jouant le rôle de parties. Elle a pour conséquence de faire entrer l'enfant qui en est l'objet dans une famille donnée. Appartient-il donc alors au législateur français d'introduire un enfant dans une famille anglaise sur laquelle il ne peut avoir aucune espèce de droit ? A la vérité, cette légitimation sera valable en France, mais elle sera nulle en Angleterre. Voilà un défaut d'harmonie que notre science a pour but d'éviter. J'inclinerais donc à penser que dans un cas semblable, la solution négative doit l'emporter, et que le droit qui touche les intérêts des parties et des tiers à l'acte ne peut être conféré à l'étranger qu'autant que sa législation interne le permet. Faut-il en conclure que l'étranger ne peut jouir en France que des droits mis à sa disposition par sa législation nationale ? Supposons, par exemple, qu'une législation étrangère ne connaisse pas le droit d'emphytéose, un étranger ressortissant à cette nation ne pourra-t-il jamais jouir en France de ce droit ? Je ne vois pas pourquoi on le lui refuserait, car, somme toute, cette communication serait inoffensive ; quels seraient, en l'occurrence, les intérêts lésés ?

Ne faudrait-il pas, dès lors, répartir les droits privés en deux groupes ? D'abord ceux dont l'effet ne reste pas limité aux seules parties à l'acte, j'entends dont les conséquences sont susceptibles d'atteindre des personnes étrangères au pays où l'acte est fait ; pour ceux-là, il faudrait qu'ils existent dans la législation de l'étranger ; et puis, les droits dont les effets demeurent strictement limités aux auteurs de l'acte ; à l'égard de ces derniers, il serait inutile que l'étranger les possédât dans sa patrie.

J'en ai fini, Messieurs, avec ma section IV, et je vais vous parler maintenant des personnes morales en Droit international privé.

SECTION V. — *Personnes morales étrangères.*

On appelle personnes morales ou personnes civiles les associations douées par la loi sous l'empire de laquelle elles ont pris naissance d'une personnalité distincte de celle de leurs membres. La condition des personnes morales en Droit international privé comprend plusieurs points : 1° la reconnaissance de l'existence de ces personnes à l'étranger ; 2° l'étude des droits dont elles y jouissent ; 3° la recherche de la législation à laquelle elles sont soumises dans l'exercice de ces droits.

Pour le moment, je ne vous entretiendrai que de la première question ; les deux autres ne pouvant être résolues qu'avec la connaissance du principe de l'effet international des droits acquis.

Une personne morale constituée dans un pays voit-elle son existence limitée au pays où elle a pris naissance ? Ou bien doit-elle être reconnue en dehors du territoire de ce pays ?

Il me faudrait d'abord résoudre le problème relatif à ce que l'on doit entendre par personne morale nationale ou étrangère ! Faut-il tenir compte du lieu où l'acte de société a été passé, du lieu où se trouve le siège social, ou enfin du lieu où est exercée l'industrie ? C'est là une difficulté qui vous sera sans doute exposée au cours de droit commercial. Elle réside dans ce que l'on ne peut transporter à une personne morale les règles qui régissent les personnes vivantes en matière de nationalité.

Je suppose donc cette difficulté élucidée, par conséquent que vous savez ce qu'est une personne morale étrangère, ce qu'est une personne morale nationale. Il faut distinguer ici le point de vue du droit positif et ensuite le point de vue de la doctrine.

En ce qui concerne le droit positif français, une distinction fondamentale s'impose entre les sociétés de commerce et les autres. Au regard des sociétés commerciales, la pratique obéit dans notre pays à des traditions extrêmement libérales. Notre jurisprudence ancienne admettait sans difficulté que toutes les sociétés de commerce étrangères douées de la personnalité morale devaient être reconnues en France comme personnes morales, cela quelle que fût leur forme et sous quelque dénomination qu'elles se présentassent. On leur reconnaissait cette personnalité à l'occasion du droit d'ester en justice. L'administration, au contraire, hésitait à reconnaître en France l'existence de ces personnes morales fondées à l'étranger. Cette jurisprudence n'a subi aucune atteinte en ce qui concerne les sociétés à responsabilité illimitée. C'est ainsi que les sociétés en nom collectif, les commandites par intérêt voient leur existence reconnue en France *de plano*. Il en a été autrement des sociétés à responsabilité limitée, c'est-à-dire des sociétés par actions. Voici en quelles circonstances notre droit a changé sur ce point. La Cour de cassation de Bel-

gique, après avoir suivi longtemps les errements de
la Cour de cassation française, prétendit, dans un
arrêt du 8 février 1849, soumettre la reconnaissance
des sociétés anonymes françaises en Belgique à l'autorisation du gouvernement belge. Cette autorisation
était alors exigée pour les sociétés anonymes nationales, soit en France, soit en Belgique. Ce revirement
ne fut pas sans amener un trouble profond dans les
relations entre la France et la Belgique.

Le traité de commerce du 25 février 1854 s'occupa
de la question, et bientôt après, la loi belge du 14 mars
1855 autorisa les sociétés françaises à ester en justice
en Belgique à la condition de réciprocité. On crût que
notre jurisprudence constituait une réciprocité suffisante à l'égard de la Belgique. Mais cela ne suffit
point aux tribunaux belges, et le législateur français
dût intervenir.

La loi du 30 mai 1857 permit aux sociétés belges
autorisées par leur gouvernement d'ester en justice
en France et d'y exercer tous les droits qui sont chez
nous accessibles aux étrangers.

L'article 2 de cette loi disposait que le gouvernement français pourrait, à l'avenir, étendre par simple
décret ce même régime aux sociétés des pays autres
que la Belgique, respectivement autorisées par leur
gouvernement. En effet, après 1857, un certain nombre de décrets furent rendus portant reconnaissance
des sociétés anonymes d'autres pays. Exceptionnellement, les sociétés anglaises furent autorisées chez
nous en vertu du célèbre traité du 30 mai 1862.

La loi de 1857 s'appliquait aux sociétés de capitaux qui, dans les pays étrangers où elles avaient été constituées, étaient soumises au régime de l'autorisation du gouvernement, régime qui constituait le droit commun des sociétés anonymes à cette époque. Mais ce régime ne tarda pas à être modifié, soit en France, soit à l'étranger.

En France, la loi du 24 juillet 1867 supprima pour les sociétés anonymes la formalité de l'autorisation, pourvu qu'elles présentassent certaines garanties.

Il en fut de même à l'étranger. Une fois cette évolution opérée, il se posa chez nous deux graves questions. La première était celle de savoir si la suppression de l'autorisation pour les sociétés anonymes nationales n'entraînait pas virtuellement suppression de la nécessité de l'autorisation par décret pour les sociétés étrangères. Etait-elle encore requise après la loi de 1867 ? De plus, en supposant la loi de 1857 encore en vigueur, le bénéfice de cette loi pouvait-il s'étendre aux sociétés étrangères constituées librement à l'étranger après suppression de la nécessité de l'autorisation préalable ?

Ces deux questions furent résolues affirmativement par notre jurisprudence, qui décida que la suppression de l'autorisation pour les sociétés nationales par la loi de 1867 laissait intacte la nécessité de l'autorisation générale des sociétés étrangères. En second lieu, elle déclara que cette autorisation de 1857 devait être considérée comme profitant non seulement aux sociétés autorisées dans leur pays, mais même aux sociétés anonymes dispensées de l'autorisation par leur législation nationale.

C'était aller un peu loin. Mais il fallait bien le décider ainsi, sans quoi la loi de 1857 ne se serait plus appliquée à aucune société étrangère.

La solution adoptée par la jurisprudence n'est peut-être pas sans quelque danger. En France, les sociétés anonymes se fondent sans autorisation, mais elle est remplacée par d'autres garanties. Et lorsque la jurisprudence décide comme elle l'a fait, elle permet aux sociétés étrangères d'agir en France dans des conditions n'offrant peut-être pas des garanties sérieuses pour le crédit public.

J'arrive à la condition des associations qui n'ont pas un caractère commercial. Les associations étrangères sans caractère commercial ont trouvé chez nous une faveur bien moindre que celle dont jouissent les sociétés commerciales.

La jurisprudence française, se conformant à l'avis d'un parti important de la doctrine, ne reconnaît pas en France l'existence des personnes morales étrangères sans caractère commercial, à moins que ces personnes n'aient été chez nous l'objet d'autorisations administratives identiques à celles que requièrent la constitution de personnes morales nationales. J'examinerai les motifs de cette décision dans la seconde partie de cette étude. Il résulte de cette jurisprudence qu'en un certain sens il n'existe chez nous que des personnes morales nationales. Cependant, il faut observer qu'au regard des incapacités qui frappent en

France les étrangers, les personnes morales étrangères même autorisées par le gouvernement français
sont considérées sur notre territoire comme des
étrangers ; elles sont sujettes aux incapacités qui at-
teignent les individus étrangers. Voy. Cass., 1ᵉʳ août
1860 (S., 1860, 1, 865).

XIVᵉ LEÇON. — *13 décembre* (1).

MESSIEURS,

Aux explications que je vous donnais hier sur les
associations étrangères non commerciales en Droit
international privé, j'ajoute que la loi du 1ᵉʳ juillet
1901 a facilité à ces associations étrangères l'obtention en France d'une certaine personnalité en changeant à cet égard les conditions auxquelles les personnes morales nationales sont soumises, conditions
qui s'étendent, comme nous le savons, aux sociétés
étrangères. (Cf. articles 6 et 8 de la loi du 1ᵉʳ juillet
1901.)

En opérant le dépôt de leurs statuts, elles obtien-
nent le droit d'ester en justice et de faire les actes à
titre onéreux. Mais, pour acquérir à titre gratuit, les
associations doivent être approuvées, comme autrefois, par un décret rendu après avis du Conseil d'État;

----

(1) Droits de traduction et de reproduction réservés.

elles restent également soumises à la formalité de l'article 910 du Code civil. Une fois, reconnue en France, la personne morale étrangère jouit de tous les droits qui appartiendraient aux personnes morales françaises. (Voy. Avis du Conseil d'Etat du 12 janvier 1854.)

A cette règle générale existe toutefois une exception. Elle concerne les Etats étrangers.

L'Etat a été qualifié par Savigny de personne morale nécessaire, et sa reconnaissance comme personne politique n'a fait difficulté pour personne. Il est plus délicat de savoir si cette reconnaissance politique doit entraîner aussi la reconnaissance juridique? En doctrine, certains doutes ont été émis sur ce point, mais ils n'ont jamais impressionné la pratique. Celle-ci a toujours jugé que la reconnaissance politique de l'Etat emportait sa reconnaissance juridique. Il serait contradictoire, en effet, de dire qu'un Etat qui peut faire un traité d'alliance avec un autre Etat, ne pourrait y acquérir aucun droit de propriété ni y devenir créancier ou débiteur. C'est en vertu de cette faculté reconnue à l'Etat étranger que celui-ci peut émettre dans un pays un emprunt ou y devenir propriétaire de l'hôtel, résidence de son ambassadeur. Ces droits ont été également reconnus au Saint-Siège, à l'occasion de la célèbre affaire de Plessis-Bellière.

En résumé, deux catégories de personnes morales étrangères sont à distinguer en France. Les unes, reconnues dans notre pays, soit par la loi elle-même, soit par un acte de l'autorité compétente, y jouissent des mêmes droits que les étrangers ; les autres, non reconnues, sans existence légale en France, n'y devraient avoir aucun droit. Mais sur ce dernier point notre jurisprudence n'est pas restée parfaitement conséquente avec ses principes. Elle a introduit une distinction fantaisiste dans la question de savoir si une personne morale peut ester en justice. La Cour de cassation admet qu'une personne morale étrangère non reconnue ne peut intenter un procès, donc ne peut pas être demanderesse, mais elle décide qu'elle peut être poursuivie en qualité de défenderesse. Évidemment, cette solution est de nature à ménager les intérêts français. Mais elle est contradictoire aussi, car il est impossible de concilier en droit ces deux idées, à savoir qu'une personne morale n'ayant aucune existence peut cependant être assignée devant un tribunal en la personne de ses représentants. Autre question. Cette personne morale ainsi poursuivie pourra-t-elle intenter une demande reconventionnelle ? Les auteurs penchent vers l'affirmative. Enfin, notre jurisprudence décide encore qu'une société de fait peut être l'occasion d'une interposition de personne. C'est au moins singulier, car pour que cette interposition ait lieu, il faut bien qu'une personne soit mise à la place d'une autre, et ici cette autre personne n'existe pas !

Ces errements de la jurisprudence doivent nous mettre en garde contre la doctrine dont ils émanent. C'est à l'examen de cette doctrine que j'arrive maintenant, afin de vous montrer ce qu'il faut penser en théorie des personnes morales étrangères et de leur droit à la reconnaissance.

Ici se rencontrent deux systèmes, celui de la *fiction* et celui de la *réalité* des personnes morales.

Et tout d'abord, examinons le système de la fiction, dont l'autorité paraît diminuer de jour en jour. D'après lui, les personnes morales ne correspondant pas à des personnes vivantes, ne sont que des êtres fictifs, abstraits, créés par la loi. Et cette fiction ne peut voir ses effets s'étendre hors des limites du pays où la législation l'a créée. Partout ailleurs elle est inexistante. Cette manière de raisonner, en ce qui concerne l'inextensibilité des effets de cette fiction, est du moins inattendue sous la plume de deux auteurs qui, comme MM. Laurent et Weiss, se montrent à l'ordinaire partisans de l'effet extraterritorial de la loi. Je sais bien que l'on prétend que les personnes morales sont toutes fondées sur des lois d'intérêt public, par conséquent territoriales ; mais ce n'est pas exact pour toutes les personnes morales.

La question qui nous occupe est, en vérité, toute entière dans le point de savoir s'il est vrai d'affirmer que la personnalité juridique de l'homme est différente de celle des personnes morales. Dire que la personnalité des sociétés dérive de la loi est vrai, mais ce caractère est-il donc particulier à la personnalité des sociétés ? N'en va-t-il pas de même pour la personnalité juridique de l'individu ? N'est-ce pas la loi qui lui en garantit les effets et lui en assigne les limites. A la vérité, on va trop loin quand on dit que la personnalité juridique de l'homme est un attribut essentiel de sa nature. Ce n'est qu'un vêtement que la loi donne à celui-ci, comme elle peut en revêtir celle-là. Tout ce que l'on peut dire, c'est que la personnalité juridique de l'homme est peut-être plus ancienne que celle de l'association. Et encore la personnalité juridique de l'État n'a-t-elle pas préexisté à celle de l'individu ?

En fin de compte, la personnalité juridique est-elle reliée d'une façon indivisible à la personne physique de l'individu, de telle sorte que chaque individu ait nécessairement une personnalité juridique et ne puisse jamais en avoir qu'une ? Cette question doit être résolue négativement. L'antiquité a, en effet, connu les esclaves, le droit moderne les morts civils. Ce qui nous prouve bien que la personnalité juridique n'a jamais été indivisiblement unie à la personne physique. En second lieu, il y a des personnes physiques qui possèdent *plures personas,* comme disaient déjà les Instututes. Le tuteur, par exemple, a deux personnalités distinctes, en tant que représentant le mineur d'une part, et en tant que représentant ses propres intérêts d'autre part. Il en est de même de tout mandataire. L'héritier a deux personnalités, l'une comme continuateur du défunt, l'autre comme personne indépendante, au moins aussi longtemps que les deux patrimoines demeurent distincts. L'associé ne peut-il donc pas avoir une personnalité juridique différente de la sienne propre dans l'association ?

Je pense que la vraie théorie est celle-ci. Le droit

est toujours la sanction des intérêts socialement respectables. Il existe dans la vie sociale des intérêts d'individus isolés et des intérêts de groupes, en d'autres termes des intérêts individuels et des intérêts collectifs. Or, la manifestation de la légitimité sociale de chacune de ces deux catégories d'intérêts doit consister dans la constitution d'une personnalité juridique correspondant à chacune d'elles.

En considérant ainsi le droit dans sa fonction sociale, il reste le point de savoir si les intérêts des groupes sont moins respectables que les intérêts de l'individu? Ce qui est un droit strict pour l'individu, à savoir la reconnaissance de sa personnalité, doit-il être une faveur pour l'association? Ramenée à cette formule, la question ne paraît pas douteuse. La formation d'un groupe n'est pas autre chose qu'une manifestation de l'activité humaine, source de tout progrès et fondement de tout droit. Ce qui est légitime de la part d'un individu, doit être légitime de la part d'un groupe.

Mais il y a plus. De nos jours, l'association est seule assez puissante pour atteindre la réalisation de certaines œuvres, qui demeurent au-dessus des effets des individus isolés. Comment construire un chemin de fer, ouvrir un port, sans la force puissante de l'association, qui est devenue une institution indispensable à une société parvenue à un certain degré de civilisation. Il en est de même au point de vue moral. La lutte contre l'esclavage, par exemple, dépassait les forces d'un individu isolé.

On a voulu, dans la théorie de la fiction, argumenter du droit naturel, c'est une erreur, à mon avis, dans la signification au moins donnée à ce droit par certains auteurs. Mais si l'on veut entendre par droit naturel celui qui correspond le mieux à la nature de l'homme, l'association correspond, évidemment, au droit naturel. Je suis donc, en conclusion, partisan de la réalité de la personnalité des associations.

J'en aurais fini avec cette controverse, s'il ne me restait à réfuter un argument. On dit, la capacité des associations relève du statut personnel, et qu'elle doit pour ce motif être reconnue à l'étranger. Cette manière de raisonner repose sur une confusion. Nous ne nous demandons pas ici à quelle loi est soumise l'activité de la personne morale, nous recherchons si cette personne existe. La personnalité des lois de capacité n'a rien à faire dans la question. L'invoquer c'est confondre ici encore la capacité de droit et la capacité d'action.

En résumé, la reconnaissance des personnes morales étrangères s'impose comme un véritable droit. Voilà donc un premier point acquis, il est fondamental. Est-ce à dire maintenant que les personnes morales étrangères doivent nécessairement posséder dans un pays tous les droits que possède la personne morale nationale ? Non, certes ! Il faut observer d'abord que les personnes morales étrangères restent toujours soumises en premier lieu à la loi de leur institution. Nous reviendrons sur ce point en étudiant l'effet international des droits acquis.

Rien n'empêche dans un pays le législateur d'introduire des différences sensibles entre les personnes morales étrangères et les personnes morales nationales, au point de vue des droits concédés aux uns et aux autres. Mais de plus, par suite de sa qualité d'étrangère, souvent une personne morale se trouvera dans l'impossibilité de remplir certaines fonctions dévolues aux personnes morales nationales. Par exemple, elles ne pourront constituer en France une société de patronage de libérés ou une société de secours pour les enfants abandonnés. Car ces dernières sont susceptibles de recevoir des délégations de la puissance paternelle, et on ne peut les accorder à des personnes morales étrangères. Il est possible même qu'une personne morale étrangère voie son activité complètement paralysée en France, par exemple parce qu'elle pourrait paraître contraire à l'ordre public. Dirons-nous dans ce cas que la personnalité de la société étrangère ne sera pas reconnue chez nous? Pas le moins du monde, mais alors, quelle sera l'utilité de cette reconnaissance? Elle aura certains effets, car si la personnalité étrangère ne peut pas accomplir en France les actes de sa fonction, elle pourra du moins y faire des actes juridiques d'un caractère purement patrimonial, par exemple, ester en justice, posséder des immeubles, etc. Cela résultera de sa reconnaissance. Supposons, par exemple, un syndicat de médecins fondé en Allemagne pour appliquer une certaine méthode. L'Etat français pourra interdire à ce syndicat d'ouvrir aucun établissement en France.

Mais s'il plaît à ce dernier d'accomplir des actes de droit privé, d'acheter des maisons, par exemple, de devenir créancier ou débiteur, il le peut, puisque sa personnalité juridique est reconnue chez nous.

Telle est, éclaircie par un exemple, la portée des conclusions que je vous ai formulées touchant les différences susceptibles d'exister entre les personnes morales étrangères et les personnes morales nationales.

XVe LEÇON. — *14 décembre* (1).

MESSIEURS,

Les législations étrangères sont, en ce qui concerne la condition des personnes morales étrangères, beaucoup plus libérales que la nôtre, elles tendent à reconnaître les personnes morales étrangères sur leur territoire, soit purement et simplement, soit moyennant certaines conditions très aisées à remplir. La législation anglaise se signale par son libéralisme : dans ce pays, les personnes morales étrangères sont reconnues de plein droit. Elles y jouissent de tous les droits qui appartiennent aux étrangers personnes physiques ; la responsablité limitée des associés dans les sociétés de capitaux est reconnue au profit des associés groupés dans une société étrangère, et la capacité de ces dernières est gouvernée en Angleterre pour partie par la loi de leur institution, et pour partie par

---

(1) Droits de traduction et de reproduction réservés.

la loi anglaise. Cette jurisprudence libérale se retrouve aussi aux Etats-Unis d'Amérique.

Cette même liberté est enfin admise en faveur des personnes morales étrangères de droit civil en Allemagne, en Autriche, dans presque tous les pays européens. La France constitue donc à cet égard une exception.

CHAPITRE II

La Nationalité.

La théorie de la nationalité est, Messieurs, très importante et fort longue à exposer. Mais il faut bien reconnaître que cette matière relève surtout du droit civil, et ne touche que par certain côté au droit international privé. C'est donc pour me conformer au programme du cours de 3e année, que je vais vous exposer quelques idées générales sur la nationalité.

Je restreindrai le plus possible les développements relatifs à la législation française, vous renvoyant pour le surplus aux manuels de Droit international privé, et je n'envisagerai avec quelque détail que le côté international du problème.

Considérée au point de vue du droit international, la nationalité nous apparaît comme un élément de différenciation absolument indispensable pour séparer dans un pays les étrangers des nationaux. Etre national d'un pays c'est être sujet de l'Etat, et puisqu'il y a de par le monde des Etats différents, il doit y avoir aussi des groupes différents de sujets.

Pour étudier la condition des étrangers, il faut bien savoir à quel signe on reconnaîtra un étranger d'un national. La connaissance des lois sur la nationalité nous servira encore à déterminer ce que l'on appelle le statut personnel de l'individu. Pour beaucoup de ses rapports juridiques, l'individu, nous le verrons, est régi par son statut personnel ; or, dans la plupart des États européens, le statut personnel de l'individu est sa loi nationale. Il faut donc connaître celle-ci pour déterminer le statut personnel.

Pour que la nationalité remplisse dans notre science la fonction de différenciation qui lui est impartie, il importerait que les diverses lois régissent la matière dans les divers États, présentassent entre elles une certaine concordance. Autrement dit, il ne faudrait jamais qu'une personne ait, par exemple, deux nationalités ; il ne faudrait pas non plus qu'il y eut des individus sans nationalité. Et, en effet, il n'est pas difficile d'apercevoir les inconvénients pratiques considérables qui ne manqueraient pas de se produire, si une personne était considérée comme un national dans deux pays à la fois. C'est ce qui arrive malheureusement par suite de la diversité des législations. Ces inconvénients apparaissent sur le terrain du droit public d'abord. C'est ainsi qu'une même personne peut être réclamée par deux États différents en vue de l'accomplissement du service militaire : elle est alors fatalement condamnée à être considérée et punie comme réfractaire dans le pays où elle n'a pas répondu à l'appel sous les drapeaux.

Sur le terrain du droit privé, ces inconvénients ne sont pas moindres. Une personne qui a une double nationalité a aussi un double statut personnel ; son état, sa capacité changeront suivant qu'elle résidera sur tel ou tel territoire. Et si cette personne séjourne dans un Etat tiers, comment les juges choisiront-ils entre ces deux statuts personnels ? L'hypothèse, malheureusement fréquente, d'une double nationalité, donne lieu dans un Etat tiers à des questions véritablement insolubles.

A l'inverse, il se peut qu'un individu n'ait aucune nationalité, quelle va être sa situation ? Au point de vue du droit privé, les embarras de cette situation sont moindres qu'au point de vue social. Le tribunal, en effet, qui en sera juge, lui appliquera la loi locale. Mais c'est au point de vue social que les difficultés se présentent. En France, il y a quelques années, le nombre des individus sans nationalité étaient fort nombreux. L'expression *Heimatlosat*, tirée de l'allemand, désigne leur condition. Voici donc des individus qui participent aux avantages que leur donne le séjour dans un pays, mais qui n'en supportent pas les charges ; ils ne sont pas astreints au service militaire et ils ne paient pas d'impôts, étant pour la plupart des gens sans fortune. Le caractère le plus dangereux de ces groupes vient de ce qu'on ne peut les pénétrer. Quand l'Heimatlosat se développe, il devient un péril pour le pays.

A raison de l'indépendance des diverses législations, il est difficile d'empêcher ces inconvénients, de double nationalité ou d'heimatlosat. Le Droit international privé doit s'efforcer de les faire disparaître en établissant l'harmonie dans les législations de chaque État.

On ajoute, à propos de notre problème, que tout individu devrait avoir le droit de changer à son gré de nationalité, et je dois dire d'ailleurs que ce désir a été exaucé dans les lois modernes. Il n'y a guère plus que la Russie et la Turquie qui maintiennent la perpétuité de l'allégeance.

Voyons très vite maintenant les règles de la législation française sur la nationalité.

En France, une évolution considérable s'est produite en matière de nationalité, comme d'ailleurs dans les autres États de l'Europe. Si nous considérons d'abord l'acquisition de la nationalité française, nous remarquons que les principes actuellement acceptés par la loi ne ressemblent plus à ceux qui étaient autrefois pratiqués.

Cela est sensible surtout au sujet de l'acquisition de la nationalité française par la naissance. Autrefois, le principe était très simple. C'était l'application du *jus soli*. Elle s'expliquait par le rattachement de l'homme à la terre, base du droit féodal. Dans l'ancien droit, était Français tout enfant né en France, de parents régnicoles ou non. Et inversement, on ne reculait pas devant la conséquence de ce même principe quand l'enfant était né à l'étranger de parents français. Il était alors aubain, — Baquet nous le dit formellement. Sur ce dernier point pourtant, la tradition féodale ne se maintint pas dans tout notre ancien droit ; et au temps de Pothier on regardait comme Français l'enfant né de parents français à l'étranger. Cette modification fut l'effet d'une tendance peu internationale, certes, mais qui se manifeste actuellement dans tous les États et qui a pour but d'augmenter le nombre des nationaux et de diminuer celui des étrangers. C'est, en quelque sorte, de l'avarice nationale.

La Révolution ne changea rien à cet état de choses: toutes les constitutions de 1791 à l'an VIII s'assimilèrent les principes anciens, tout en y apportant certaines modifications, peu importantes d'ailleurs.

C'est au moment de la rédaction du Code civil qu'une réaction se produisit sur ce point, réaction qui amena le triomphe du *jus sanguinis*. Le Tribunal fit observer qu'il n'y avait aucun avantage pour la France à rattacher à sa nationalité des enfants que le hasard seul avait fait naître en France. Il fit admettre cette idée, qu'en principe la nationalité de l'enfant dépendait de la nationalité de ses parents.

Mais le Code civil n'a pas été en cette matière le terme de l'évolution accomplie par notre législation : depuis sa rédaction il a été profondément modifié par une série de lois, dont quelques-unes sont très récentes. L'attention du législateur moderne a été attirée sur ce fait qu'en favorisant le *jus sanguinis*, on permettait sur notre territoire la formation de groupes vivant en France sans en être les sujets. Plusieurs lois furent édictées sur ce point ; celle de 1851, qui déclarait Français les enfants nés en France d'étrangers qui y étaient eux-mêmes nés ; celle de 1874, qui modifiait un peu la condition de ces enfants ; enfin celle du 26 juin 1889, qui vint à son tour modifier, mais cette fois assez profondément, la matière de la nationalité. Cette loi forme, avec celle qui l'a suivie, en 1893, le droit de la nationalité chez nous, dont je vais maintenant vous donner les lignes générales.

Voici quels sont les principes touchant l'acquisition de la nationalité par la naissance ; ils sont contenus dans l'article 8 du Code civil. Est Français, nous dit le paragraphe 1er de cet article, « tout individu né d'un Français en France ou à l'étranger. »

Que faut-il entendre par cette expression « né d'un Français ? » Faut-il que le père ait été Français au moment de la conception, de la naissance, ou à un moment quelconque de l'intervalle entre la conception et la naissance ? La jurisprudence décide que le père devait être Français à l'époque de la naissance de l'enfant, car c'est à ce moment que l'enfant aura une existence distincte.

La loi de 1889 (article 8, § 1 du Code civil), a déterminé aussi la nationalité de l'enfant naturel. Pour celui-ci, la nationalité ne résulte pas de sa naissance, mais du fait juridique qui a établi sa filiation, c'est-à-dire le plus souvent de sa reconnaissance. Ce peut être aussi, d'ailleurs, un jugement.

L'article 8, § 1, distingue suivant que la filiation de l'enfant a été établie à l'égard de ses deux auteurs de même acte, ou dans deux actes différents. « L'enfant, « nous dit-il, suit la nationalité de celui des parents,

« à l'égard duquel la preuve a d'abord été faite. Si
« elle résulte pour le père ou la mère du même acte
« ou du même jugement, l'enfant suivra la nationa-
« lité du père. » Quant aux enfants non reconnus du
tout, ils ont fatalement la nationalité du sol où ils
naissent. C'est une solution de nécessité.

Les enfants nés de parents français ne sont pas les
seuls à acquérir par leur naissance la qualité de Français. Il en est d'autres qui, nés de parents étrangers,
prennent cependant la nationalité française en vertu
du *jus soli*. Ceci se produit quand l'un des parents
étrangers est né en France. Il y a, en somme, deux
naissances en France dans la même famille. La loi
de 1889 (article 8, § 3), s'était montrée trop radicale,
en déclarant que dans cette hypothèse, l'enfant serait
Français sans recours possible. C'était aller trop loin.
On fit remarquer qu'on arrivait ainsi à reconnaître de
force un enfant qui n'avait rien de commun avec la
France. Une réforme fut apportée par la loi de 1893,
qui fit la distinction contenue aujourd'hui dans notre
article 8, § 3. Cette distinction porte sur le point de
savoir si c'est le père ou la mère qui sont nés en
France ; si c'est la mère, l'enfant est autorisé à décliner dans l'année qui suivra sa majorité, la qualité de
Français.

XVIe LEÇON. — *19 décembre* (1).

MESSIEURS,

Nous allons aujourd'hui examiner d'abord la *condition des enfants nés en France de parents étrangers qui n'y sont pas nés*. La loi distingue suivant que ces enfants sont domiciliés en France au moment de leur majorité, ou qu'ils n'y sont pas domiciliés. (Voy. article 8, § 4, et article 9 du Code civil.)

L'article 8, § 4, décide que les enfants nés en France de parents étrangers et qui, à l'époque de leur majorité, sont domiciliés en France, sont Français, à moins que, dans l'année qui suit leur majorité, ils n'aient décliné la qualité de Français. Ils sont donc Français sous condition résolutoire, en ce sens qu'ils sont libres de répudier cette qualité de Français à leur majorité. Mais quelle est leur situation pendant leur minorité? Va-t-on les considérer comme Français, va-t-on les considérer comme étrangers? La Cour de cassation, adoptant le parti soutenu par la majorité de la doctrine, a déclaré que cet enfant est et demeure étranger pendant toute sa minorité jusqu'à sa majorité. Nous le supposons domicilié en France, que faut-il entendre par là? D'ordinaire, le mineur a pour domicile celui de ses parents ou de son tuteur. En est-il de même ici? Faut-il que ceux-ci aient leur

---

(1) Droits de traduction et de reproduction réservés.

domicile en France? Ce serait légal, mais bizarre.
Ce que la loi a voulu récompenser, c'est l'attachement
de la personne pour la France et non celui du père
ou du tuteur. Aussi on apporte à cet égard une dérogation au principe. Cet enfant, pour acquérir la nationalité de Français, sera considéré comme domicilié en France, non seulement quand son tuteur ou
son père y auront leur domicile, mais encore quand
ce mineur n'y possédera que sa résidence. A sa majorité, cet enfant est Français ; cette qualité lui est-elle
acquise avec ou sans effet rétroactif? Cette question
est assez grave ; la jurisprudence ne paraît pas encore très fixée ; il semble que la rétroactivité n'aurait
ici que des inconvénients. Et l'on décide ordinairement que cet enfant ne sera Français que pour l'avenir. Mais à quel moment ce mineur sera-t-il considéré
comme majeur? La loi nous dit qu'on ne tiendra
compte que de la majorité fixée par la loi française.
Ici le législateur ne s'est pas montré bon internatio-
naliste, car pour régler ce point touchant à la capacité
du mineur, il aurait fallu considérer à la fois la majorité fixée par la loi étrangère à celle fixée par la loi
française, et celle-là aurait dû s'appliquer, qui plaçait la majorité à la date la plus éloignée.

La qualité de Français est plus offerte à l'enfant
qu'elle ne lui est imposée ; car il peut y renoncer.
Pour cette abdication, notre loi n'exige qu'une déclaration, faite en France devant le juge de paix, ou, si
l'enfant réside à l'étranger, devant l'agent diplomatique ou consulaire français. Cette déclaration devra

être faite dans l'année qui suivra la majorité de l'enfant. Elle ne produira effet qu'autant qu'il aura démontré qu'il a gardé la nationalité de ses parents et qu'il a répondu à l'appel sous les drapeaux, conformément à la loi militaire de son pays.

Venons maintenant avec l'article 9 à l'enfant né en *France de parents qui n'y sont pas nés et qui n'y est pas domicilié à sa majorité.* Ici la nationalité est acquise à l'enfant par le bienfait de la loi. Quelques explications sont nécessaires à ce sujet. Parmi les modes qui font acquérir à un enfant la nationalité française par un fait postérieur à sa naissance, deux ordres de faits doivent être distingués : l'acquisition par la naturalisation et par le bienfait de la loi. Les faits sont complètement distincts au point de vue juridique.

La naturalisation est une concession volontaire de la nationalité française ; personne n'est obligé de la demander, et le gouvernement français n'est jamais obligé de l'accorder. On ne relève dans l'histoire de la naturalisation qu'une seule période où cette institution a perdu son caractère volontaire, c'est pendant la période intermédiaire. Elle était la récompense de certaines vertus civiques, fort simples d'ailleurs à pratiquer.

Le bienfait de la loi, au contraire, n'a rien, ou plutôt n'avait rien de volontaire. C'est un droit véritable pour celui qui peut s'en prévaloir, afin d'acquérir notre nationalité. L'impétrant réclame la qualité de Français qui lui est due.

De cette différence de nature entre les deux institutions, résultent les caractères particuliers qu'elles
présentent. Mais il est temps de vous présenter ici
une observation. Le bienfait de la loi, jusqu'aux lois
de 1889 et de 1893, a été cette institution juridique
dont je viens de vous retracer le caractère. Mais ces
deux dernières lois lui ont enlevé ses caractères essentiels, si bien qu'on peut se demander s'il faut distinguer actuellement la naturalisation du bienfait de la
loi. Cela vient de ce que le gouvernement a le droit
maintenant de s'enquérir de la dignité du sujet qui
veut devenir Français par le bienfait de la loi. Il
n'existe plus qu'un seul cas où le type primitif se
maintient dans sa pureté : c'est celui de la femme
étrangère qui épouse un Français. Elle devient Française de plein droit, et c'est bien par le bienfait de la
loi. Cette qualité de Français survit à son mariage.

Quels sont les cas d'acquisition de la nationalité
par le bienfait de la loi ? D'abord, le cas de l'enfant
né en France de parents qui n'y sont pas nés, et qui
n'y est pas domicilié à sa majorité. Il est étranger,
mais parce qu'il est né en France, notre loi lui permet
de réclamer la qualité de Français. A cet effet, cet
enfant devra, dans l'année de sa majorité, faire sa
soumission de fixer son domicile en France. Puis, au
cours de l'année suivant la fixation effective de son
domicile en France, cet enfant devra réclamer la qualité de Français devant le juge de paix de sa résidence, s'il est en France, sinon devant le consul ou
agent diplomatique français à l'étranger.

D'après notre article 9, les déclarations exigées de cet enfant peuvent également être faites, s'il est mineur, par ses représentants légaux. Il était important, en effet, d'accorder dès la minorité le bénéfice de la nationalité française aux enfants étrangers. Une fois la qualité de Français acquise à l'enfant mineur, on se demande si elle lui est acquise irrévocablement ou si on ne doit pas lui laisser le droit de revenir sur son option? On est d'avis que ce mineur ne peut pas être traité plus défavorablement que le précédent (article 8, § 4), et que le droit d'abdiquer la nationalité française lui appartient à la majorité. Cette option doit être étendue à tous les enfants nés en France de parents qui n'y sont pas nés, puisqu'on ne sait pas à l'avance s'ils y seront domiciliés ou non au moment de leur majorité.

De plus, le fait pour l'enfant d'avoir pris part sans protestation aux opérations du recrutement (article 9, dernier alinéa), indique son intention arrêtée d'accepter notre nationalité. Si ce mineur refuse d'y participer, il ne peut réclamer dans l'année de sa majorité la qualité de Français. (Cf. la loi militaire de 1889, article 11.)

Je n'insiste pas sur le défaut de concordance que présentent la loi militaire et la loi sur la nationalité, votées l'une et l'autre en 1889.

Le bienfait de la loi s'étend également (article 10 du Code civil) aux enfants des ex-Français, que ces enfants soient nés ou non en France, il n'importe. L'enfant d'un ex-Français peut réclamer la qualité

de Français à tout âge, en observant les prescriptions de l'article 9. On se demande même s'il doit réclamer la qualité de Français dans l'année de la fixation de son domicile en France, ou bien s'il a le droit
de le faire quand bon lui semble. Ici encore exception
est faite pour l'enfant de l'ex-Français qui, appelé
sous les drapeaux lors de sa majorité, a revendiqué
la qualité d'étranger. Mais c'est extraordinaire, puisque ces enfants, étant étrangers, ne seront jamais
convoqués. Les dispositions de la loi de 1889 sur le
recrutement militaire ne concordent pas non plus ici
avec la loi sur la nationalité.

pratiquement. Elle permet à deux catégories importantes de personnes de réclamer la nationalité française. Il s'agit d'abord des enfants d'une Française qui
épouse un étranger, ce sont des enfants d'un ex-Français ; il en est de même pour les enfants nés de parents
qui étaient autrefois sujets français, et dont la nationalité a changé par suite d'une annexion.

Il faut y joindre ensuite les enfants majeurs de l'é-
tranger naturalisé (article 12 du Code civil), qui peuvent, s'ils le demandent, profiter de la naturalisation
obtenue par le père de famille et se faire comprendre
dans le décret de naturalisation. Quant aux enfants
mineurs, ils deviennent Français par le seul fait de la
naturalisation de leur père, sauf leur droit de décliner
à leur majorité la qualité de Français.

Enfin, les descendants de familles protestantes émi-
grées à la suite de la révocation de l'Edit de Nantes, en
1685, peuvent réclamer à tout âge la qualité de Fran-

çais par l'effet des lois du 15 septembre 1790 et 26 juin 1889.

Voilà les cas dans lesquels on peut devenir Français par le bienfait de la loi.

Il me reste à vous présenter deux observations d'une portée générale. En premier lieu, il résulte de l'article 20 du Code civil que les individus qui acquièrent la qualité de Français par le bienfait de la loi, l'acquièrent sans rétroactivité.

En second lieu, la réclamation des personnes comprises dans les quatre catégories que j'ai énumérées, a été soumise par les lois de 1889 et de 1897 à la nécessité d'une enregistrement au ministère de la justice. C'est au moment de cet enregistrement et à son occasion que s'exercera le droit de contrôle du gouvernement. Ce droit est double, il porte sur la régularité de l'acte et sur la dignité du sujet.

Le gouvernement a le droit de refuser l'enregistrement, mais s'il l'a fait sans juste motif, l'impétrant pourra porter la question devant les tribunaux. Ce même contrôle s'exerce sous les mêmes conditions sur les déclarations faites dans le but de renoncer à la qualité de Français.

Enfin, le contrôle du gouvernement s'exerce sur la dignité du sujet ; d'où, pour lui, la possibilité d'écarter un postulant jugé indigne de la nationalité française par refus d'enregistrement de sa réclamation. Ce contrôle est plus arbitraire que le précédent, mais cependant une décision de refus ne pourra être prise qu'après avis conforme du Conseil d'Etat et dans les trois mois de la déclaration.

La possibilité de ce refus n'avait été prévue dans la loi que pour l'hypothèse de l'article 9, mais la jurisprudence l'a étendue à toutes les autres hypothèses, sauf au cas de la femme étrangère épousant un Français.

***

XVIIᵉ LEÇON. — *20 décembre* (1).

Messieurs,

Je vous ai parlé hier de l'acquisition de la qualité de Français par le bienfait de la loi. Nous allons traiter aujourd'hui très rapidement de la naturalisation.

La naturalisation est la concession gracieuse de la qualité de Français faite par le gouvernement aux étrangers qui remplissent les conditions prévues par la loi. La législation française a beaucoup varié touchant la naturalisation, tantôt peu sévère, tantôt assez rigoureuse. Actuellement, la naturalisation a lieu nécessairement par un décret que le gouvernement peut refuser à sa guise, mais qu'il ne peut accorder que moyennant la présence de certaines conditions prévues par la loi. Il faut parfois simplement un délai ; ainsi, les étrangers qui résident en France depuis dix ans, ou qui séjournent à l'étranger en exerçant une fonction conférée par le gouvernement français, peu-

---

(1) Droits de traduction et de reproduction réservés.

vent solliciter et obtenir la qualité de Français par naturalisation. (Voy. article 8, § 2). Le plus souvent, l'étranger qui veut se faire naturaliser, doit obtenir l'autorisation de fixer son domicile en France (article 13, déjà étudié), et justifier d'un certain délai de résidence. Ce délai est de trois ans, comptés à partir de l'enregistrement de la demande au ministère de la justice. Exceptionnellement, ce délai est réduit à un an pour les étrangers qui ont rendu des services importants à la France. (Cf. article 8, § 3). Le délai est également réduit à une année en faveur de l'étranger qui a épousé une Française (article 8, § 4).

La naturalisation fait obtenir tous les droits du citoyen français à celui qui en a bénéficié. Pourtant, le droit d'éligibilité aux Chambres n'appartient à l'étranger naturalisé qu'au bout d'un certain délai de résidence.

La question importante est ici celle de savoir à quelles personnes s'étend le bénéfice de la naturalisation ? Pendant très longtemps, la naturalisation fut considérée chez nous comme une faveur essentiellement personnelle ; au contraire, les législations étrangères, notamment celle de l'Allemagne, frappées de l'intérêt qu'il y a à maintenir l'unité de la nationalité dans la famille, décidaient que la naturalisation obtenue par le père de famille profitait aux personnes groupées autour de lui.

La loi française de 1889 a adopté cette pratique. La femme et les enfants majeurs du naturalisé peuvent être compris dans le décret de naturalisation du père de famille, à condition qu'ils le demandent et qu'ils soient expressément mentionnés dans le décret (article 12). Il est à remarquer que pour cette femme mariée et pour ses enfants, aucune condition de stage n'est exigée. Du reste, la femme et les enfants majeurs du naturalisé peuvent encore devenir Français par un autre moyen. S'ils n'ont pas dépassé l'âge légal, ils peuvent réclamer la qualité de Français en se basant sur la disposition de l'article 9, que nous connaissons.

Quant aux enfants mineurs du naturalisé, ils deviennent Français de plein droit par le fait de la naturalisation obtenue par le père. Mais, dans l'année de leur majorité, ils peuvent renoncer à la nationalité française (article 12, § 2).

Je ne vous dirai rien de plus sur l'acquisition de la qualité de Français, et je vais vous entretenir sans plus tarder de la perte de la nationalité française. Cette question tient dans la loi une place beaucoup moins grande que la précédente : cela provient de cette tendance inhérente au législateur d'après laquelle il est porté à s'occuper beaucoup plus de l'acquisition de la nationalité que de son abdication.

On peut perdre la qualité de Français en se faisant naturaliser étranger, ou en acquérant la qualité d'étranger par le bienfait de la loi. Il me faut, en passant, vous donner une idée de notre jurisprudence touchant la perte de la qualité de Français. Elle n'a jamais admis que ce résultat fût la conséquence inévitable de toute naturalisation à l'étranger ; elle

exerce sur ce point un contrôle et ne permet l'effet
« dénationalisateur » de la naturalisation qu'à la condition qu'elle présente un certain caractère de sérieux.
Ainsi, d'abord, nos tribunaux décident que la perte
de la qualité de Français ne peut résulter que d'une
véritable naturalisation à l'étranger, la concession
d'un simple droit de bourgeoisie ne suffirait pas ; pas
plus que l'obtention de la denization anglaise. Il faut,
en outre, que cette naturalisation étrangère ait été
sollicitée par une personne capable, ou, si elle l'a été
par un incapable, du moins faut-il qu'il ait été assisté
de ses représentants légaux. Il faut, de plus, que la
naturalisation ait été demandée ; cela est exigé dans
le but de s'opposer à certaines naturalisations imposées d'office à nos nationaux. Enfin, nos tribunaux
veulent que cette naturalisation ait été opérée sans
fraude.

Ces questions de capacité et de fraude ont été particulièrement agitées chez nous à l'occasion d'un procès célèbre dans les fastes du Droit international
privé, le procès de la princesse de Bauffremont. Celle-
ci, séparée de corps en France et voulant obtenir le
divorce, qui n'était pas encore admis chez nous, se fit
naturaliser dans le Duché de Saxe-Altenbourg, où la
femme séparée de corps était considérée comme
femme divorcée. Sa naturalisation obtenue, elle en
profita pour se remarier. La jurisprudence française
a toujours considéré cette naturalisation comme
nulle, car la princesse de Bauffremont, bien que séparée de corps, n'était pas capable, à cette date, de de-

mander seule la naturalisation étrangère, et de plus, sa demande constituait une fraude à la loi française. (Cass., 18 mars 1878). En Belgique, la jurisprudence fut plus hésitante, mais finit par se ranger à l'avis des tribunaux français.

Notre jurisprudence s'est toujours montrée fort sévère en ce qui concerne la fraude à la loi. Mais cette jurisprudence est-elle bien fondée? Est-ce que la naturalisation n'est pas un droit intangible de l'individu? Pourtant, je suis assez porté à approuver la jurisprudence, car elle oblige ainsi les particuliers au respect de la loi nationale, qui sans elle perdrait une partie de son autorité. Et d'ailleurs, l'influence de la fraude est plus facile ici à démêler qu'ailleurs, car ceux qui veulent se faire ainsi naturaliser ne résident pas longtemps dans le pays où ils ont cherché à obtenir cette faveur.

D'après l'article 17 du Code civil, § 3, la perte de la nationalité française résulte également de l'acceptation par les Français de fonctions publiques à l'étranger, mais encore à la condition que l'individu sommé de résilier ses fonctions s'y refuse.

En second lieu, devient étrangère la femme française qui épouse un étranger. (Voy. article 19, § 1.)

En troisième lieu, je mentionnerai avec l'article 17, § 4, le service militaire à l'étranger comme cause de la perte de la nationalité de Français. Ici il s'est formé une jurisprudence assez considérable, mais conçue dans un sens tellement restrictif, que la perte de la

A. Pedone, éditeur. — Cours Pillet.　　12

qualité de Français, dans les conditions qu'elle impose, ne se présentera pour ainsi dire jamais.

Il faut, en effet, d'après cette jurisprudence, que ce Français ait pris volontairement du service à l'étranger, et n'ait pas été enrôlé de vive force par le gouvernement étranger, que le Français soit capable, que l'armée étrangère soit régulière, etc. Toutes ces conditions tendent à restreindre étroitement la portée du § 4 de l'article 17.

Enfin, en vertu d'une loi du 27 avril 1848, maintenue par une loi du 25 mai 1858, les Français qui se livreraient au commerce des esclaves perdraient leur nationalité.

Les Français qui ont perdu la nationalité dans une des circonstances que je viens d'indiquer, peuvent la recouvrer aisément, sauf celui qui a pris volontairement du service militaire à l'étranger.

J'en ai fini, Messieurs, avec cette revue rapide des cas dans lesquels on peut perdre la nationalité française, et j'en arrive au point de vue international de notre question. Il est, à cet égard, souhaitable, vous ai-je dit déjà, que toute personne ait une nationalité et n'en ait jamais deux à la fois. Les législations positives sont-elles conçues de nature à procurer l'obtention de ce résultat ? Malheureusement non, car elles ne concordent pas entre elles ; les unes donnent davantage au *jus sanguinis*, les autres étendent l'application du *jus soli*. Comment concilier ces législations à tendances diverses ? C'est impossible. A supposer, d'ailleurs, qu'il existe deux législations semblables, par exemple, les résultats fourniraient toujours matière à conflits.

Par exemple, voici la législation française qui décide que l'enfant né d'un Français à l'étranger est Français ; elle admet aussi que l'enfant né sur le sol français d'un père étranger qui y est lui-même né, est Français. Si nous supposons une législation conforme à la nôtre, voici un enfant qui sera réclamé par deux pays à la fois. Il en sera de même pour les enfants du naturalisé. Donc, peu importe qu'une loi soit semblable à une autre, les conflits ne pourront pas être évités, et à plus forte raison quand ces lois sont dissemblables.

A défaut d'une loi commune, peut-on au moins établir un principe d'harmonie ? Non, ici c'est impossibe. L'établissement de tout système d'harmonie entre lois différentes suppose que l'on en retient une en sacrifiant les autres. Mais ici il n'est pas possible de faire ce sacrifice, car les lois sur la nationalité sont d'ordre public, et un pays ne renonce jamais à ses lois d'ordre public. Ce genre de conflit est donc insoluble. Que fera-t-on ? On se contente de créer des palliatifs. On a ainsi essayé d'atténuer les principales difficultés qui résultent de la diversité des lois sur l'acquisition de la nationalité par la naissance. En France, nous avons vu un mélange du *jus sanguinis* et du *jus soli ;* ailleurs, le législateur se montre surtout favorable au *jus soli.* C'est ainsi que certaines Républiques de l'Amérique du Sud considèrent comme nationaux tous les enfants nés sur leur territoire. Ce fut aussi autrefois le système des Etats-Unis et de l'Angleterre, système qui provoqua des conflits aigus entre les deux pays. La France en eût de semblables avec l'Espagne. Ils ont été réglés par une convention du 7 janvier 1862, dont l'article 5 fixe la situation des nationaux des deux pays au point de vue du service militaire, en décidant que les enfants nés dans l'un des deux pays, de parents appartenant à l'autre, feront leur service militaire dans le pays de leur naissance, à moins qu'ils ne justifient l'avoir fait dans le pays auquel ils appartiennent *jure sanguinis*.

Il est indifférent, en définitive, que ces enfants fassent leur service dans un pays ou dans l'autre. C'est là une infraction bizarre à ce principe que le service militaire ne peut jamais être exigé que des nationaux.

XVIIIᵉ LEÇON. — *21 décembre* (1).

Messieurs,

Un traité du 30 janvier 1891 porte que les sujets français et belges qui sont appelés à opter entre les deux nationalités feront leur service militaire dans le pays pour lequel ils auront opté. Dans cette même convention se trouve aussi une disposition qui dispense du service militaire en Belgique l'enfant né en France de parents belges nés eux-mêmes en France.

---

(1) Droits de traduction et de reproduction réservés.

Mais, pour la Belgique, cet enfant ne demeure pas moins un sujet belge.

Je vous citerai encore une convention franco-suisse du 23 juillet 1879, relative aux enfants de Français naturalisés Suisses, lesquels ne sont appelés au service militaire qu'après le délai d'option qui leur est donné entre les deux pays.

L'opposition du *jus sanguinis* et du *jus soli* a fait naître des difficultés graves entre la France et les Républiques d'Amérique. Dans ces Républiques, le *jus soli* domine avec une force absolue : tous les enfants nés sur le territoire de ces États en deviennent les sujets. D'où difficultés avec la France à propos des enfants nés de Français. Les efforts de notre diplomatie se heurtèrent à une résistance inébranlable. Cette résistance tenait à un double motif : d'abord l'insuffisance de la population de ces États ; de plus, ces États affectaient de craindre que des groupes d'étrangers ne se formassent en nombre considérable sur leur territoire et ne constituassent un danger permanent pour ces Républiques. La France, voyant qu'il était impossible de sortir de ce conflit, essaya d'y remédier de la façon suivante. En 1858, un projet de circulaire fut rédigé pour inviter nos représentants en Amérique à refuser leur protection à tous les enfants nés de parents français qui exciperaient de leur qualité de citoyens américains pour échapper au service militaire. Ce ne fut qu'un projet. Mais, en 1873, l'idée de cette circulaire fut reprise et appliquée.

Des difficultés sont nées également pour nous de

conflits entre des lois reposant sur les mêmes prin
cipes. Voici ce qui est arrivé avec le Luxembourg.
L'enfant né sur le territoire luxembourgeois de parents qui y sont eux-mêmes nés est Luxembourgeois,
sauf pour lui un délai d'option dans l'année qui suit
sa majorité. C'est notre principe. Mais de jeunes
Français réclamant la nationalité française devaient
fournir un certificat constatant qu'ils avaient conservé
la nationalité de leurs parents. Or, il n'y avait pas
en France d'autorité compétente pour fournir ce certificat.

Des conflits naissent aussi, et en grand nombre, du
fait de la naturalisation ou de l'acquisition de la qualité de sujet d'un État par le bienfait de la loi. Un
individu peut être naturalisé dans un pays sans avoir
perdu son ancienne nationalité. Le conflit devient très
grave, quand il se présente dans un État tiers qui n'a
pas, lui, de motifs pour se décider en faveur d'une
nationalité ou d'une autre. Le conflit naît surtout
entre les États qui admettent que *nemo potest exuere
patriam*. Le nombre de ces États a diminué de nos
jours. Des difficultés sur ce point se présentèrent
surtout entre l'Angleterre et les États-Unis. En 1812,
pendant la guerre anglo-américaine, l'Angleterre
émit la prétention de considérer comme réfractaires
les matelots d'origine anglaise trouvés sur les vais-
seaux ennemis, encore que ces hommes eussent été
naturalisés Américains. Elle dut céder devant la menace des représailles. En 1868, au contraire, un conflit
plus sérieux éclata à l'occasion d'enrôlements d'An-

glais naturalisés Américains. Alors un amendement fut voté à la Constitution américaine portant que la protection des Etats-Unis serait accordée aussi bien aux naturalisés qu'aux indigènes. L'Angleterre fit entendre des protestations, et tout ceci aboutit à un traité. A cette époque, en effet, les Etats-Unis signèrent avec diverses puissances de l'Europe, touchant notre matière, des traités identiques, appelés souvent traités Bancroft. Les principes adoptés sont les suivants :

1° Chaque Etat reconnaît les naturalisations de ses sujets opérées par son cocontractant, mais seulement après cinq ans de séjour du naturalisé hors de sa patrie d'origine.

2° Les traités réservent la punition des faits commis avant la naturalisation.

3° Quand les naturalisés revenaient dans leur ancienne patrie, ils y étaient considérés à nouveau comme nationaux au bout de deux ans de résidence.

L'Amérique conclut de semblables traités avec un certain nombre de puissances dans les années 1868 à 1870.

La France eut également des démêlés avec le Venezuela, qui était allé jusqu'à déclarer que tous les immigrants recevaient à leur arrivée, bon gré mal gré, des lettres de naturalisation. Tout ce que la France a pu faire, après avoir essayé vainement de s'entendre avec le Venezuela, ce fut de donner des instructions à ses agents pour refuser leur protection à ceux qui invoqueraient leur qualité de Venezueliens. Puis, la

France fit prévenir les nationaux du danger qu'il y avait pour eux à émigrer dans ce pays, et le mouvement de l'émigration fut beaucoup ralenti. Le Venezuela consentit alors au rapatriement des immigrés après un an de résidence.

Certaines législations ont adopté des mesures fort simples pour éviter les conflits. Elles n'accordent la naturalisation à ceux qui la demandent, qu'autant que ceux-ci justifient de leur libération à l'égard de leur ancienne patrie. Ainsi sont conçues fort sagement les lois suisses et luxembourgeoises.

Si une matière paraît ne pas pouvoir fournir prétexte à conflits, ce sont les changements de nationalité résultant des traités d'annexion. Les règles relatives au changement de nationalité des habitants des pays annexés résultent en effet ici d'un acte unique librement discuté et consenti par les Etats intéressés.

Il n'en est rien en pratique. Les traités d'annexion procèdent de deux grandes théories, celle de l'origine et celle du domicile, suivant que la dénationalisation est attachée à la qualité d'originaire des territoires cédés ou de domicilié sur ces territoires. Tous les traités se réfèrent à l'un de ces deux types ou les combinent ensemble.

Le traité du 24 mars 1860 renferme un article 6 relatif aux questions de changement de nationalité. Il décide que les habitants originaires de pays annexés ou qui y étaient domiciliés au moment de la cession, pourront conserver la qualité de citoyens sardes en

en manifestant la volonté devant les autorités compétentes et en fixant leur domicile en Italie.

Donc, les domiciliés et les originaires sont devenus
Français, sauf le droit qui leur a été conféré de conserver la nationalité sarde moyennant certaines conditions et en transportant leur domicile dans le pays
dont ils veulent garder la nationalité. Ce traité fut
suivi d'un décret du 30 juin 1860. Il envisage la condition des habitants soit majeurs, soit mineurs, des
pays annexés. Dans son article 1er, il dit que les sujets
sardes domiciliés dans les provinces annexées pourront, dans le délai d'un an, réclamer la qualité de
Français en adressant aux autorités compétentes une
demande, à la suite de laquelle la naturalisation
pourra leur être accordée sans formalités ni frais.

Le traité conférait aux Sardes de plein droit la
qualité de Français, et ce décret leur permet de la réclamer. S'ils peuvent la réclamer, c'est qu'ils ne l'a-
vaient pas, et alors que signifie le traité? Il faut se
borner à appliquer le traité, acte bi-latéral supérieur
au décret, acte unilatéral.

Ce même décret s'occupe avec aussi peu de bon-
heur de la situation des mineurs sardes. Son article 2
donne aux mineurs nés dans les provinces annexées
le droit de réclamer la qualité de Français dans l'année de leur majorité. Il semble alors que le traité du
26 mars n'avait pas profité aux mineurs, hypothèse
inadmissible. En pratique, on a toujours considéré
ces mineurs comme devenus Français avec leurs pa-

rents. Pour donner un sens raisonnable à l'article 2 du décret, il a fallu l'entendre des mineurs nés de parents qui n'étaient pas eux-mêmes devenus Français.

Le traité de Francfort a fait également, au point de vue de la situation des Alsaciens-Lorrains, naître de graves difficultés qui ne sont pas encore épuisées. Les représentants de la France auraient voulu voir prendre comme base de l'effet dénationalisateur du traité, le domicile. Les Allemands voulaient, au contraire, que l'on s'attachât à l'origine. Voici ce que le traité a décidé dans son article 2 : « Les sujets français originaires des territoires cédés domiciliés actuellement sur ces territoires qui entendent conserver la nationalité française, jouiront jusqu'au 1er octobre 1872, et moyennant une déclaration préalable faite à l'autorité compétente, de la faculté de transporter leur domicile en France et de l'y fixer, etc. »

Donc, en apparence, d'après le texte de cet article 2, les seules personnes appelées à subir l'effet dénationalisateur de l'annexion étaient celles qui unissaient la double qualité d'originaire et de domicilié. — D'où les personnes qui n'avaient que l'une ou l'autre qualité auraient dû échapper à l'effet dénationalisateur du traité. L'interprétation donnée à ces textes fut peu juridique. L'Allemagne, abusant de sa supériorité, entama la discussion sur le sens du mot originaire ; on fut obligé d'y comprendre tous ceux qui étaient nés en Alsace-Lorraine. Puis vint une controverse sur les originaires et les domiciliés, et une convention du 11 décembre 1871 les rangea expressément dans la catégorie des habitants dénationalisés. Puis, on s'occupa de la situation des domiciliés. L'Allemagne prétendit que les domiciliés devenaient Allemands, et que s'il n'avait pas été question d'eux dans le traité, c'était parce que, pour eux, la conservation de leur nationalité primitive était liée, non pas à une option, mais à un simple transfert de domicile.

Le conflit fut sur ce point insoluble. Il y eut de plus des désaccords sur le sens du transport du domicile.

En ce qui concerne les mineurs alsaciens-lorrains, le traité était muet. Les plénipotentiaires allemands exigèrent que l'option fut faite immédiatement par le mineur avec l'assistance de ses représentants légaux, et requirent de plus, contrairement à toute justice, que ces représentants des mineurs, père, mère ou tuteur, eussent pour leur propre compte également opté pour la France.

J'en ai fini, Messieurs, avec la première partie de mon cours, et j'arrive à la solution des conflits de lois, qui nous retiendra plus longtemps. C'est la partie la plus importante de ce cours. Voici quelles seront les divisions de notre sujet.

DEUXIÈME PARTIE
Solution des conflits de lois.

CHAPITRE I. — Histoire de la théorie des statuts.

II. — Revue des doctrines générales.

III. — Exposé des principes.

IV. — Du statut personnel et de ses applications.

V. — Du statut réel et de ses applications.

VI. — Du principe de l'autonomie de la volonté.

VII. — Des lois sur la forme des actes.

CHAPITRE PREMIER
Histoire de la théorie des statuts.

L'origine de notre science se place en Italie. C'est au XIVe siècle qu'apparaît son représentant le plus illustre, Bartole. Il vous faut dire comment, en plein moyen âge, notre science a pu naître et prendre son développement. A cette époque, pendant que la France et l'Allemagne étaient soumises à toutes les rigueurs du système féodal, l'Italie septentrionale jouissait d'une prospérité qu'elle n'a jamais retrouvée depuis. Les villes de cette portion de l'Italie étaient, au point de vue politique, soumises à la suzeraineté du Saint Empire romain germanique. Mais dès 1183, par le traité de Constance, ces villes avaient obtenu la reconnaissance de leur existence et des immunités si étendues qu'on pouvait les considérer comme autonomes. Elles avaient atteint, d'autre part, un haut

degré de prospérité commerciale. Elles monopoli-
saient le commerce avec le Levant. Elles avaient,
grâce à leur indépendance, des lois particulières, appelées Statuts, et qui différaient d'une ville à l'autre.
Ce sont ces différences qui amenèrent les praticiens
à s'occuper de la solution des conflits. De plus, Ra-
venne et Bologne possédaient alors des Universités
florissantes, où était enseigné le droit romain.

Voilà donc dans quelles circonstances extérieures
la science des conflits de lois a pris naissance.

XIXᵉ LEÇON. — 22 décembre (1).

Messieurs,

Je vous disais hier que les villes du Nord de l'Italie
étaient soumises à des statuts variables d'une ville à
l'autre. Ces statuts n'étaient pas la seule législation
applicable sur leur territoire, le droit romain les régissait également, comme droit commun de l'Empire.
Les conflits qui se présentaient alors n'étaient pas tout
à fait semblables à ceux qui se présentent de nos jours.
Les jurisconsultes de cette époque se demandaient,
par exemple et en premier lieu, si les statuts étaient
valables, c'est-à-dire s'ils n'étaient pas contraires au
droit romain. En second lieu, ces jurisconsultes
avaient à poser des règles de solution pour les conflits
entre le droit romain et les statuts particuliers des

---

(1) Droits de traduction et de reproduction réservés.

cités. Enfin, en troisième lieu, au cas de conflit des statuts de différentes cités, ils recherchaient quel était celui qui devait être appliqué. Cette dernière question est la seule qui se présente de nos jours à nos recherches, et elle se pose, non plus entre statuts, mais entre lois différentes.

Les jurisconsultes de l'école des post-glossateurs, les premiers qui s'occupèrent de notre science, jugèrent nécessaire d'aller chercher dans le droit romain la solution des conflits qu'ils étudiaient. A cette époque, les jurisconsultes commentaient les textes du droit romain, et sous forme de gloses, comme leurs devanciers, les glossateurs, les post-glossateurs avaient pris l'habitude d'exposer leurs idées sur le conflit des statuts à propos de la loi 1 au Code au titre *De Summà Trinitate*, loi qui commence ainsi : *Cunctos populos, quos clementiæ nostræ regit imperium.* Comme il s'agissait dans ce texte des peuples compris dans l'empire romain, ils y rattachaient leurs solutions sur les conflits. Mais déjà, en marge de cette loi 1 existait une glose remontant peut-être à l'époque d'Accurse ou de ses élèves, glose qui pénètre dans le vif de notre sujet. Elle est ainsi conçue : *Quod si Bononiensis conveniatur Mutinæ, non debet judicari secundum statuta Mutinæ quibus non subest.* Ce fut cette glose, écrite par les glossateurs à côté de la loi 1 *De Summà Trinitate*, qui a été l'origine de notre science. Le respect professé par les post-glossateurs pour le droit romain les conduisit en outre à étayer de toute force sur des lois romaines les théories qu'ils proposaient pour ré-

soudre les conflits des statuts. En voici deux exemples:
La loi *Si fundus* porte que la garantie dans la vente
doit être fournie conformément à la coutume du lieu
où la vente est faite. Les post-glossateurs citèrent la
loi *Si fundus*, comme preuve que l'acte doit être soumis à la loi du lieu où il a été fait. Deuxième exemple:
La loi *De tutoribus et curatoribus* fut aussi fréquemment invoquée par eux. Cette loi décide que le gou-
verneur de la province ne peut nommer un tuteur
qu'aux mineurs qui y sont domiciliés. Nos post-
glossateurs en conclurent que la capacité dépendait
de la loi du domicile. Ces textes n'avaient d'ailleurs
aucun rapport avec la solution des questions dans lesquelles on les faisait intervenir. Telle fut la méthode
de ces jurisconsultes, les post-glossateurs.

Passons à l'examen des hypothèses qu'ils envisa-
gèrent surtout. En premier lieu, c'est l'hypothèse
d'une convention conclue entre deux personnes ressortissant de cités différentes. Quelle est la loi qui devait
être appliquée ? On faisait la distinction suivante : si
la question agitée s'élevait au sujet de la procédure à
suivre, la coutume qui devait être observée était celle
du lieu même où le procès s'engageait. Si, au contraire, il s'agissait d'une difficulté concernant le fond
du droit, la coutume à faire prévaloir n'était ni celle
du demandeur, ni celle du défendeur, mais la coutume
du lieu où le contrat avait été passé. Une question tout
aussi célèbre et plus délicate était celle de savoir, si le
testament fait en conformité de la coutume du lieu où
se trouvait le testateur pouvait produire son effet dans

un lieu régi par une coutume différente. Nos anciens auteurs, comme Jacques de Révigny, ne le considéraient comme valable que pour partie. Ce testament ne réglait, d'après eux, que la dévolution des biens soumis à l'empire de la coutume suivie au lieu de sa confection. Les autres biens devaient aller à l'héritier *ab intestat*. C'était une application de la territorialité des lois en matière de testament. D'après Pierre de Belleperche, la solution adoptée devait être un peu différente. Le testament pouvait sortir son plein et entier effet, pourvu que les deux territoires fussent l'un et l'autre soumis au droit commun. Enfin, Cinus de Pistoie allait encore plus loin et décidait que pour que le testament eut son effet, il fallait qu'il fut conforme à la loi du lieu où il avait été fait. C'est l'origine de la règle *Locus regit actum*.

La matière des successions préoccupait également beaucoup les post-glossateurs. Quelle loi allait régir la succession d'une personne morte dans un lieu donné laissant des biens dans un autre? Pierre de Belleperche se montrait partisan encore ici de la territorialité. Albéric de Rosate décidait que la succession devait être régie par la loi personnelle du défunt. C'est l'opinion adoptée récemment, Messieurs, par les Conférences de La Haye. La même question se posait pour la communauté entre époux. Enfin, ces jurisconsultes s'occupaient encore des conflits entre lois criminelles.

Nous arrivons ainsi à l'histoire du plus célèbre d'entre ces jurisconsultes, je veux parler de Bartole, qui

vécut au XIVᵉ siècle. Il enseigna successivement aux
Universités de Pise et de Pérouse. Il paraît avoir le
premier soupçonné l'importance que prendrait la
théorie des statuts. On connaît actuellement son œuvre et son influence grâce aux savants travaux de mon
collègue, M. Lainé. On a dit souvent que Bartole était
l'inventeur de la théorie des statuts, ce qui est une
erreur, car elle est née postérieurement à lui. Voici
très rapidement en quoi a consisté l'œuvre de ce jurisconsulte. Dans son commentaire sur la loi *Cunctos
populos*, Bartole a distingué deux points, il traite successivement des statuts qu'on peut appliquer aux étrangers, et des statuts qu'on peut considérer comme s'é-
tendant hors du territoire. Il aborde sous le premier
point la matière des contrats, il distingue ce qui concerne la solennité, la procédure et enfin le fond du droit.
Pour la solennité, on doit appliquer la loi du lieu où le
contrat est fait. Pour la procédure, on appliquera la loi
du tribunal saisi, la *lex fori*. En ce qui concerne le fond
du droit, Bartole fait une sous-distinction qui a eu une
grande fortune chez les auteurs modernes. On la retrouve notamment dans l'œuvre de Savigny. Il distingue les suites directes et indirectes du contrat. La loi
applicable aux suites directes sera celle du lieu où le
contrat a été fait ; si c'est une suite indirecte, la loi
applicable sera celle du lieu de l'exécution. Bartole
traite ensuite des délits ; il n'admet pas d'une manière
absolue l'application de la loi pénale aux étrangers.
Il distinguait entre les actes considérés partout comme
des délits. Si l'étranger les commet, il sera puni, et si,

A. PEDONE, éditeur. — Cours PILLET.   13

au contraire, le délit est particulier à la cité, l'étranger ne sera puni qu'autant qu'il sera présumé avoir eu connaissance du statut qui en faisait un délit. La matière des testaments a également attiré l'attention de Bartole. Il suppose un testament fait par un étranger : pour la forme, il permet à l'étranger de se servir des formes locales ; quant à la capacité, Bartole nous dit que les incapacités portées dans la loi du lieu où l'étranger a fait son testament ne frappe pas ce testateur étranger. C'est déjà une idée rudimentaire, à la vérité, sur la notion de la personnalité de la capacité.

Après avoir ainsi examiné la législation à laquelle l'étranger est soumis, Bartole se demande quels sont les statuts qui peuvent s'étendre hors du territoire. Pour résoudre la question, il entre dans des considérations que je ne reproduirai pas ici. Ce qu'il y a à retenir de sa doctrine, c'est le grand usage qu'il fait des lois favorables ou odieuses. Cette préoccupation vous montre que Bartole se décidait, en réalité, comme d'ailleurs tous ses contemporains, bien moins d'après l'autorité des lois romaines qu'il affectait de citer à chaque pas, que d'après les inspirations de sa conscience de juriste. Il me reste à vous faire connaître la fameuse distinction de Bartole en matière de succession. Ne sachant comment se décider, Bartole imagina de s'attacher à l'ordre des mots dans le statut dont il s'agissait, et suivant que la personne était nommée la première ou les biens, le statut était personnel ou réel. C'est évidemment un enfantillage.

Après Bartole, le jurisconsulte le plus considérable

dẹ cette époque fut Balde. Il était l'élève de Bartole
et enseigna aussi le droit à l'Université de Pérouse.
Au point de vue scientifique, l'œuvre de Balde fut supérieure à celle de Bartole. Il tenta un essai de synthèse
là où Bartole n'avait qu'énuméré des solutions: Balde
considère successivement les personnes, les actes, les
jugements et les délits. La partie consacrée à la condition des personnes est la plus intéressante. On y
trouve reproduites les opinions des jurisconsultes de
la première moitié du XIVᵉ siècle. Il ne faudrait pas
croire qu'elles fussent bien différentes des opinions
actuelles. On y trouve déjà la personnalité des statuts qui concernent l'état et la capacité des personnes.
Balde ayant très bien su formuler le principe, n'en a
pas tiré toutes les conséquences. C'était, à cette époque, la loi du domicile qui constituait le statut personnel des individus. Balde nous apprend quels étaient
les effets qu'on attribuait de son temps au statut personnel. La loi personnelle demeurait particulière à
ceux pour qui elle était faite, elle ne s'étendait pas aux
non domiciliés. Et inversement, la loi personnelle
régissait la personne qui lui était soumise, pour tous
ses intérêts, même pour les actes qu'elle pouvait accomplir à l'étranger sur des biens situés à l'étranger.
Mais cette conséquence n'était pas aussi facilement
admise que la précédente. Il l'accordait au statut favorable, et la refusait au statut odieux. Balde admet,
par exemple, que le fils de famille qui, d'après le statut de Pérouse, était capable de tester, peut faire un
testament valable à l'étranger pour les biens qu'il pos-

sède à Pérouse. C'est un statut favorable. Au contraire, il n'admet pas que ce fils de famille puisse valablement disposer par son testament des biens situés sur un autre territoire. On n'aperçoit pas bien pourquoi il donne cette solution.

Le statut de Pérouse permet au père d'instituer héritier son fils naturel. Balde trouvant ce statut odieux, ne croit pas que le père puisse disposer de biens situés sur le territoire régi par un autre statut. Balde pense que l'exclusion des femmes de la succession est un statut favorable, donc doué d'extraterritorialite. Quand le statut, par son caractère odieux, ne s'appliquait pas, c'était le droit romain qui s'appliquait.

Balde rattache à la théorie des personnes la théorie des successions. D'après Balde, un testament régulièrement fait doit avoir un effet universel et s'étendre au delà du territoire. En matière de succession *ab intestat*, il décide que la dévolution héréditaire de chaque bien est régie par la loi où il est situé.

***

XXᵉ LEÇON. — *23 décembre* (1).

MESSIEURS,

Je vous ai donné ce qu'il est essentiel de connaître des opinions de Balde. Je citerai encore Salicet, qui fut professeur à Bologne, à la fin du XIVᵉ siècle et au

---

(1) Droits de traduction et de reproduction réservés.

commencement du XVᵉ. Salicet examine les questions de conflits entre statuts en matière de contrats, de délits et de dispositions de dernière volonté. Pour les contrats, il admet comme Bartole la distinction entre les effets directs, auxquels s'applique la *lex loci actus*, et les effets indirects, soumis à la *lex loci executionis*. Sa doctrine, cependant, n'est pas très ferme. Ainsi, quelle loi régira les droits du mari sur la dot? Il se prononce pour la loi du domicile du mari au moment de la mort de la femme. Il n'avait pas vu que cela dépendait des conventions matrimoniales, et par conséquent que ce devait être la même loi.

Dans son œuvre, la partie la plus marquante est celle qui concerne les successions *ab intestat*. Il suppose un *de cujus* mourant sur le territoire de Lucques et laissant des biens à Lucques et en Angleterre. Il faut remarquer ici que le conflit est véritablement international. Sur cette hypothèse, Salicet indique les diverses solutions proposées de son temps : la territorialité, l'application de la loi du lieu où le défunt était mort, enfin celle du lieu où l'héritier avait fait adition. Salicet observe que ce sont là des circonstances dont on s'explique difficilement l'influence, et propose l'opinion suivante. Si le défunt est mort à son domicile de Lucques, toute sa succession doit être régie par le statut de cette ville, d'abord parce que les lois successorales ont un objet tout personnel qui est le classement des héritiers ; ensuite, parce que le défunt ayant conservé jusqu'à la fin son domicile à Lucques, peut être considéré comme en ayant implicitement choisi la loi. Si ce défunt était mort en Angleterre, Salicet voulait que ses biens fussent régis distributivement par les lois territoriales. Cette seconde solution n'a pas la valeur théorique de la première.

Il y a eu encore d'autres disciples italiens de Bartole : Paul de Castro, Alexander, Curtius, etc. Avec eux se termine la période des post-glossateurs, à laquelle succède une école plus avancée, aux contours plus fermes, les statutaires. Si, abordant cette deuxième école, on est tenté de rechercher quelle fut la portée de l'œuvre des Bartolistes, on peut dire que ce fut surtout une œuvre ingénieuse. Le sens juridique de ces jurisconsultes, leur sentiment de l'équité les a souvent conduits à des solutions raisonnables. Mais les idées générales leur ont manqué, et pourtant, sans elles, il n'est pas de science juridique dans aucune branche du droit. Cela a tenu surtout à leur méthode, à leur habitude de tout rattacher au droit romain. Ce n'était qu'une apparence, mais qui les conduisit à ne point édifier de théories personnelles, à se contenter de raisons d'équité vagues et variables.

Ces doctrines générales, nous allons les trouver, Messieurs, dans l'école des statutaires. Mais je dois d'abord observer que l'axe de notre science s'est déplacé du XVe au XVIe siècle. Les Bartolistes avaient fondé leur école en Italie ; les premiers grands statutaires furent Français. C'est en France que cette doctrine acquit sa célébrité. Cette théorie nous apparaît comme l'incarnation de ce principe non dégagé par les Bartolistes, mais cependant admis par eux avant

la formule des statutaires, la territorialité des lois.
Une loi édictée pour un territoire est toujours appliquée sur ce territoire et ne peut l'être ailleurs. Ce
principe a une origine politique et féodale. C'est parce
que le régime féodal aboutit à concentrer toute la souveraineté dans les mains des propriétaires de la terre,
que la féodalité tendit toujours à considérer comme
absolus sur sa terre les pouvoirs souverains du seigneur, et par conséquent le droit comme territorial.
L'origine de ce principe est certaine. Mais, après la
disparition de la féodalité, qui y faisait obstacle, des
relations nombreuses s'établirent entre habitants de
diverses seigneuries. On s'aperçut que ce principe
était destructeur de tout commerce et qu'on ne pouvait l'étendre à toutes les lois. Aussi, à côté du principe de la territorialité, s'introduisit le principe contraire, de la personnalité ; à côté des statuts réels, on
reconnaît les statuts personnels, extraterritoriaux. Ce
furent les éléments du système des statuts, dont il est
impossible de fixer la date originelle exacte. Dumoulin et d'Argentré semblent dire qu'elle remonte assez
loin. Donc, elle serait née sous les efforts de la pratique antérieure.

L'acceptation de cette distinction eut pour conséquence de partager les statutaires en deux écoles.
Tous reconnurent deux classes de statuts, réels et personnels. Mais ils ne s'entendirent pas sur leur contenu.
On faisait la part plus ou moins large à chaque classe
suivant ses tendances personnelles. Dans le XVIᵉ siècle, nous voyons ces deux écoles face à face, opposées

l'une à l'autre en la personne de leurs chefs, Dumoulin et d'Argentré.

Dumoulin, avocat au Parlement de Paris (1500-1566), a été dans cette période le champion le plus illustre de la personnalité. Cependant, il ne faut pas méconnaître que d'abord il accepta l'idée de territorialité comme règle générale, et après qu'il ne se fit pas tout de suite une notion exacte des conséquences de la personnalité. Mais il est à noter qu'il trancha les cas douteux en faveur de la personnalité.

Son œuvre consiste en commentaires et consultations. Il écarte d'abord deux catégories de lois. Pour l'une, relative à la forme des actes, il suit la tradition et applique la *lex loci actus* ou l'adage *locus regit actum.* Il explique que pour tous les actes et solennités cette soumission à la *lex loci actus* est nécessaire, sauf pour l'exécution, où il applique la *lex executionis.* Pour l'autre, il fait œuvre de novateur ; c'est en matière de lois relatives à la substance des contrats. En pareil cas, la doctrine de Dumoulin, que l'on retrouve dans le *Consilium 53*, consiste à dire qu'il n'y a pas de règles absolues à poser. Il faut se référer à l'intention des parties et admettre la loi qu'elles ont elles-mêmes explicitement ou implicitement choisie : c'est ce qu'on a appelé plus tard le principe de l'*autonomie de la volonté.* A la vérité, même avant Dumoulin, on admettait l'application de la *lex loci,* mais on n'en avait pas vu la vraie raison. Ainsi, on alléguait généralement la loi *si fundus,* parfois on disait que pour les contrats faits dans un lieu, la personne devient, sujette temporaire du souverain local, parfois encore on assimilait la formation d'un contrat à la naissance d'une personne. Tout cela était à côté de la vérité. Dumoulin, à cet égard, a su placer la question sur son véritable terrain. Il n'y a qu'une seule chose à considérer ici, l'intention des parties. C'est à elle qu'il faut se référer, si l'on veut connaître la loi applicable.

Pour les matières qui ne rentrent pas dans ces deux catégories de lois, Dumoulin se range à l'idée traditionnelle d'après laquelle le statut réel est la règle et le statut personnel l'exception. Il explique, dans une annotation sous Alexander, ce qu'il faut entendre par statut personnel : il veut que ce soit le statut relatif à l'*honor, utilitas vel existimatio personæ*. Les statuts qui n'engagent aucun de ces trois intérêts sont réels. Exemple : l'incapacité des mineurs de 25 ans ; la prohibition portée par la coutume de Paris contre le legs entre époux. Ces lois de statut personnel suivent la personne partout. Pourquoi ? Ici, Messieurs, Dumoulin semble embarrassé. Il se contente de dire qu'il en est ainsi parce que cette règle est conforme à la *vis juris communis*. Cette idée le conduit à restreindre assez arbitrairement sa doctrine et à priver le statut personnel de tout effet sur certains territoires. Exemple : l'incapacité du mineur de 25 ans. Dumoulin en déduit que le mineur ne peut, en quelque lieu qu'il se trouve, disposer des biens situés dans le ressort de la coutume de son domicile. Mais comment résoudre cette même question pour les biens que le mineur peut posséder ailleurs ? Et alors, contrairement à l'idée de personnalité, qui commande qu'un statut personnel soit extraterritorial, il déclare que le mineur est ici capable parce que le statut personnel serait contraire à la *vis juris communis*. C'est assez imparfait comme solution. De plus, on peut reprocher à Dumoulin d'avoir un peu enrayé progrès de notre science en soutenant que tous les statuts sont ou réels ou personnels. D'Argentré déjà n'était pas de cet avis. Malgré ces critiques et en raison des principes qu'il a formulés sur les contrats, il demeure le chef des personnalistes, école qui n'a pas eu dès son apparition le succès auquel elle était destinée.

J'aurais à vous à parler maintenant d'un second grand jurisconsulte, Guy Coquille (1533-1603), qui a partagé dans une certaine mesure les idées de Dumoulin, mais faute de temps, je vous renvoie, en ce qui le concerne, à l'ouvrage de M. Lainé, et j'en arrive à d'Argentré, chef des réalistes, animé d'un esprit tout opposé à celui des deux jurisconsultes précédents. Né en Bretagne, partisan déclaré des principes féodaux, il reconnaissait la prééminence du statut réel. Mais il a saisi toutes les occasions de restreindre le statut personnel aux plus étroites limites. Ses idées sont exposées au titre *De statutis*, dans ses commentaires de la coutume de Bretagne, article 218. Il repousse le système de Bartole sur les successions, puis propose sa doctrine. Il adopte d'abord une classification des statuts un peu différente de celle de Dumoulin : il les divise en statuts réels, personnels et *mixtes*.

C'est surtout dans la définition du statut personnel
qu'apparaît la tendance de d'Argentré. Pour qu'un
statut soit personnel il ne suffit pas qu'il soit relatif à
la personne, il faut qu'il ne concerne aucunement les
biens. Et cela même ne suffit pas encore. Il faut, de
plus, qu'il vise l'état général de la personne ou la
capacité tout entière. Ainsi, les lois sur la minorité,
sur l'incapacité de la femme mariée, sur la puissance
paternelle, l'interdiction du fou ou du prodigue rentrent dans le statut personnel. Au contraire, l'incapacité de donner entre époux est un statut réel, parce
qu'il ne concerne pas l'état général de la personne ;
de même l'exclusion des filles de la succession du
père.

Quels sont les statuts mixtes ? Ce sont ceux qui concernent à la fois la personne et les biens. Exemples: le
partage modifié par suite de la qualité des héritiers ;
le droit d'aînesse. Ici encore la tendance réaliste de
d'Argentré se fait jour. Il semble que ces statuts eussent dû suivre des règles mixtes, mais non, il les assimile aux statuts réels.

Quelles considérations conduisent d'Argentré à
pousser aussi loin l'idée de réalité ? Breton et parti-
culariste, il aurait considéré comme une atteinte à la
coutume de Bretagne l'introduction d'une coutume
étrangère.

La même raison explique, dans les Pays-Bas, le
succès de la théorie des réalistes.

Et soit dans la pratique, soit dans les Écoles, cette
doctrine eut beaucoup plus de succès que celle de Du-

moulin. Au XVIIe siècle, les plus ferventst disciples de la réalité appartiennent aux Pays-Bas. D'abord Burgundus (Bourgoigne) se montre partisan décidé de la prépondérance des biens sur les personnes. Il admet cependant le statut personnel, mais il s'arrange pour le priver de tout effet. Le statut personnel régit bien la capacité des personnes, mais la coutume du domicile ne peut produire son effet sur les biens situés à l'étranger. Burgundus est amené à décider que le mineur âgé de 20 ans et domicilié à Gand, qui aliène un fonds situé dans le Hainaut (où les aliénations immobilières sont possibles à cet âge), fait un acte à la fois valable et nul. Il est valable quant à la transmission de la propriété et nul quant aux obligations qui résultent ordinairement d'une aliénation. Cela est d'une subtilité inadmissible.

XXIe LEÇON. — *24 décembre* (1).

Dans l'école hollandaise, qui a recueilli la première la tradition de d'Argentré, il me reste à vous citer les deux jurisconsultes Voët. Le plus ancien, Paul Voët, est le moins célèbre des deux : il ne s'est pas sensiblement écarté des traditions de son pays et de son époque. Il était aussi un réaliste convaincu, et n'admettait pas que le statut personnel de la personne pût avoir un effet sur des biens situés à l'étranger.

Jean Voët, le fils du précédent, est un des grands

---

(1) Droits de traduction et de reproduction réservés.

noms de la science du Droit international privé. Il a
été le seul logicien des statutaires, le seul qui, adoptant le principe commun à tous les jurisconsultes de
cette époque, l'ait poussé en ses dernières conséquences. Le pouvoir du législateur étant territorial,
la loi a un effet territorial et ne saurait s'étendre au
dehors. Et notre jurisconsulte en arrivait à ce résultat que tous les statuts sont réels, puisqu'ils sont l'expression d'une souveraineté qui est elle-même réelle.
Jean Voët ne se dissimulait pas que sa doctrine n'était
pas satisfaisante dans ses applications pratiques. Elle
supprimait toutes relations entre les individus n'appartenant pas au même pays. Et, alors, sentant ces
inconvénients, Jean Voët déclare que dans un intérêt
de courtoisie, *comitas gentium*, il est bon que chaque
législateur tolère quelquefois sur son territoire l'application de quelques lois étrangères. C'est le système
de la courtoisie internationale, qui eut une fortune
singulière dans la suite. Il a été adopté pendant près
de deux siècles en Angleterre, d'où il passa dans les
Etats-Unis d'Amérique, où il est peut-être encore en
vigueur aujourd'hui. Il semble, au contraire, qu'il ait
disparu de l'Angleterre, où l'on ne parle plus de courtoisie, mais de droit, pour un Etat de voir sa loi suivie
sur le territoire d'un Etat étranger dans certaines
hypothèses et sous certaines conditions.

Cette doctrine de la *comitas gentium* eut donc un
grand succès. Que faut-il en penser? Elle a cette supériorité sur les doctrines statutaires d'être logique.
Partant du principe de la territorialité de la souverai-

neté, elle conclut à la réalité de toutes les lois. Son point faible est de donner aux questions de conflit une solution qui manque d'une certitude suffisante. Dans quels cas la courtoisie obligera-t-elle le juge à appliquer la loi étrangère ? Cela va-t-il dépendre du juge, du pays où la question se pose ? C'est une incertitude que l'on ne peut tolérer, dès qu'il s'agit de la garantie du droit des justiciables.

La théorie réaliste fut également en faveur en Allemagne, après les Pays-Bas. Le nom de Hertius, qui vivait à la fin du XVII⁰ siècle, est le plus connu des jurisconsultes de cette époque. Mais cette doctrine n'y triompha guère que pendant un siècle, jusqu'à la fin du XVIII⁰.

J'arrive à la fin de l'histoire des statuts, en vous parlant des jurisconsultes qu'on a appelés progressistes, parce qu'ils se sont efforcés de se délivrer de l'étreinte de la territorialité des lois. Les causes de cette réaction sont assez nombreuses; ce fut le changement des conditions économiques qui paraît avoir particulièrement influé sur cette matière. Le commerce ne pouvait se développer sous l'empire de la réalité des lois, et nous avons déjà vu que, au XVIII⁰ siècle, la condition des étrangers s'était sensiblement améliorée.

A cette époque, l'axe de la science juridique se déplaça encore et se fixa de nouveau en France. Et ils sont français les trois noms des grands jurisconsultes que je vais vous citer maintenant : Boullenois, Froland et Bouhier. Ils vivaient dans la première moitié

du XVIII° siècle. Le premier, Boullenois, nous montre
assez nettement la transition des idées réelles aux
idées personnelles. Il nous dit au début de son livre
sur la Réalité et la Personnalité, « que les diverses
« lois lui apparaissaient comme autant de souverains
« dont il ne doit pas blesser l'autorité, et le monde
« comme une grande république dans le sein de la-
« quelle il importe de maintenir la concorde et la paix.»
Boullenois est resté l'élève des réalistes ; il admet
la destinction des statuts réels et personnels avec la
prédominance des premiers sur les seconds. Mais
l'originalité de cet auteur consiste en ce qu'il va beaucoup plus loin que ses maîtres dans le sens de la personnalité. Et il admet la personnalité des statuts touchant la capacité *particulière* de la personne. Ainsi,
le S. C. Velléien, qui était réel dans la doctrine de
d'Argentré, est considéré comme rentrant dans le statut personnel par Boullenois. Le point sur lequel
Boullenois s'est séparé le plus nettement de d'Argentré est celui-ci. D'Argentré voulait, pour qu'un statut
fut personnel, qu'il ne touchât en rien aux biens, tandis que Boullenois n'exige pas cette dernière condition. Notre auteur a longtemps cherché à définir les
statuts mixtes et a voulu y voir surtout ceux qui ne
sont, à la vérité, ni réels, ni personnels. Il en donne
comme exemple la loi coutumière qui défendait l'aliénation des propres (si ce n'est avec le concours des
héritiers), et en permettait l'hypothèque.

Après Boullenois vient Froland, qui, dans sa méthode, se révèle surtout un praticien. Ses idées étaient plus arrêtées que celles de Boullenois sur tous les points où s'était prononcée la jurisprudence des Parlements. Et nous savons ainsi que nos anciens magistrats s'étaient, à cette époque, séparés des réalistes. Ils déclarent, par exemple, de statut personnel le S. C. Velléien et la prohibition qui atteignait le mineur touchant l'aliénation de ses immeubles. Parmi les idées de Froland, l'une d'elles est intéressante à retenir. Cet auteur s'élève contre cette idée que les biens l'emportent sur la personne. D'où, quand un statut concerne à la fois les biens et la personne, ce statut est personnel, quand l'idée de la considération de la personne l'emporte sur celle des biens.

J'arrive au dernier des jurisconsultes que je vous ai cités, le plus éminent des trois, le président Bouhier. Il était président du Parlement de Bourgogne, ce fut un esprit vraiment original. Comme ses devanciers, il affirme que la réalité est la règle et la personnalité l'exception. Mais dans ses commentaires de la coutume de Bourgogne, il s'est séparé grandement de ces idées. Lorsqu'il s'agit de décider quel statut sera personnel ou réel, Bouhier oublie son principe et soutient que dans le doute un statut doit être présumé personnel. Il en donne trois raisons : en premier lieu, la suprématie de l'homme sur les choses ; en second lieu, des raisons d'utilité, et en troisième lieu, l'autorité du droit romain. Voilà les traits généraux de la doctrine de Bouhier. Si l'on collectionne les décisions de cet auteur, et si on les compare à celles de ses contemporains, il nous apparaît comme le plus personnaliste de ces auteurs.

Vous connaissez ainsi, Messieurs, la doctrine des statuts ; il me reste à vous en présenter la critique.

Cette doctrine consistait à ranger les lois en deux catégories, d'après leur objet, et à leur assigner, suivant cet objet, un certain effet au point de vue interprovincial. Les lois qui ont pour objet la personne la suivent en tout lieu ; les lois qui concernent les biens sont des lois réelles et ne suivent pas la personne au dehors. Cette théorie des statuts paraît assez simple et assez satisfaisante pour l'esprit. C'est ce qui explique sa fortune extraordinaire : elle a pu, à un certain moment, réaliser l'harmonie dans les conflits de lois. Mais pourtant elle avait des défauts, et ce qui le prouve, ce sont les controverses indéfinies auxquelles son application a donné lieu. Reprenons les éléments de cette doctrine pour en signaler les points faibles.

Le premier principe était la territorialité des lois. La souveraineté étant territoriale, les lois qui en émanent sont territoriales. Mais cette affirmation sur la territorialité de la souveraineté n'est pas exacte. Elle l'a peut-être été dans les temps et dans les pays où le système féodal a régné d'une manière absolue. Ce que les auteurs n'ont pas aperçu, c'est que du jour où un Etat admet un étranger sur son territoire, sa souveraineté n'est plus exclusivement territoriale, car cet Etat est obligé de reconnaître les droits du pays étranger sur son sujet. Il admet donc que, l'Etat étranger étend au dehors sa souveraineté, donc il est faux de prétendre que la souveraineté n'est que territoriale. C'est là l'erreur, car elle est aussi extraterritoriale.

En second lieu, un autre trait capital de la doctrine des statuts est la distinction des lois réelles et des lois personnelles. Mais cette distinction ne présente rien de vrai. Peut-on dire qu'il y a des lois qui concernent la personne et des lois qui concernent les biens? C'est insoutenable, d'abord parce que les lois qui paraissent les plus réelles intéressent la personne. Le droit tout entier est fait pour la personne et non pour les biens. De plus, cette même distinction embrasse-t-elle véritablement toutes les lois? Certainement non. Car il en est qui ne sont pas susceptibles de rentrer dans cette double catégorie, par exemple, les lois sur la forme des actes. La classification est donc insuffisante, et ce qui le prouve, c'est qu'au XVIIIe siècle on avait ressuscité les statuts mixtes pour suppléer à son insuffisance.

En troisième lieu enfin, est-ce une raison suffisante pour qu'une loi soit personnelle qu'elle intéresse la personne, pour qu'elle soit réelle qu'elle concerne les biens. Non certes, et ce qui le prouve bien, c'est l'embarras qu'éprouvèrent nos anciens jurisconsultes à fixer le régime de la propriété mobilière.

Les lois sur la propriété mobilière sont des lois concernant les biens, mais les biens mobiliers n'ont pas d'assiette fixe, et surtout quelle est la situation des biens incorporels? On créa pour résoudre la difficulté la règle *Mobilia sequuntur personam*, qui soumettait la propriété mobilière au statut personnel de son propriétaire.

Dumoulin appliquait la loi du domicile de la personne, parce que d'après lui, les biens mobiliers étaient fictivement présents au domicile de la personne. La loi réelle était ici la loi du domicile.

Pour d'Argentré, les meubles étaient l'accessoire de la personne, et il leur appliquait la loi de la personne, le statut personnel.

Ainsi, ces deux grands jurisconsultes appliquaient ici la même règle, mais non pas pour la même raison : l'un constituait aux meubles un statut réel fictif, l'autre les faisait rentrer dans le statut personnel.

Il y a aujourd'hui encore un intérêt considérable à choisir entre ces deux explications.

XXIIᵉ LEÇON. — *9 janvier 1905* (1).

En terminant mon exposé de la doctrine des statuts, je vous annonçais une dernière question : les rédacteurs du code civil peuvent-ils être considérés comme ayant fait passer dans le droit nouveau l'ancienne théorie des statuts?

Vous connaissez le texte de l'art. 3. Ce texte doit-il être interprété et complété sur les points qu'il laisse dans l'ombre par des emprunts faits à la doctrine des statuts? Vous apercevez aisément l'importance pratique de cette question.

---

(1) **Droits de traduction et de reproduction réservés.**

A première vue, sa solution affirmative paraît assez naturelle. La théorie des statuts avait joui en France d'un empire incontesté jusqu'à la Révolution et les rédacteurs du code civil étaient des légistes nourris des principes de cette célèbre théorie. Quoi de plus raisonnable dès lors que de penser qu'ils ont entendu l'incorporer dans leur œuvre.

On ajoute qu'il est facile de trouver des marques de cette intention dans les travaux préparatoires. Ici, c'est Portalis faisant la distinction des lois relatives à l'état et à la capacité, lois qualifiées de statut personnel et des lois sur la disposition des biens qu'il appelle lois de statut réel ; là c'est le tribun Faure, disant que l'art. 3 contient les bases d'une matière connue dans le droit sous le nom de statuts personnels et de statuts réels.

Cela est-il suffisant pour affirmer que l'art. 3 reproduit la doctrine des statuts? On peut en douter, car peut-être aussi les orateurs précités n'ont employé ces termes que pour désigner la matière de l'art. 3, comme nous dirions aujourd'hui droit international privé. En outre, un passage emprunté à Grenier prouve que les rédacteurs croyaient bien à tort avoir réglé suffisamment la matière des conflits par le seul texte de l'art. 3.

Il faut observer en outre, que l'art. 3 a été rédigé et voté fort à la légère. Le premier projet contenait trois articles (4, 5 et 6), il avait des dispositions touchant la propriété mobilière et la forme des actes.

Ces dispositions ont disparu sans que l'on puisse savoir ni comment ni pourquoi.

Ces motifs inclinent beaucoup d'auteurs modernes à penser que l'art. 3 du code civil n'est pas une simple reproduction de la doctrine des statuts et que rien n'oblige, pour les lacunes qu'il présente, à s'en référer à l'ancienne théorie des statuts. Et d'ailleurs, ce n'est rien dire que de prétendre que notre art. 3 se réfère à la doctrine des statuts, car, dans notre ancien droit, cette théorie offrait, on le sait, les aspects les plus variés.

Une opinion intermédiaire a été proposée sur ce point d'après laquelle, sur les matières visées dans le texte du code civil, la doctrine des statuts devait être suivie. Quant aux questions non abordées par l'art. 3, l'interprète moderne serait libre. Mais cette opinion ne me paraît pas heureuse. En effet, ou bien les rédacteurs du code civil ont adopté dans leur œuvre à la doctrine des statuts, et alors il faut la suivre intégralement, ou bien jamais ils ne l'ont prise pour guide et l'interprète est entièrement libre.

Pour moi, Messieurs, je me rallierai à l'opinion la plus libérale ; je ne crois pas qu'on puisse trouver chez le législateur de l'art. 3, l'intention arrêtée de s'en tenir à la théorie des statuts. Je pense donc que l'interprète peut se libérer des règles de cette doctrine dans le commentaire de cet article. Mais l'interprète ne sera indépendant bien entendu, qu'à la condition de ne pas donner à une question, une solution qui serait en contradiction avec le texte de la loi. Cette condition une fois remplie, il demeure libre de donner aux problèmes qu'il a à étudier la solution qu'il croit la meilleure ; c'est-à-dire celle qui correspond à mon avis le plus exactement aux intérêts portés devant les tribunaux.

La jurisprudence française est restée fidèle à la doctrine des statuts, ou du moins croit y être restée fidèle. Car l'interprétation judiciaire actuelle ne ressemble plus beaucoup à l'ancienne doctrine des statuts. Tout d'abord, il y a entre l'ancien droit et le droit moderne une différence consignée dans l'art. 3. Si le 2me et le 3me § de cet article peuvent être considérés comme empruntés à la doctrine des statutaires, le 1er lui est complètement étranger. Il est relatif à l'ordre public et cette règle de la territorialité des lois d'ordre public ne se rencontre pas chez les statutaires. Elle figure cependant en tête de notre article.

En outre, la jurisprudence française s'est séparée très nettement des précédents historiques en substituant la nationalité au domicile comme point déterminant du statut personnel ; c'est encore une énorme différence entre l'ancienne théorie des statuts et celle qui est suivie par nos tribunaux. D'autre part, dans certains cas notre jurisprudence applique aux étrangers la loi de leur domicile autorisé par le gouvernement. C'est encore une considération étrangère à notre ancien droit qui ignorait ce genre de domicile. Tous nos anciens auteurs, même les plus libéraux, même Bouhier, admettaient une certaine différence entre la capacité générale de l'individu et sa capacité spéciale. Cette différence est actuellement méconnue par nos juges. Voici encore un point où la jurisprudence se sépare très nettement des précédents historiques. Elle a admis également une influence progressive de la volonté sur l'ancienne solution des conflits de lois, qui touchent à l'application de la règle de l'autonomie de la volonté.

Je pourrais vous citer encore d'autres différences, mais je crois en avoir dit assez pour vous montrer que si bien la jurisprudence se rattache à la théorie des statuts, ce n'est pas sans lui faire subir de graves et nombreuses modifications. J'en ai fini, Messieurs, avec l'exposé et la critique de cette théorie et j'arrive maintenant à mon second chapitre qui a pour objet les théories modernes relatives à la solution des conflits de lois.

CHAPITRE II

Revue des doctrines modernes touchant la solution des conflits de lois.

Les théories modernes sur la solution des conflits de lois sont très nombreuses. Parmi ceux qui ont écrit sur la matière, je fais choix de quatre auteurs, dont je vais vous exposer les opinions. Ce choix m'est dicté, non seulement par le succès qu'ont obtenu ces doctrines, mais encore parce que leur connaissance me paraît essentielle à l'intelligence des principes du droit international privé. Les quatre auteurs auxquels je fais allusion sont Wâchter, Savigny, Mancini, et M. de Vareilles-Sommières.

Tout d'abord Wâchter, dont le curieux ouvrage a été publié dans un recueil peu connu en France, l'*Archiv für civilistische Praxis*, t. 24 et 25. C'est une série d'articles sur la solution des conflits de lois, où l'on trouve exposées d'abord les théories des auteurs allemands de la fin du 18° siècle et du commencement du 19° ; puis la théorie personnelle de l'auteur, la seule dont nous ayons à nous occuper ici.

Wâchter au sujet de la question des conflits de lois exprime trois principes : 1° le juge doit obéir à sa loi nationale ; 2° à défaut de textes de sa loi nationale réglant la solution du conflit, le juge recherchera dans le sens et l'esprit de sa loi nationale la solution qu'il faut donner aux conflits portés devant lui ; enfin 3°, au cas où cette ressource manque au juge, celui-ci appliquera au litige les dispositions internes de sa loi nationale.

Que faut-il penser du premier principe ? Il est évident que le juge doit obéir à sa loi nationale. Wâchter ne l'a noté, que parce qu'il s'est trouvé un autre allemand Struve qui permettait au juge d'appliquer, même dans ce cas, la loi quelconque qui lui paraissait la plus convenable à son avis. Le second principe de Wâchter est plus intéressant, mais sa valeur n'est pas bien grande, car le plus souvent, c'est en vain que le juge cherchera dans le sens et l'esprit de sa loi nationale la solution à donner au conflit. L'auteur prend pour exemple la loi allemande qui proscrit les dettes de jeu, et refuse toute action au créancier. Wâchter affirme qu'il résulte du sens et de l'esprit de cette prohibition qu'elle est applicable même aux dettes de jeu contractées dans un pays étranger, où pourtant une action serait accordée contre le débiteur. Mais l'auteur n'a pas certainement le droit de raisonner ainsi. Pour justifier cette doctrine, il faut faire intervenir cette autre idée que l'action pour dette de jeu accordée en Allemagne troublerait l'ordre public. C'est à cette notion que l'on doit faire appel ici.

Au point de vue théorique, le principe exposé par Wächter est plus intéressant à étudier. Peut-il dépendre de la volonté d'un Etat particulier de fixer à sa guise la portée internationale de ses lois? Est-il vrai qu'il dépend de l'intention du législateur de faire une loi personnelle ou réelle à sa fantaisie? Cela ne me paraît pas pouvoir être admis. Non certainement, il ne dépend pas du seul législateur de mesurer à son gré la portée internationale de ses lois. Pourquoi? Parce qu'en présence des lois étrangères dont l'autorité est égale à celle de ses propres lois, la volonté du législateur n'est plus souveraine. Cette volonté n'a de valeur qu'autant qu'elle respecte la sphère normale d'activité des lois étrangères. Donc le législateur local n'est pas libre d'édicter la portée d'une loi sans se soucier des dispositions législatives étrangères. Et puis, s'il dépendait vraiment de la volonté du législateur de régler uniquement à son caprice ces questions, il n'y aurait jamais d'harmonie internationale possible, et la conciliation des lois qui est le but de notre science ne serait jamais atteinte. Il en résulterait, en un mot, que le droit international privé manquerait fatalement son objet. Le troisième principe posé par Wâchter n'est pas moins critiquable que le second. La raison qu'invoque ce jurisconsulte est qu'en définitive, la loi intérieure se trouve pour le juge la seule qui ait de la valeur. C'est certain pour les rapports intérieurs entre citoyens d'un même État ; mais pour les rapports internationaux, il n'en est plus ainsi. A priori on ne peut pas dire que le conflit doit être décidé d'après la loi intérieure. C'est une solution qui n'a d'autre but que de débarasser l'interprète d'une question gênante.

Quelle fut l'influence de cette théorie sur les doctrines plus modernes ? Elle a été plutôt funeste ; elle a aidé à la diffusion de deux défauts de méthode graves. Tout d'abord, cette doctrine encourage l'application abusive des textes de lois intérieures à la solution des conflits pour lesquels ils n'ont pas été écrits. Très souvent notre Cour de cassation pour résoudre un conflit se réfère à notre art. 1134, qui évidemment a été rédigé sans aucune espèce de préoccupation internationale. C'est appliquer une disposition de la loi à une hypothèse pour laquelle elle n'a pas été faite. Une autre conséquence fâcheuse de la doctrine de Wâchter a été d'aider à la confusion de la compétence législative et de la compétence judiciaire. Quand un tribunal est saisi d'une affaire, c'est la compétence judiciaire qui est mise en jeu. Peut-on dire que le fait de porter une affaire devant un tribunal de France donnera lieu à l'application de la loi française ? Non, certes, et c'est pourtant la confusion à laquelle conduit la doctrine de Wâchter. Cette confusion est encore assez répandue en Angleterre et aux Etats-Unis.

J'ai hâte d'arriver à la théorie du jurisconsulte Savigny. La doctrine de Savigny étudiée dans les ouvrages de ses disciples nous apparaît sous une forme très simple. Par exemple dans l'ouvrage de Von Bar ou de Brocher, la doctrine de Savigny se résume dans cette formule très simple qu'à chaque conflit, il faut donner la solution la plus conforme à la nature des choses. Mais d'abord cette formule très simple n'est pas celle de Savigny qui est au début plus compliquée.

Le premier point posé par Savigny est que l'objet direct et immédiat du droit est la personne humaine, personne qui doit être envisagée soit en elle-même, soit dans les manifestations extérieures de son activité. Il faut pour arriver à la solution des conflits de lois, pour mesurer la portée des lois, de l'espace, distinguer l'homme et les manifestations de son activité ? Toutes les fois qu'il manifeste cette activité par la création d'un rapport de droit, ce rapport de droit a une loi qui lui est propre. Donc il y a un droit qui est propre à l'homme, et à chaque rapport de droit qu'il crée. Il faut, par suite, déterminer le droit propre à l'homme, puis le droit propre à chaque rapport de droit qu'il peut former.

XXIIIe LEÇON. — *10 janvier 1905*. (1)

Messieurs,

Cette leçon va être consacrée à l'exposé de la doctrine de Savigny, doctrine présentée par le célèbre jurisconsulte dans le 8e volume de son traité de droit romain.

Je vous parlais hier de la différence que fait Savigny entre le droit propre à l'individu et la loi spéciale aux rapports de droit qu'il crée. Ce jurisconsulte admet que quand une personne entre dans un rapport de droit, elle cesse d'être régie par son droit propre et tombe sous la loi particulière au rapport de droit dans lequel elle vient d'entrer. Pour chaque rapport de droit, il applique une loi spéciale. Etant donné le principe qu'il met à la base de sa doctrine, l'œuvre du jurisconsulte sera double ; il déterminera d'abord le droit particulier de la personne ; mais il lui faudra ensuite préciser la loi particulière à chaque rapport de droit créé. Cette seconde partie de sa doctrine est la plus embarrassée ; elle est aussi la plus caractéristique. Quel est d'abord le droit de l'individu ? Savigny hésite entre l'*origo* et le *domicilium*. De nos jours, la controverse se pose sous un aspect différent, elle s'agite entre la nationalité et le domicile. Je ne veux pas suivre le grand jurisconsulte dans cette dissertation ; il conclut en disant que l'*origo* est une notion essentiellement romaine, tandis que la notion

---

(1) Droits de traduction et de reproduction réservés.

de domicile est moderne. Le droit de la personne, c'est donc le droit de son domicile. Ce premier point n'est pas difficile à établir, mais les difficultés commencent quand il s'agit de déterminer la loi particulière à chaque rapport de droit.

Chaque rapport de droit est situé dans le domaine d'application d'une certaine loi. Mais de quelle loi ? Savigny répond : la loi dans laquelle le rapport de droit à son siège. Il faut donc se demander où le rapport de droit a-t-il son siège ? Et l'œuvre de Savigny consiste surtout à localiser le siège de chaque rapport de droit.

Comment va-t-on arriver à cette localisation ? Le jurisconsulte a recours sur ce point à des considérations assez diverses ; voici les deux principales. En premier lieu, il utilise le lien intime qui d'après lui existe entre la juridiction compétente et la loi applicable. C'est un reflet de la théorie de Wächter. S'il n'est pas vrai, d'après Savigny, que chaque rapport de droit soit nécessairement soumis à la loi du tribunal compétent pour le juger, il y a au moins une présomption en faveur de la loi du pays où siège ce tribunal. En deuxième lieu, Savigny emprunte un argument à la volonté des parties, en déclarant qu'elles peuvent être considérées comme ayant tacitement adopté telle ou telle loi. Cette deuxième raison possède une valeur bien différente suivant les hypothèses ou l'on se trouve. Dans certains cas, en effet, la référence à la volonté des parties sera très légitime, c'est quand il s'agira d'un conflit entre lois supplétives ou interprétatives ; mais quand il s'agit de lois obligatoires, pourquoi invoquer cette volonté des parties ? Elle ne peut avoir ici d'effet. Cependant même à l'égard de ces lois obligatoires, Savigny embarrassé, déclare que les parties peuvent être considérées comme ayant tacitement adopté telle ou telle loi, par suite de ce fait qu'elles sont entrées dans tel ou tel rapport de droit.. Voilà les traits généraux de la doctrine de Savigny. Cette théorie après de nombreux méandres revient tout simplement à se demander quel est le siège du rapport de droit ?

Ce siège dépend des circonstances de fait que l'on peut regarder comme caractérisant ce rapport ; les principales sont le domicile de l'une des personnes intéressées à ce rapport, le lieu de la situation de l'objet du rapport, le lieu de formation d'un acte juridique fait ou à faire, le lieu du tribunal appelé à en connaître. Passons maintenant aux applications de ce système.

Savigny s'occupe de l'état de la personne en soi ; il distingue la capacité de jouissance et la capacité d'exercice. Pour ces deux sortes de capacité il applique la loi du domicile, c'est en somme, le droit de la personne elle-même, sauf deux exceptions.

La première relative aux lois absolues que leur nature anormale, empêche de rentrer dans les limites de la communauté de droit entre États indépendants. Ceci est une allusion évidente à ce que nous appelons aujourd'hui les lois d'ordre public. Ici le droit du domicile de la personne ne s'applique plus, s'il est en contradiction avec une disposition de cette nature. En second lieu, le droit de la personne ne s'applique pas davantage, s'il s'agit d'une loi qui n'est pas en réalité une loi de capacité.

Vient ensuite le droit des choses, — des choses tombant sous le sens et occupant une place dans l'espace.

Pour Savigny, le lieu ou se trouve la chose est en même temps le siège du rapport de droit. Celui qui veut exercer un droit sur une chose se transporte avec cette intention dans le lieu où se trouve la chose. En ce qui concerne ce rapport de droit qui va naître, il se soumet volontairement à la loi en vigueur au lieu où se trouve la chose. Ce petit détour est imaginé par l'auteur pour ramener la solution de la question à la volonté de la personne. Il ne distingue pas entre les meubles et les immeubles.

Ensuite on rencontre dans son ouvrage les obligations. Elles font sortir l'individu de sa personnalité abstraite et le font entrer dans le domaine de la loi locale qui régit l'obligation. Comment déterminer le siège de l'obligation ? Ce n'est pas facile, car les obligations ne tombent pas sous le sens, ce sont des rapports immatériels, et de plus elles se réfèrent à deux personnes, le créancier et le débiteur. D'après notre jurisconsulte, c'est par rapport au débiteur que doit être fixée la loi compétente, parce que l'essence de l'obligation consiste dans une prestation imposée au débiteur et que le juge du domicile du débiteur est compétent pour en connaître l'exécution. Voilà encore un cas de confusion entre la compétence législative et la compétence judiciaire.

Notre auteur passe de là aux *successions*. Sa doc- est ici tout à fait progressiste. La succession est pour lui une extension de la puissance et de la volonté de l'homme au delà du terme de sa vie. Ce rapport de droit se rattache de la façon la plus directe à la personne du défunt. Il faut donc considérer qu'il a son siège au domicile de ce dernier. Et c'est par suite la loi de ce domicile qui sera compétente.

En matière de droit de famille, il faut également considérer que le siège du rapport de droit est au domicile de la personne la plus directement intéressée. Pour le mariage, Savigny fixe ce siège au lieu du domicile du mari. Pour la puissance paternelle, au domicile qu'avait le père lors de la naissance de son enfant. Pour la tutelle, au domicile de l'impubère.

Enfin, notre auteur parle de la forme des actes. Les principes voudraient, dit-il, que dans tous les cas la forme d'un acte juridique fût soumise à la même loi locale que la substance de l'acte elle-même. Mais à cause des difficultés pratiques suscitées par ce principe, on juge que le siège du rapport de droit est au lieu où la loi a été faite. C'est donc la loi de ce lieu qui est compétente ; nous voyons ici l'application de la loi *locus regit actum*.

Que faut-il en penser de cette doctrine de Savigny ? Elle a beaucoup plus contribué à détruire qu'à construire. Voici comment. Ce jurisconsulte a montré les points faibles de la doctrine des statuts, à une époque où personne en France ne la critiquait encore, et a prouvé que c'était dans les caractères de la loi qu'il fallait chercher la solution des conflits. Et bien que sa doctrine ne puisse être maintenue telle quelle, elle a servi de guide à la plupart des jurisconsultes modernes. Quant aux principes mêmes de Savigny, ils ont en général peu de valeur. Il confond lui aussi la compétence judiciaire et la compétence législative, nous l'avons déjà remarqué.

Mais il y a plus. Comment justifier ce point de départ, à savoir que toute personne a bien un droit qui lui est propre, mais dont elle se dépouille en entrant dans un rapport de droit pour être régie par la loi particulière à ce rapport de droit? Pourquoi alors donner à la personne un droit qui lui est propre, si c'est pour le lui retirer au moment même où ce droit va produire quelque effet, à savoir au moment où cette personne va entrer dans un rapport de droit? Et puis, pourquoi lier la solution de notre problème à la découverte du siège local d'un rapport de droit? Pourquoi assigner un emplacement matériel à un rapport purement abstrait. Enfin la doctrine de Savigny est trop imprécise. On s'en aperçoit bien en parcourant l'œuvre de ses disciples. D'abord on ne reconnaît plus la théorie de Savigny dans leurs ouvrages. Ainsi que nous l'avons déjà observé, les disciples de Savigny ont singulièrement simplifié la formule du maître, en déclarant que les conflits de lois doivent être résolus conformément à la nature des choses. C'est une formule moderne dans laquelle on a coutume de résumer la doctrine de Savigny. Cette nouvelle formule recouvre-t-elle véritablement une solution du problème des conflits de lois? Je ne le crois pas. Si la nature des choses imposait véritablement une solution en cas de conflit, il serait inutile de la rechercher comme nous le faisons actuellement, l'évidence l'indiquerait surabondamment d'elle-même et le Droit international privé n'aurait plus raison d'être. Et d'ailleurs cette nature des choses correspond si peu à quelque chose de précis que chacun des disciples de Savigny l'envisage sous un aspect différent. Chacun d'eux donne une solution diverse aux mêmes questions. C'est donc que la nature des choses ne fournit pas un principe de solution certain, sans quoi tous les disciples du maître auraient été d'accord en face des mêmes problèmes. Par exemple, l'un dira que la nature des choses comprend l'application en matière de statut personnel de la loi du domicile, l'autre de la loi nationale. Voilà une contradiction qui ne devrait pas se présenter, s'ils partaient d'un principe certain.

En résumé dire que la solution des conflits de lois doit être empruntée à la nature des choses, c'est poser la question qui nous occupe, mais ce n'est pas la résoudre.

XXIVᵉ LEÇON. — *11 janvier 1905* (1).

Messieurs,

Vous ayant exposé hier la célèbre doctrine de Savigny, j'arrive à la doctrine de Mancini, c'est-à-dire au système de la personnalité des lois. Il ne faut pas confondre ce système avec celui qui régnait à l'époque gallo-franque. Cet état de droit tenait alors à l'inexistence de toute souveraineté territoriale, et ce n'est point par une faveur particulière pour l'individu que la loi de sa race était suivie, c'était au contraire parce que sa qualité d'étranger à la tribu ne lui permettait pas de bénéficier des coutumes de celle-ci.

Le système de la personnalité des lois de Mancini n'a aucun rapport avec cette idée. Son principe est que la loi privée ayant toujours pour objet l'utilité de la personne, ne régit qu'elle, mais la régit en tout lieu et pour tous ses rapports de droit. Ce principe souffre trois restrictions. D'abord les règles légales intéressant l'ordre public international sont au contraire territoriales ; ensuite la maxime *locus regit actum* autorise toute personne à faire un acte juridique suivant les formes prescrites par la loi du lieu où la personne trouve ; enfin, en matière de lois interprétatives, la loi compétente est celle que les parties auront elles-mêmes choisie.

Pour se rendre compte de l'établissement de ce système il faut se référer aux leçons d'introduction

-----

(1) Droits de traduction et de reproduction réservés.

que fit Mancini à l'Université de Turin après avoir été expulsé de sa patrie, Naples. La première est intitulée : « *De la nationalité comme fondement du droit des gens.* » Cette leçon ou plutôt en réalité ce discours prononcé en 1851 présente la nationalité comme la base rationnelle et suffisante du droit moderne. Cette thèse dans la bouche de Mancini n'était pas absolument désintéressée ; c'était la cause même du Piémont au point de vue du Droit international public que le professeur faisant œuvre de politique plus que de jurisconsulte, plaidait ainsi. Mancini établit dans ce discours le fondement de l'État et de la nation. Il présente la nation comme étant le groupe nécessaire que doit revêtir l'idée d'individualité juridique. Les éléments sont la région où vit le peuple, la race, élément primordial du problème, la langue, les croyances religieuses, les lois, les coutumes, les institutions sociales, les traditions populaires. Enfin, dit-il, ce qui fait surtout la nation, c'est la conscience de la nationalité. Mot vague et sonore !

Mancini pensait à l'établissement d'un nouveau droit des gens et plus particulièrement à l'unification de l'Italie. Que présente de commun ce morceau d'éloquence avec le Droit international privé ? Rien en réalité. Mais dans la leçon d'ouverture du cours de 1852, on trouve cependant quelques idées sur le Droit international privé, idées relatives au profit que cette science pourrait tirer de l'adoption du principe de la personnalité. A la vérité, on ne peut pas dire que ce soit Mancini qui ait donné à ce système sa justification. Il faut la rechercher chez les partisans de sa théorie. Voyons comment elle est exposée par votre professeur, M. Weiss : On peut, dit-il, concevoir à la rigueur un Etat sans territoire, comme seraient les tribus sauvages qui vivent errantes de contrée en contrée, mais il est impossible au contraire de concevoir un Etat sans l'existence d'un certain nombre de personnes constituant les citoyens de cet Etat. C'est donc que la personne joue dans la formation de l'État un rôle plus considérable que le territoire. M. Weiss poursuit en déclarant qu'aucune loi, autant que la loi nationale, n'est plus appropriée aux besoins de chaque individu. Cette loi doit donc suivre les personnes dans tous leurs déplacements et ne doit pas être appliquée à d'autres personnes étrangères à cette nationalité.

Ce principe une fois posé, la théorie de la personnalité se corrige par l'idée d'ordre public. Il faut dit-on, établir une opposition entre les lois d'intérêt privé et les lois d'intérêt général. Cette opposition apparaît nettement dans l'ouvrage de Laurent. La doctrine italienne créant cette opposition entre les lois d'intérêt privé et les lois d'intérêt général réserve l'application de son principe aux premières ; les secondes étant territoriales. Voilà les traits essentiels de la doctrine italienne.

Cette doctrine repose, semble-t-il, sur deux idées, l'une très contestable et l'autre manifestement fausse. La première idée est que dans la constitution d'un Etat la personne est plus importante que le territoire.

Pourtant dans le droit public moderne, l'Etat ne se conçoit pas sans un territoire, et il faut aller jusqu'à l'exemple des tribus sauvages pour trouver confirmation de la première idée de cette théorie. Elle ne peut donc pas servir de base à une doctrine pour la solution des conflits.

Mais il y a plus. Dans la confection des lois, la considération de la race, du climat, est, dit-on, décisive. Ceci est faux. D'ailleurs, un italien, M. Fusinato, a voulu vérifier cette affirmation et il a cherché en commençant par les législations du Nord pour aboutir à celles du Midi, quel était l'âge du mariage dans les divers pays. Si le raisonnement fait par les partisans de la personnalité était juste, l'âge du mariage irait en s'abaissant à mesure que l'on se rapprocherait de l'Equateur, les races du Midi étant plus précoces que celles du Nord. Or il a constaté au contraire que les législations scandinaves fixaient la capacité matrimoniale à un âge moins élevé que celui adopté par les législations de l'Europe méridionale.

Le tort de Mancini a été de prendre pour principe ce qui sous la plume de Montesquieu, n'a été qu'une brillante affirmation de publiciste. Le grave reproche qu'encourt la doctrine italienne est de confondre intentionnellement deux notions qui sont essentiellement différentes. En admettant que chaque loi varie avec la race, on suppose dans cette doctrine que les Etats modernes constituent des nations dans le sens de races séparées. Or, ce n'est pas vrai, car de nos jours on ne peut pas parler par exemple de la race française, de la race belge, de la race suisse. Ce sont des Etats et non des races. Il y a ici une confusion absolue.

La distinction faite par l'école italienne entre les lois d'intérêt privé et les lois d'intérêt général n'est pas exacte non plus. Toutes les lois sont d'intérêt général. Et le principe posé est erroné. Tels sont les défauts de ce système, voyons quelles en sont les qualités ? Pourquoi a-t-il eu au point de vue législatif un si grand succès ?

C'est que considéré dans ses conséquences, le système est libéral et équitable. Il correspond aux intérêts et aux besoins du commerce international, bien mieux que l'ancienne doctrine des statuts. Dans les codifications récentes, l'empreinte de la théorie de Mancini est visible, notamment en Italie, en Espagne, et même dans les récentes conférences de la Haye.

Dans le code italien notamment, cette influence est très visible (Dispositions préliminaires, art. 6 et s.). L'état, la capacité, les rapports de famille, la propriété mobilière, les successions, sont de la compétence de la loi nationale, pour les étrangers comme pour les Italiens. Ces principes diffèrent profondément des traditions statutaires et marquent dans l'œuvre législative une évolution sans précédent.

J'en arrive à la dernière des opinions que je veux vous exposer ici, celle de M. de Vareilles-Sommières. Cet auteur tend dans son ouvrage de Droit international privé à restituer à la vieille doctrine des statuts l'ancienne faveur dont elle jouissait. Ce qu'il y a d'intéressant, c'est qu'il la défend avec des motifs auxquels n'avaient point songé les statutaires. Voici quelles sont les idées qu'il expose. En principe, les lois d'un pays régissent la conduite de toute personne, étrangers ou nationaux, domiciliés ou non. C'est le principe de la territorialité des lois. Pour justifier cette idée, M. de Vareilles-Sommières explique que 1° l'Etat peut imposer ses lois aux étrangers, 2° qu'il doit le faire. Quand cet auteur affirme cette idée, il n'entend pas seulement que l'Etat a le pouvoir matériel d'arriver à ce résultat, mais encore qu'il y est obligé. Quand un individu pénètre sur un territoire étranger, il devient membre du groupe qui est établi sur ce territoire. Il ne cesse pourtant pas de rester le sujet du pays d'origine. D'autre part, quand un législateur édicte une loi, celle-ci est d'une portée générale et doit atteindre les étrangers comme les nationaux. Que faut-il penser de ces idées ? Vous y reconnaissez le principe statutaire de la territorialité des coutumes, mais ce principe est défendu par de nouveaux arguments. Dire qu'une personne en abandonnant son pays devient le sujet de l'Etat étranger tout en restant sujet de sa patrie, c'est d'abord faire croire qu'un individu peut avoir deux nationalités. Et puis c'est rendre inutile l'idée de nationalité, idée qui n'aurait jamais été dégagée s'il était vrai qu'un étranger devient le sujet de l'Etat sur le territoire duquel il se trouve. Ce qu'il y a de vrai dans l'idée émise, c'est que l'étranger devient sujet d'une certaine portion des lois de l'Etat sur le territoire duquel il se trouve, notamment des lois de police et de sûreté, et qu'à ce point de vue il est assimilé aux sujets de cet Etat, ce qui est précisément le contraire de l'idée exprimée par notre auteur. M. de Vareilles Sommières remarque en outre que le principe de la territorialité des lois s'impose au respect des autres Etats, si bien que ceux-ci quand ils ont à juger d'un conflit, doivent tenir compte de la territorialité de la loi étrangère. Voilà la partie la plus originale de l'œuvre de notre auteur, c'est celle qui a droit au respect international de la territorialité des Etats. C'est une idée juste, seulement jamais, les statutaires n'ont jamais appliqué à la territorialité des coutumes ce raisonnement.

Le second principe posé par M. de Vareilles-Sommières est celui-ci : les lois d'un Etat ne gouvernent hors de cet Etat, ni la conduite des nationaux de l'Etat, ni celle des étrangers. Qu'un Etat ne puisse pas exiger de ses nationaux expatriés l'obéissance à ses lois, c'est un pur fait. Mais dire qu'un Etat n'a pas le droit de prescrire à ses nationaux l'observation de ses lois à l'étranger est une erreur. Le lien de sujétion qui survit à l'expatriation peut avoir pour conséquence d'obliger l'expatrié à se soumettre à la loi du pays dont il est toujours le citoyen.

XXVe LEÇON. — *16 janvier 1905.* (1)

Messieurs,

J'achève l'examen de la théorie de M. de Vareilles-Sommières. Les lois d'un État ne gouvernent hors de cet État ni la conduite de ses nationaux, ni celle des étrangers. Ce principe se conçoit très aisément en ce qui touche les étrangers. En ce qui concerne les nationaux il devient plus douteux. M. de Vareilles-Sommières, d'ailleurs, s'en écarte dans une matière très importante ; car il admet que les lois concernant l'état de la capacité des personnes sont extraterritoriales. En résumé, tout en proclamant comme dogme l'idée de territorialité des lois, il fait une exception pour l'état et la capacité des personnes. Que faut-il penser de cette doctrine? Le mérite de la théorie de M. de Vareilles-Sommières a été de montrer que le caractère territorial ou extraterritorial de la loi est un caractère qui s'impose même aux souverainetés étrangères. Mais comment concevoir une doctrine où la territorialité prend des allures d'extraterritorialité? C'est un peu contradictoire, il faut bien le dire.

La doctrine de M. de Vareilles n'en demeure pas moins une tentative intéressante de résurrection de la doctrine des statuts.

J'en ai ainsi terminé, Messieurs, avec les auteurs

---

(1) Droits de traduction et de reproduction réservés.

dont je me proposais d'examiner les théories, et j'en arrive à mon chapitre III, consacré à l'exposé de ma doctrine.

CHAPITRE III

Les principes directeurs.

Il s'agit, avons-nous dit, de trouver des principes de solution au conflit des lois.

Supposons pour cela qu'un rapport de droit touchant à des pays différents soit établi, et qu'un doute s'élève sur la législation à appliquer à ce rapport. Comment connaître la loi compétente? Il faut que notre solution ait, ne l'oublions pas, une valeur générale, égale pour tous les Etats. La solution parfaite d'une question de conflit consisterait à assurer à la loi dans les relations internationales d'ordre privé la même plénitude d'effets qu'elle possède dans les rapports intérieurs entre citoyens. Trouver une telle solution est impossible. Mais au moins le point de départ que je prends m'autorise à dire que parmi les solutions possibles, la meilleure sera celle qui ménagera à la loi dans ses relations internationales la somme d'effets la plus voisine de celle qu'elle possède dans ses rapports entre citoyens d'un même Etat. Voilà l'idéal à atteindre.

La méthode que nous devons suivre sera donc, vous le comprenez, de nous rapprocher le plus possible de cet idéal. Pour y arriver, fixons d'abord les caractères de la loi prise en elle-même. L'effet interne de la loi civile se caractérise par les deux traits suivants : la loi est permanente et générale dans son application. Je m'explique.

La loi civile est permanente, c'est-à-dire qu'elle s'applique sans discontinuité aux personnes pour lesquelles elle a été faite depuis le jour de sa promulgation jusqu'à celui de son abrogation. La loi n'a pas d'intermittence ; c'est une règle de conduite qui s'impose aux particuliers à tous les instants.

La loi civile est aussi générale, c'est-à-dire qu'elle s'applique indistinctement à toutes les personnes soumises à l'autorité du législateur qui a promulgué cette loi.

Je prends un exemple, voici une loi sur l'incapacité de la femme mariée. La permanence de la loi fait que cette femme est continuellement soumise à ses effets, tandis que la généralité conduit à ce que toutes les femmes mariées subissent sans distinction son influence.

La nécessité de la permanence de la loi est liée indissolublement à l'autorité de cette loi, où bien en effet cette autorité s'exerce sans interruption et la loi possède toute sa force, ou bien cette autorité est intermittente et alors la loi n'a plus aucune valeur. Voilà pour la permanence. La généralité de la loi ne répond pas à une nécessité moindre. Toute loi civile est la traduction d'une exigence sociale ; elle s'applique donc à tous sans distinction ; car on ne concevrait pas qu'une personne vivant dans le sein d'une société refusât de se soumettre aux règles que les nécessités de la vie en société obligent à établir. En particulier, il importe extrêmement à la sécurité des transactions que tous les sujets d'un Etat obéissent aux mêmes lois civiles. S'il n'en était pas ainsi, on vivrait sous le régime de la variété et par suite de l'incertitude du droit : il n'en est pas de plus contraire aux exigences de la vie en société.

Ces caractères sont essentiels à toutes les lois civiles. Toutes sont générales et permanentes. Cela posé, la solution parfaite du conflit des lois en Droit international privé serait celle qui conserverait à la loi son double caractère de permanence et de généralité. Mais ce résultat n'est pas possible. Je vais reprendre mon exemple sur l'incapacité de la femme mariée pour vous le montrer. Si la loi est permanente, l'incapacité va suivre la femme mariée française à l'étranger ; d'autre part, si elle est générale, elle devra régir toutes les femmes se trouvant en France, sans distinction de nationalité ni de domicile. De cette façon seulement la loi conservera en Droit international privé toute l'autorité qu'elle a au point de vue interne.

Mais que va-t-il arriver si l'on applique ce système ? Les nations étrangères l'appliqueront également. La femme française à l'étranger devra être soumise à la loi étrangère en vertu de la généralité de la loi étrangère, alors qu'en France les tribunaux la considèreront comme étant demeurée sujette à nos lois à raison de la permanence (ou de l'extraterritorialité) de celles-ci. D'où cette femme sera soumise à la fois à deux lois qui s'excluent l'une l'autre. Il n'est donc pas possible de maintenir à la loi, en Droit international privé, son double caractère de permanence et de généralité, à peine de renoncer à toute idée d'harmonie et de conciliation.

Nous sommes par suite obligés de choisir, et de retenir l'un de ces caractères pour sacrifier l'autre. Ou bien on conservera la permanence et on rejettera la généralité. Alors la loi faite pour les nationaux les accompagnera à l'étranger, et les étrangers en France seront régis par leurs lois nationales. On assurera ainsi à la loi la continuité de ses effets, seulement, sur le même territoire il y aura des personnes soumises à des lois différentes. Ce sera le système de la personnalité de la loi. Ou bien on retiendra la généralité et on sacrifiera la permanence. Qu'en résultera-t-il ? Sur chaque territoire toutes les personnes seront soumises à la même loi, mais en dehors des limites de ce pays elles obéiront à d'autres lois. Ce sera le triomphe de la territorialité de la loi.

Voilà, Messieurs, deux solutions absolues qui pourront nous amener à l'harmonie en Droit international privé. Mais, pour arriver à ce résultat, nous avons sacrifié l'un des caractères essentiels de la loi. J'en conclus que la loi, dans son autorité internationale, est imparfaite, qu'elle ne peut pas avoir dans notre domaine la même plénitude d'effets qu'elle possède dans les rapports intérieurs des citoyens de l'Etat. Il y a des lois, cependant, à qui nécessairement le législateur veut conserver leur double caractère. Ce sont les lois sur la nationalité ; je vous en ai déjà parlé : elles sont considérées à la fois comme extraterritoriales et territoriales. Et les conflits qui naissent de la nationalité sont par suite insolubles. On peut dire qu'ici c'est presque inévitable. Un intérêt politique l'exige. Mais il est des hypothèses où aucun intérêt politique supérieur n'oblige à conserver à la loi son double caractère, et pourtant on voit le législateur le lui maintenir. C'est quand il s'agit des lois relatives à la compétence ; il en résulte que les conflits sur la compétence, tout comme les précédents, sont insolubles. Ici on concevrait au contraire très bien l'établissement d'une harmonie entre ces lois différentes.

Reprenons ma démonstration. Etant donné qu'il faut sacrifier l'un des deux caractères de la loi, quel est celui que nous sacrifierons le plus volontiers ? Le caractère général ou le caractère permanent ? Notre règle ne sera ni absolue ni tranchante. Suivant les cas, elle conservera à la loi dans ses rapports internationaux celui de ses deux caractères qui lui assurera son plus grand effet utile. Mais alors il nous faut analyser la loi au point de vue de ses effets. Une fois cette analyse faite, nous saurons qui, de la généralité ou de la permanence, assurera le mieux à la loi son effet utile.

La loi ne peut jamais être qu'un certain moyen employé en vue d'un certain but à atteindre. La loi est un acte d'autorité émanant du législateur ; elle n'est légitime, que si elle correspond à un but d'intérêt général. Il n'est pas très difficile d'apercevoir ce but social dans nos lois civiles. Le législateur régit la famille, par exemple, les lois qu'il édicte sur ce point présentent un intérêt social, car la famille est la base de l'Etat. Le législateur édicte également des lois sur la propriété, l'intérêt général est encore ici évident. Enfin, les lois sur les contrats ne sont pas toutes abandonnées à la fantaisie des particuliers, l'intérêt social là encore est en jeu.

Bref, dans tous les cas où le législateur intervient, il est poussé par quelque intérêt social auquel il s'agit de donner satisfaction.

XXVIe LEÇON. — *17 janvier 1905* (1).

MESSIEURS,

Je vous ai montré dans ma dernière leçon l'importance qui s'attache à la considération du but social de la loi. Je puis dès maintenant vous énoncer le principe directeur de ma méthode. L'effet de chaque loi, au point de vue des rapports internationaux de Droit privé, doit être calqué sur le but social poursuivi par elle. Ainsi, une loi sera territoriale ou extraterritoriale, non pas d'après un principe posé *à priori*, mais suivant que l'attribution de l'un ou de l'autre de ces deux caractères à la loi correspondra mieux au but social de celle-ci. Cette formule vous indique quelle sera ma solution : elle consistera dans tous les cas à ménager le plus possible l'effet utile de la loi.

Reprenons mon exemple sur l'incapacité de la femme mariée. La loi qui la régit sera-t-elle territoriale ou extraterritoriale? Cette loi, à la réflexion, nous apparaît comme ayant surtout besoin de permanence. Supposons, en effet, que cette loi ne soit pas permanente, la femme mariée pourra à son gré se soustraire à son incapacité en se transportant simplement à l'étranger pour le temps nécessaire à l'accomplissement des actes juridiques qu'elle veut faire et qui lui sont interdits dans son pays.

____

(1) Droits de traduction et de reproduction réservés.

Au contraire, la généralité, c'est-à-dire le caractère territorial, est moins nécessaire à cette loi. Ce caractère ne lui est pas inutile, certes, mais il n'a pas, en cette occurrence, une importance comparable à celle que je vous indiquais tout à l'heure, à propos de la permanence. Ici, il faut donc sacrifier la territorialité et retenir l'extraterritorialité.

Prenons un exemple inverse. L'article 1382 du Code civil pose le principe de la responsabilité délictuelle. Il est évidemment utile que cette loi ait un caractère extraterritorial, mais ce n'est pas essentiel, tandis qu'il est absolument indispensable qu'elle possède une application générale sur le territoire où elle a été édictée. La paix sociale ne sera obtenue qu'à ce prix. Concevrait-on, en effet que, dans un même État, certaines personnes y fussent soumises et pas d'autres ? Ici, tout au rebours du cas précédent, la territorialité de cette loi nous apparaît comme essentielle. On sacrifiera ici l'extraterritorialité à la territorialité.

En résumé, l'effet des lois dans l'espèce (pour employer le mot de Savigny), dépend de leur but social. Par leur nature, les lois sont toutes permanentes et générales, c'est-à-dire extraterritoriales et territoriales. Obligées de dépouiller un de ces deux caractères pour se concilier entre elles, elles ne conserveront dans chaque cas que celui des deux qui importera le plus à la réalisation de leur but social.

Je vais maintenant vous expliquer pourquoi la solution que je vous propose est celle qui doit être adoptée, à mons avis, de préférence aux autres.

Vous savez déjà que je la considère comme la meilleure, parce que c'est elle qui fait perdre à la loi le moins de ses qualités effectives. Un État soucieux de donner aux rapports internationaux d'ordre privé de ses sujets la meilleure garantie possible se déterminera sans peine à adopter une solution qui assure ainsi à ses lois le maximum d'effet utile. Et, Messieurs, quoique j'aie été le premier à proposer l'adoption de ce critérium, ne croyez pas qu'il soit resté jusqu'ici étranger aux constructions de la doctrine et aux solutions de la pratique. Voici la preuve du contraire. Prenons les règles relatives à l'ordre public. Il est incontestable qu'elles s'appliquent à toutes les personnes qui résident sur le territoire. Eh bien, Messieurs, la territorialité des lois d'ordre public est un exemple frappant de la considération du but social dans les relations d'ordre privé. Qu'est-ce, en effet, qu'une loi d'ordre public ? C'est une loi qui a pour but de maintenir l'ordre dans le sein de la société. Les lois d'ordre public peuvent porter sur les objets les plus différents, mais elles tendent toutes au même but social. Il est indispensable pour la sécurité des transactions que les lois d'ordre public soient territoriales ; le but social qu'elles poursuivent, à savoir le maintien de l'ordre dans un État, le veut ainsi, car l'ordre n'existerait plus, ces lois manqueraient leur but, si dans un État donné certaines personnes pouvaient échapper à leur autorité. En cette matière, le but de la loi a produit spontanément son effet sur la partie internationale de celle-ci. La territorialité des lois d'ordre public est reçue partout, même dans la doctrine de Mancini.

Le système que je vous propose est d'appliquer à toutes les lois cette méthode de la considération du but social de chaque loi. On le fait pour les lois d'ordre public, pourquoi ne pas le faire aussi pour les autres lois ?

Ici j'appelle votre attention en passant, sur la différence qui existe entre mon système et celui du grand jurisconsulte Savigny. Savigny se demande quel est le siège d'un rapport de droit pour déterminer la loi applicable à ce rapport. Il s'attache, pour arriver à une solution, à toutes espèces de circonstances. Pour moi, Messieurs, je ne cherche pas quel est le siège d'un rapport de droit ! J'emprunte mon élément de détermination à toute autre chose, à savoir au but social de la loi. En outre, les diverses circonstances qui paraissent déterminantes à Savigny, telles que le domicile des parties, la situation d'un bien, le lieu où un acte a été fait, etc., sont, au point de vue de ma méthode, complètement indifférentes. Je cherche à préciser le but social de la loi, et c'est tout, je m'en tiens là. Vous voyez donc la différence qui sépare la méthode que je suis d'avec la doctrine de Savigny.

Nos principes sont les seuls qui permettent d'imposer aux Etats l'application d'un certain droit dans les rapports internationaux. Si l'on doit attendre de la seule bonne volonté des Etats une réglementation juste de ces rapports, la certitude à laquelle on arrivera dans la réalisation du droit ne sera pas bien

grande. Si, au contraire, on peut démontrer qu'il y a
pour l'État une obligation de donner aux rapports internationaux une certaine direction, le Droit international privé aura la certitude d'un véritable droit. —
Et ici, il me faut bien, Messieurs, très rapidement au
moins, vous dire un mot des rapports du Droit international privé et du Droit international public, plus
précisément vous exposer le point de savoir si le Droit
international privé, et en particulier la matière de la
solution des conflits de lois, est une branche du Droit
international public, ou si c'est une science distincte
comprise dans le domaine du Droit privé. Il existe sur
cette question une controverse que l'on peut qualifier
de fondamentale. En Amérique, en Angleterre, on admet que le Droit international privé constitue une
branche du Droit privé. Sur le continent, au contraire,
la grande majorité des jurisconsultes reconnaissent
que le Droit international privé a nombre de points
communs avec le Droit international public. Je vais
plus loin et je soutiens que notre science fait partie du
Droit international public, dont elle est purement et
simplement une branche particulière. Je vais essayer
de vous le montrer très sommairement. Qu'est-ce, en
définitive, qu'un conflit de lois ? C'est, comme le dit
Savigny, la question de savoir jusqu'où s'étend la portée d'une loi dans l'espace. C'est une question qui
touche à l'empire de la loi. Quand on se demande
quelle loi est compétente, pour résoudre un conflit,
c'est toujours une question de limites de l'empire de la
loi qui se pose. Or, la loi est essentiellement un acte

de souveraineté émané du législateur. Lors donc que l'on se demande jusqu'où s'étend l'empire d'une loi, on se demande par là même jusqu'où porte l'autorité du législateur qui l'a faite. Une science qui concerne ainsi directement des questions de souveraineté, une science qui a pour mission de concilier entre elles les souverainetés existant de par le monde, rentre bien dans le domaine du Droit international public.

Je retiens ce principe et je poursuis. Puisque ces problèmes appartiennent au Droit international public, la solution qu'ils recevront est susceptible de former une obligation pour les États eux-mêmes. Quelle sera la matière et la direction de cette obligation ? Les États vont être obligés d'adopter une formule de conciliation de leurs souverainetés respectives au sujet de l'application de leurs lois civiles. L'article 3 de notre Code civil est, Messieurs, la définition donnée par l'État français de la conciliation de sa souveraineté avec celle des autres États.

Dans chaque hypothèse de conflits plusieurs lois se trouvent en présence, c'est-à-dire plusieurs souverainetés, quelle est celle que l'on préférera ? En d'autres termes, quelle est la souveraineté à laquelle on adjugera, si vous voulez, ce rapport de droit ? Les souverains, qui sont incontestablement obligés d'établir chacun pour la société particulière qu'ils dirigent un certain droit et qui doivent le faire respecter, ont tous ensemble la même obligation en ce qui concerne la communauté internationale. Ils sont tenus d'établir un droit interne d'abord, puis, de concert avec les autres, de fixer un droit international pour la société internationale.

Or, le devoir commun des souverains est de réaliser le droit dans la plus large mesure possible. Comment obtiendront-ils ce résultat? C'est, à mon avis, en adoptant entre leurs lois civiles respectives la formule de conciliation qui procurera à ces lois leur maximum d'effet utile, c'est-à-dire qui correspondra le mieux au but social de la loi.

Cette formule proclame l'égalité des souverainetés. Elle tient compte, en outre, du caractère réel et du caractère personnel de la souveraineté, sans s'attacher particulièrement à aucun d'eux. Enfin, cette formule mesure la préférence à donner à une loi sur l'intérêt de tous. Le système international que je vous propose correspond le plus exactement possible en effet à l'intérêt général. Et il n'est pas douteux que l'Etat est le serviteur de l'intérêt général, ce qui est vrai en droit interne ne l'est pas moins en droit international.

Voilà, Messieurs, comment je crois qu'il existe une véritable obligation pour l'Etat de poser non seulement certaines règles de conflit, mais des règles déterminées et pas d'autres. Le droit international est donc l'accomplissement d'un devoir pour l'Etat, qui doit assurer aux lois leur plus grand effet possible dans les rapports internationaux.

XXVIIe LEÇON. — *23 janvier 1905* (1).

MESSIEURS,

Au sujet de la question de savoir si le but social d'une loi commande de la considérer comme extraterritoriale ou comme territoriale deux méthodes sont possibles. D'abord une méthode purement empirique, une loi étant donnée dont il s'agit d'apprécier le caractère international, on pourra la supposer d'abord territoriale, puis extraterritoriale, et comparer les résultats ainsi obtenus. De cette comparaison résultera le plus souvent la conviction que de ces deux alternatives l'une est préférable à l'autre. Ce procédé est fondé sur cette idée que de sa nature toute loi est à la fois territoriale et extraterritoriale, parce que toute loi est par sa nature générale et permanente dans son application. Reprenons l'incapacité de la femme mariée, si nous nous demandons quel est le but social de cette incapacité et que nous procédions par la méthode empirique, que ferons-nous ? Nous supposerons cette incapacité d'abord extraterritoriale, puis territoriale, et nous comparerons les effets de l'une et de l'autre hypothèse. La solution nous apparaîtra facilement, car nous verrons que le but de l'incapacité sera atteint en donnant à cette incapacité un caractère extraterritorial. Certes, la comparaison des deux solutions ne se montrera pas toujours

____

(1) Droits de traduction et de reproduction réservés.

A. PEDONE, éditeur. — Cours PILLET.   17

sous un jour aussi lumineux, mais cette méthode empirique sera parfois la plus pratique, particulièrement dans les cas embarrassants. Toutefois, elle ne constitue pas évidemment un procédé scientifique. Pour savoir quel est le but social des lois et comment doit être établie cette correspondance entre leur effet international et leur but social, il faut procéder à une analyse des lois, déterminer le rôle du législateur en matière de lois civiles.

Toutes les lois civiles sont édictées, Messieurs, en vue d'un intérêt général. Nous avons à nous demander quelle est la nature de la fonction exercée par le législateur ?

Le législateur sert l'intérêt général, soit en protégeant l'activité de l'individu, soit en la limitant dans l'intérêt de la société. Et d'abord en protégeant les activités individuelles, il donne satisfaction à l'intérêt général. En effet, la société par elle-même n'est qu'un corps inerte ne pouvant subsister que de la seule activité de l'individu. La société organisée en Etat a un intérêt vital à la protection des activités individuelles, source unique de sa richesse et de sa force. En quoi consistera la protection législative ?

Le législateur devra garantir à l'homme le fruit de son activité, de son labeur, et ce but sera atteint par l'organisation des droits qui donnent une valeur sociale déterminée au résultat obtenu, au gain réalisé par l'individu. Le législateur intervient encore comme protecteur des activités individuelles, quand il les guide de telle façon que les actions des individus ne puissent

pas devenir funestes à ceux qui en sont les auteurs.
C'est à ce second point de vue que l'idée de protection
apparaît le plus nettement. Les lois de ce genre qui
ont pour objet de protéger l'individu profitent cependant à la société, grâce à la répercussion exercée par
le bien ou le mal individuel sur le bien ou le mal
social. La société bénéficie de l'existence de ces lois
par l'intermédiaire de l'individu. Le législateur exerce
ensuite une seconde fonction : il protège la société
contre l'abus des activités individuelles. Cette mission
de garantie est très apparente lorsqu'elle s'exerce à
l'occasion d'actes moralement coupables : il est certain que des actes de ce genre ne sauraient être tolé-
rés au sein d'une société juridiquement organisée. Le
droit pénal accomplit cette partie de l'œuvre législative. Mais en outre, et à un point de vue purement
civil, le législateur intervient souvent pour préserver
la société des périls que pourraient lui faire courir les
initiatives individuelles.

De ces considérations procèdent plusieurs catégories de limitations de l'activité individuelle ; le plus
souvent, ce sont des défenses adressées à l'individu
de faire certains actes, ou bien des commandements
d'accomplir certaines prestations, par exemple les
lois fiscales. Ces lois peuvent encore consister aussi
dans des présomptions de responsabilité.

Tandis que les lois de protection individuelle profitent à la société par l'intermédiaire de l'individu, les
autres profitent à l'individu par l'entremise de la
société.

Cette classification me paraît décisive au point de vue de l'autorité internationale de la loi. Toute loi qui a pour objet la protection de l'individu doit être permanente, c'est-à-dire extraterritoriale, sans quoi elle ne remplirait pas sa fonction sociale. Au contraire, il est de l'essence des lois de garantie sociale d'être générales et par conséquent territoriales. On ne concevrait pas que dans le sein d'un même État on distinguât entre les particuliers lors de l'application d'une loi qui intéresse l'ordre public. Dans l'ordre international, on dira qu'il est indispensable qu'une loi qui est chargée de garantir les intérêts de la société s'applique à toutes personnes étrangères ou nationales sur le territoire.

Voilà donc mes trois règles posées : 1° l'effet international de la loi dépend du but social qu'elle poursuit ; 2° les lois de protection individuelle sont extraterritoriales ; 3° les lois d'ordre public sont territoriales. Mais voici qu'une objection se présente. Notre théorie suppose qu'une même loi poursuit dans tous les pays le même but social. Mais n'est-il pas possible qu'il en soit autrement, et que dans les divers pays les mêmes lois appartiennent à des classes différentes, les unes à celle des lois de garantie sociale, les autres de protection individuelle.

Je touche là à une théorie exposée par mon collègue, M. Bartin. C'est la théorie des qualifications. Elle suppose que les lois des divers pays doivent, pour être conciliables entre elles, avoir un caractère commun, mais si ce caractère commun n'existe pas ? Comment établir l'harmonie ? Voici un statut qui, dans un pays concerne la personne, et dans un autre les biens. Si l'on se place dans la doctrine statutaire, comment résoudra-t-on cette difficulté ? Il est possible qu'une loi soit regardée dans un pays comme visant la protection de l'individu, dans un autre pays comme concernant l'ordre public. Comment, dans notre doctrine, établira-t-on l'harmonie entre elles ? La réponse est simple.

Il est impossible, Messieurs, d'obtenir une harmonie quelconque dans de pareilles circonstances. Est-ce à dire qu'il y ait là un obstacle sérieux à la construction d'un Droit international privé rationnel ? Je ne le pense pas, ces hypothèses sont peu fréquentes, et on peut discuter même les cas pris comme exemples par M. Bartin. Les difficultés de cette sorte seront toujours rares ; les diverses législations modernes, en effet, découlent toutes pour une part plus ou moins grande de la même source : la législation romaine. Il en résulte une parité certaine des institutions juridiques des divers pays. Et de plus, dans tous les pays les fonctions exercées par le législateur se ressemblent, parce qu'il doit satisfaire à certains besoins généraux se rencontrant dans toutes les sociétés arrivées à un certain degré de civilisation. Il s'agit toujours de protéger ou l'individu ou la société. Très généralement, les lois de même catégorie auraient dans les mêmes pays le même but social. Il n'est pas impossible que des diversités de but social empêchent la solution du conflit, mais en définitive, de telles hypothèses se présenteront rarement.

J'arrive maintenant au résumé de ma doctrine.

1° Toutes les lois civiles sont à la fois par leur nature générales et permanentes, c'est-à-dire territoriales et extraterritoriales.

2° La nécessité d'une harmonie à établir entre les lois des divers Etats ne permet pas qu'on leur conserve à la fois ce double caractère dans les rapports internationaux de droit privé. Il faut nécessairement, dans chaque cas de conflit qui se présente, sacrifier l'un des deux caractères de la loi et retenir l'autre.

3° Le caractère à retenir sera celui qui, dans chaque cas, favorisera davantage l'effet de la loi.

4° Pour déterminer ce caractère à retenir, il faut consulter le but social de la loi.

5° Les lois civiles ont pour but, tantôt la protection de l'individu, tantôt la garantie de l'ordre public.

6° Les lois de protection individuelle sont extraterritoriales, les lois de garantie sociale sont territoriales.

CHAPITRE IV

Détermination du statut personnel. — Son domaine d'application.

Commençons par une explication pratique destinée à vous faire bien comprendre la nature de la question que nous allons étudier. La loi ici est extraterritoriale, car elle a pour but social la protection de l'individu. A quelle loi particulière l'individu est-il soumis sous ce rapport? Quelle est la loi qui forme pour chaque individu son statut personnel? En ce sens, le statut personnel est la loi qui suit la personne à l'étranger dans les rapports de droit ayant pour but la protection de cette personne. Cette loi quelle est-elle? Dans notre ancien droit, chaque individu était considéré comme ayant pour statut personnel la loi de son domicile. Quelle était la raison de ce rattachement du statut personnel au domicile? On a dit qu'elle était une survivance de l'ancienne idée féodale du rattachement de l'homme à la terre. Il est possible que ce motif ait été pour quelque chose dans cette idée, mais il n'était pas le seul. Dans notre ancien droit, en effet, les conflits étaient surtout interprovinciaux, et on ne pouvait recourir évidemment à l'idée de nationalité, qui n'aurait pas été alors un élément suffisant de détermination du statut personnel. Cette solution avait cependant révélé un certain nombre d'inconvénients, et notre ancienne jurisprudence avait reconnu que ce système n'avait pas la fixité si importante en cette matière.

Au XVIIIᵉ siècle on chercha une loi plus stable, et alors fut créée la notion du domicile d'origine. C'est le lieu de la naissance non accidentelle d'une personne, le lieu du domicile du père à la naissance de l'enfant. On prétendait faire régir par elle les question d'état et de capacité générale. C'était une réaction contre la variabilité de la notion du domicile.

XXVIII° LEÇON. — 24 janvier 1905 (1).

MESSIEURS,

La question de la détermination du statut personnel, qui ne faisait aucune difficulté dans l'ancien droit, est aujourd'hui l'objet d'une controverse fort vive. Les uns tiennent pour la nationalité, les autres pour le domicile. C'est une controverse presque classique. Les auteurs qui discutent cette question essaient de la résoudre par une comparaison des mérites respectifs de la loi du domicile et de la loi nationale de l'individu. La loi du domicile, dit-on, est celle du lieu où l'individu a passé sa vie, celle qu'il connaît le mieux ; en outre, elle facilite l'égalité des étrangers et des nationaux. On peut enfin faire valoir en sa faveur cette raison que la préférence donnée à la loi domiciliaire concilie le droit et le fait. Lorsqu'un étranger a son domicile dans un pays, en fait il est habitant de ce pays, il est bon que le droit corresponde au fait.

Malgré ces raisons, la majorité de la doctrine se range à l'opinion adverse et considère la loi nationale de l'individu comme étant celle de son statut personnel. La loi nationale possède, dit-on dans cette opinion, cette supériorité sur la loi du domicile qu'elle est fixe. On ajoute aussi cette idée que la loi nationale est faite pour les mœurs, les coutumes, le tempérament des nationaux.

____

(1) Droits de traduction et de reproduction réservés.

Je m'abstiendrai de prendre parti dans cette controverse, car la question est mal posée, à mon avis. Il ne nous appartient pas de décider à notre gré entre la loi nationale et la loi du domicile. Il ne s'agit pas de savoir quelle est la plus convenable des deux lois en présence, il s'agit pour nous de savoir dans le ressort de quelle souveraineté rentre la détermination du statut personnel. C'est une question de l'empire de la souveraineté, et alors il n'y a plus de controverse possible. Car les lois de statut personnel sont pour nous des lois de protection individuelle, et l'Etat qui a pour mission de protéger l'individu, c'est l'Etat auquel ressortit cet individu. En d'autres termes, chaque Etat doit protéger son national. Pour nous donc, la loi nationale est celle qui détermine forcément le statut personnel. Faisons un rapprochement avec le droit international public. Tout le monde connaît ce que l'on appelle le droit de protection des nationaux à l'étranger. C'est le droit que possède tout Etat de demander réparation des torts que ses nationaux peuvent avoir subis à l'étranger. Il s'exerce par la voie diplomatique et au profit des sujets de l'Etat réclamant seulement. C'est un droit de protection extraordinaire. Il est de la compétence de l'Etat national. Comment ce droit de protection ordinaire et normal, qui consiste dans l'application constante à l'individu d'un certain statut personnel, ne rentrerait-il pas dans la compétence du même Etat ? Nous observerons en outre qu'il arrive assez souvent que des traités diplomatiques ou des traités de commerce stipulent au profit des particuliers des avantages juridiques d'un ordre spécial. Quels sont les individus qui peuvent se prévaloir de ces avantages juridiques? Ce sont les sujets des Etats qui ont signé le traité. Quand l'Etat protège l'individu, il protège son national.

On abuse singulièrement de la situation faite à l'Etat du domicile en lui permettant de fixer le statut personnel des étrangers domiciliés sur son territoire. Il y a, en définitive, une très grande différence entre l'Etat du domicile et l'Etat national. L'Etat dans lequel est domicilié l'étranger est pour lui un hôte. L'Etat national est quelque chose de plus, c'est un souverain qui doit aide et protection à ses sujets.

Je ne dirai rien de plus, Messieurs, de la controverse sur le domicile ou la nationalité comme déterminant de statut personnel, me bornant à vous signaler en terminant sur ce point les travaux, en France de M. Chausse, et en Suisse de M. Meili.

Malgré la vocation exclusive de la loi nationale à servir de statut personnel à l'individu, cette vocation ne remplira pas son effet, dans deux cas. D'abord quand l'individu n'aura pas de nationalité, la loi du domicile sera alors substituée à la loi nationale. Ensuite, quand l'individu aura deux nationalités ou plus, et que la question du statut personnel s'agitera dans un Etat tiers, l'application de la loi domiciliaire sera pour les tribunaux de ce pays un parti presque forcé.

Voilà les deux hypothèses où la loi domiciliaire, par suite de circonstances de fait, remplace la loi nationale en tant que statut personnel de l'individu.

Mais ce sont des solutions imposées par les faits et qui n'atténuent en rien la force de notre principe.

Que décider du statut personnel des individus appartenant à des Etats où la diversité des législations s'est maintenue ? Cet état de droit peut provenir de ce que l'Etat est composé d'un certain nombre de territoires où survit une autonomie politique, ou de ce que les individus vivant sur le même territoire sont de races trop différentes les unes des autres. Dans le premier cas la loi du domicile est encore par la force des choses substituée à la loi nationale. Il en est ainsi encore aujourd'hui en Angleterre ou aux Etats-Unis.

Cette solution est-elle parfaitement correcte ? Je ne le pense pas. D'abord, la loi du domicile dans ces pays n'a aucune raison de s'appliquer aux étrangers appartenant eux-mêmes à des Etats unitaires, puis pour les habitants eux-mêmes de ces pays à législations multiples dire que la loi du domicile remplace pour eux la loi nationale n'est pas très exact. Même dans ce cas, c'est au législateur national qu'il appartient de donner à son sujet le statut personnel qui régira sa condition juridique. Qu'il s'en remette sur ce point à la loi du domicile, soit ; mais cette solution n'est correcte qu'autant qu'il s'agit pour cet étranger d'un domicile national. Supposons un citoyen des Etats-Unis d'Amérique devant les tribunaux français. Ceux-ci lui donneront bien pour statut personnel la loi de son domicile, si ce domicile est situé dans un des Etats de l'Union, parce que la loi de cet Etat est pour lui une loi nationale. Mais si cet Américain est domicilié à l'étranger, en Allemagne, par exemple, la loi allemande ne pourra pas lui servir de statut personnel, cette loi n'ayant pas pour lui la qualité de loi nationale. Il faudra recourir à une autre loi et on lui appliquera avec raison la loi de son dernier domicile aux Etats-Unis.

La pratique n'est jamais entrée dans cette distinction, qui me paraît cependant commandée par les principes.

Dans les Etats à législations multiples l'application de la loi du domicile n'a rien de nécessaire. On pourrait s'attacher à toute autre circonstance. Ainsi, en Suisse, en dehors du domicile actuel, on considère parfois l'origine comme déterminant le statut personnel. Enfin, il faut vous citer les particularités que présente à cet égard l'Empire ottoman. Dans ces pays, on remarque une extension considérable du statut personnel, qui comprend même les lois pénales ; une seule exception est faite pour la propriété immobilière. D'autre part, si on considère les individus qui sont sujets de l'Empire, on voit que l'application des lois leur est faite d'après leur confession religieuse. Le Coran s'applique d'une part aux seuls musulmans, et les chrétiens de diverses confessions jouissent du droit qui leur est particulier. Chaque groupe constitue un patriarcat qui a son droit propre, dont la source se trouve d'ailleurs surtout dans les Novelles des Empereurs du Bas-Empire.

Il faut remarquer ici la confusion de la compétence législative et de la compétence judiciaire, résultat de

la grande autonomie laissée aux habitants du territoire ottoman.

Notre époque a assisté, Messieurs, à un mouvement très accentué en faveur de la loi nationale comme
base du statut personnel. Dans le plus grand nombre
des Etats, c'est actuellement la loi nationale qui est
considérée comme le statut personnel de l'individu.
Mais pourtant quelques Etats restent fidèles à l'ancien
principe de la compétence de la loi domiciliaire ; il en
est ainsi de l'Angleterre, des Etats-Unis d'Amérique,
des Républiques fédératives de l'Amérique du Sud,
du Danemark et de la Norvège.

Dans notre Code civil, l'article 3, § 3, est assez peu
significatif. Il est question dans ce texte des Français
résidant à l'étranger ; si on prenait ce mot dans son
sens rigoureux, il faudrait dire qu'il ne s'applique pas
aux Français *domiciliés* à l'étranger. C'eût été la con-
tinuation de la tradition statutaire.

Mais la jurisprudence française rattache le statut
personnel à la nationalité. Je n'invoquerai pas pour
la défendre les travaux préparatoires, qui fournissent
trop souvent des arguments à double tranchant, mais
il y a dans notre Code civil un article 170 qui justifie
cette opinion. Cet article est relatif au mariage du
Français à l'étranger, et soumet la capacité de ce
Français à la loi française. C'est donc bien que la
nationalité et non le domicile donne à l'individu son
statut personnel. Il n'y a, au surplus, aucune différence à faire entre les étrangers et les Français.
Cependant, un doute a surgi à propos des étrangers

autorisés à domicile, qui jouissent des droits civils comme les Français. Ont-ils donc comme statut personnel la loi française? Non, la jurisprudence et la doctrine sont d'accord pour décider que l'autorisation à domicile ne change pas le statut personnel de l'étranger. Pour nous cela ne fait aucun doute. La loi nationale ne peut, en effet, protéger que les nationaux de l'État.

J'arrive maintenant, Messieurs, à une question des plus fameuses du Droit international privé. Je veux parler de la question du renvoi. Elle est compliquée, et avant de la formuler en termes abstraits, je vais vous donner un exemple emprunté à la jurisprudence, exemple qui vous permettra d'en mieux suivre le sens.

Un individu nommé Forgo, Bavarois de naissance, était mort domicilié de fait en France. La jurisprudence française fait — je vous le dis en passant — régir la succession mobilière de l'étranger qui n'a pas en France de domicile autorisé, par sa loi nationale. C'est donc la loi nationale du défunt que les tribunaux allaient appliquer, en l'espèce la loi bavaroise. Mais la loi bavaroise appliquait elle-même en pareil cas la loi du domicile de fait de l'individu, — d'où les tribunaux ont cru devoir appliquer par renvoi de la loi étrangère la loi française, qui était dans l'espèce la loi du domicile du défunt. Maintenant que vous connaissez la donnée concrète du problème, en voici la formule abstraite. Lorsqu'une loi soumet un étranger à la loi étrangère, sa loi nationale, par exemple, ce renvoi doit-il être entendu comme un renvoi au droit

interne de l'étranger, ou doit-il être entendu comme
un renvoi au système de droit international privé de
l'étranger ?

XXIXe LEÇON. — *25 janvier 1905* (1).

MESSIEURS,

Je suis arrivé à cette difficile question du renvoi,
qui occupe la première place dans les discussions des
internationalistes ; je vous ai fait connaître les circonstances de fait dans lesquelles cette question a été
soulevée, et je répète la formule que je vous donnais
hier : lorsqu'une loi dispose que dans tel cas déterminé une loi étrangère devra être appliquée, ce renvoi de la loi du juge à une loi étrangère signifie-t-il
que l'on doit appliquer la loi interne du pays étranger
ou le système de Droit international privé qu'elle consacre ?

Un dernier exemple : l'Anglais domicilié en France
et dont on cherche devant le tribunal français à fixer
la capacité, doit être soumis à sa loi nationale. Mais
qu'est-ce que cela signifie ? Est-ce que cela veut dire
qu'on lui appliquera la *common law* anglaise sur la
capacité, ou bien la loi déclarée compétente par la
législation anglaise ? L'opposition est manifeste.
Dans le premier cas on appliquera la loi anglaise ;
dans le deuxième cas on se référera au système an-

---

(1) Droits de traduction et de reproduction réservés.

glais de droit interne, lequel dispose que la capacité de l'Anglais est déterminée par la loi du domicile. Or, la loi du domicile est ici la loi française. C'est donc la loi française qui sera compétente. Voilà le renvoi.

Vous voyez comment se présente la question. Il nous faut maintenant la discuter. Les partisans de la théorie du renvoi emploient les deux arguments que voici : 1° Pourquoi traiter un étranger autrement qu'il le serait dans sa patrie, au point de vue de la loi qui serait appliquée ? Cet Anglais, en Angleterre, verrait sa capacité régie par la loi française. Nous ne pouvons faire mieux en France : la meilleure solution que nous puissions donner, c'est de suivre le système anglais.

2° On obtiendra un résultat pratique précieux que la théorie opposée ne permet pas d'atteindre : on assurera ainsi l'unité dans l'application de la solution du conflit pendant, soit dans la patrie de l'étranger, soit dans celle du tribunal compétent. Dans l'exemple donné on appliquera la loi française, comme elle serait appliquée en Angleterre. Cet argument a séduit Westlake et Von Bar.

Cette opinion présente une grande utilité en ce qui concerne l'exécution des jugements étrangers. C'est évidemment un point de vue à ne pas dédaigner. Cependant, je suis un adversaire déterminé de cette opinion. Le vice de cette théorie est visible : on ne peut d'abord en trouver aucune racine dans l'ancien droit. Or, le renvoi aurait pu être fréquemment appliqué à cette époque. Exemple : Telle coutume traite

un statut comme personnel, telle autre comme réel.
Le juge de la première coutume avait à appliquer un
statut à une personne domiciliée dans le ressort de la
deuxième coutume. Le renvoi eût été possible : aucun
juge n'y a pourtant jamais songé. C'est un avertisse-
ment. Ensuite, dans tous les cas où les magistrats
appliquent le renvoi, cela a toujours été pour appliquer la *lex fori*, c'est-à-dire la loi française en l'espèce. Et alors on peut se demander si le renvoi est
bien admis par conviction juridique ou par commo-
dité pratique. Cela diminue beaucoup la valeur doctrinale de la jurisprudence. Mais il y a plus. Si cette
théorie était poussée jusque dans son extrême conséquence, elle rendrait les conflits insolubles. — Reprenons l'exemple de cet Anglais domicilié en France.
La loi anglaise donne compétence à la loi du domicile, donc à la loi française. Mais la loi française renvoie à la loi nationale, donc à la loi anglaise, et ainsi
de suite. C'est un cercle vicieux. Enfin, voici l'objection la plus grave : le renvoi introduit dans la pratique internationale d'un pays une diversité extrême ;
il n'existe plus de règles fixes : suivant la nationalité
des personnes, la capacité sera régie dans un pays
donné par autant de lois différentes. Je termine par
une raison décisive contre le renvoi. S'il est vrai que
tout conflit de lois est un conflit de souverainetés, et
qu'un législateur, en tranchant un conflit, fixe sa compétence et définit les limites de sa propre souveraineté,
la conception du renvoi est inadmissible. Si le tribunal français applique le système anglais de droit in-

ternational, il abdique, il laisse à la loi anglaise le soin de déterminer les limites de la souveraineté française. Donc, la théorie est à rejeter, car cette mission constitue l'apanage de la souveraineté française.

Au point de vue pratique, la théorie du renvoi présente une grande importance. Elle a été accueillie par la jurisprudence de divers pays, notamment par la jurisprudence française, qui, dans de nombreux arrêts, l'a consacrée. Ce n'est pourtant pas décisif, car elle ne l'admet que dans le cas où elle conduit à appliquer la *lex fori*.

En législation, cette théorie a eu également un certain succès. Elle est consacrée dans la loi suisse du 14 décembre 1874, sur l'état civil et le mariage, articles 37-56 ; loi hongroise de 1874, sur le mariage, article 108 ; loi d'introduction au Code civil allemand, article 27, mais seulement quand elle conduit à l'application de la loi allemande ; loi japonaise de 1898, article 29 ; convention de La Haye de 1901-1902, sur le mariage, article 29. Et ceci est très regrettable.

Cette théorie avait été, en effet, tout d'abord repoussée par l'Institut de Droit international dans ses sessions de Copenhague, de La Haye, de Neufchâtel. Malheureusement la décision de l'Institut n'a pas été assez décisive, elle était trop timorée.

Section II. — *Application du statut personnel.*

Pour épuiser cette question, il faudrait parcourir le droit tout entier. C'est impossible, évidemment. Il faut nous en tenir aux cas les plus fréquents. J'examinerai les quatre points suivants :

§ 1. État et capacité.
§ 2. Mariage et filiation.
§ 3. Tutelle.
§ 4. Successions et donations.

§ 1. *État et capacité.* — Ces lois sont le domaine propre du statut personnel. Déjà, dans l'ancien droit, elles étaient la matière du statut personnel, à côté du statut réel.

Définirai-je ces lois ? Ce n'est pas facile. On peut dire qu'on entend par lois d'état celles qui fixent la condition juridique de la personne et qui lui assignent sa place dans les diverses classifications comprenant la nationalité, la famille, etc.

——— ———

XXXe LEÇON. — *30 janvier 1905* (1).

MESSIEURS,

La capacité, je vous le rappelle, la Handlüngsfähigkeit des Allemands, est régie par le statut personnel, qui s'applique toujours en principe, sauf une limitation que nous aurons à examiner tout à l'heure.

Examinons d'abord la question en législation et voyons-la dans l'article 3, § 3 du Code civil, que l'on interprète dans le sens de l'application de la loi natio-

———

(1) Droits de traduction et de reproduction réservés.

nale. Voici le texte : « Les lois concernant et l'état et la capacité des personnes régissent les Français même résidant en pays étranger. »

Ce principe a été posé en termes généraux par le législateur. Il ne s'y trouve aucune de ces restrictions que les anciens statutaires, dans leur zèle pour la réalité des statuts, y apportaient. Mais ce texte est appliqué d'une façon assez particulière qui en diminue un peu la portée. Je m'explique. Autrefois, quand il s'agissait de la capacité spéciale, on ne reconnaissait pas toujours comme compétent le statut personnel. On ne trouve plus, il est vrai, trace de cette exception dans le Code. Mais les commentateurs du Code n'ont-ils pas cherché à restreindre autrement l'importance du principe de l'article 3, § 3 ?

Il en est qui, tout en acceptant le principe de la personnalité, se refusent à voir des lois de capacité dans certaines dispositions législatives qui possèdent cependant ce caractère. Nous retrouverons ce point avec les donations, où la pratique refuse de reconnaître à certaines dispositions le caractère de loi de capacité, qui est pourtant le leur. De même, dans notre ancien droit on admettait difficilement l'influence de la capacité personnelle de l'individu en matière d'aliénation immobilière, et les anciens auteurs faisaient ici retour au statut réel pour appliquer la loi de la situation de l'immeuble. Ici encore cette restriction a disparu du Code civil, et cependant la jurisprudence maintient encore en cette matière la théorie ancienne de la réalité en matière de capacité immobilière. Voici un exemple à propos de l'inaliénabilité dotale, qui est au fond une loi de capacité et non pas une loi d'indisponibilité. Eh bien ! la jurisprudence n'en a pas moins persisté à déclarer comme nos anciens auteurs que la règle de l'inaliénabilité dotale était territoriale. Ce qui constitue une erreur certaine, car c'est une loi de capacité, donc une loi personnelle.

Je ne dirai rien de plus sur la capacité du Français à l'étranger. C'est la loi nationale qui déterminera les cas où il est capable ou non et en indiquera les conséquences.

Passons maintenant à l'admission des étrangers en France. Le Code civil, à la différence de la loi italienne, par exemple, est resté muet sur la condition des étrangers en France au point de vue de la loi appelée à régir leur capacité. Pour nous, la question ne présente pas la moindre difficulté. Il doit y avoir parité complète entre la condition de l'étranger en France et celle du Français à l'étranger. Si l'on considère l'article 3 comme délimitant la souveraineté de la loi française en présence des lois étrangères, l'égalité qui existe entre les diverses souverainetés nous oblige à dire que la souveraineté étrangère s'étend aussi loin que la souveraineté française. Mais l'interprétation donnée par la pratique au Code civil n'a été ni aussi claire, ni aussi symétrique.

On a dit, le silence du Code quant à la capacité des étrangers en France est le signe que le législateur n'a pas voulu appliquer aux étrangers une règle semblable à celle qu'il formulait pour les nationaux. La doctrine et la jurisprudence s'accordent l'une et l'autre à déclarer que l'état et la capacité des étrangers sont régis en principe par leur loi nationale. Tout ceci est d'une interprétation certaine, car le texte primitif du Code modifié par le Tribunat ne laisse pas de doute sur ce point. Mais on apporte des restrictions à ce principe de l'article 3. Quelles sont ces restrictions ?

Elles sont plus ou moins larges suivant les auteurs. Il y a un premier système, celui de l'intérêt français, système dû à M. Valette. La loi étrangère ne devra être appliquée à l'état et à la capacité de l'étranger en France que dans la mesure où elle ne sera pas contraire à l'intérêt français. Ceci ne constitue pas, Messieurs, il faut bien le dire, un principe de droit international. Aussi notre jurisprudence, quoique généralement mue par sa préférence pour la loi française, n'a pas osé aller jusque là. Elle applique ici des règles dont il serait difficile, à la vérité, de donner une formule rigoureuse ; elle s'inspire des circonstances. S'il fallait trouver un nom pour ce système, je l'appellerais volontiers le système de *l'absence d'imprudence*. Si le Français a cru traiter avec un compatriote et non avec un étranger, et qu'il n'ait montré aucune légèreté, son co-contractant est tenu aux termes de la loi française. Quelles sont donc les circonstances qui dépouillent un étranger du bénéfice de sa loi personnelle? En voici des exemples. Il s'agira d'abord d'un étranger qui résidait depuis longtemps en France, et que l'on pouvait par suite croire Français. Exemple d'une autre circonstance tirée cette fois de la nature du contrat. S'il s'agit d'un contrat très important, on comprend que le contractant français ait dû s'informer de la nationalité de celui avec qui il traitait ; s'agit-il, au contraire, d'un contrat usuel, les mêmes précautions ne sont plus de mise. Voilà brièvement résumée l'opinion de la jurisprudence sur l'état et la capacité de l'étranger en France.

Que faut-il penser de cette jurisprudence ? Elle est critiquable en mon sens, et je vais vous en donner les raisons. Il y a d'abord un point que les tribunaux n'ont jamais pris en considération ; vous remarquerez que dans leur système les juges se préoccupent du tort que l'application de la loi étrangère va causer au Français. Mais est-ce qu'en droit interne ce même tort n'existe pas aussi ? Ne peut-il pas arriver qu'une personne ignore si son co-contractant est mineur ou majeur ? femme mariée ou divorcée, ou veuve ? L'incapable a le droit de se prévaloir pourtant en droit interne de cette incapacité qui lèse son co-contractant. Alors, je vous demande comment il se fait que cette idée (*le tort causé à l'autre partie*) qui n'a aucune valeur en droit interne, en prenne une singulièrement importante en droit international ? Et d'ailleurs, le tort causé est-il si grave ? Celui qui profite de l'incapacité doit restituer le profit qu'il a retiré du contrat ; mais dans les contrats usuels, dont il est ici question, il n'y a pas de préjudice particulier pour l'incapable qui fournit une prestation égale à la valeur de ce qu'il reçoit.

En vérité, Messieurs, il existe une exception au principe de l'application de la loi nationale, — c'est quand cette application troublerait l'ordre public. — Voici quelques exemples tirés de la jurisprudence. Un prince étranger ne pourra pas refuser de payer ses créanciers en France en s'abritant derrière sa loi nationale, d'après laquelle il ne peut pas signer de lettre de change. La jurisprudence écarte en cette matière l'application de la loi nationale, car celle-ci n'a qu'une valeur politique et serait contraire à notre ordre public. De même la jurisprudence a décidé qu'une loi prohibant le mariage entre gens de race blanche et gens de couleur ne pouvait s'appliquer en France comme attentatoire à la dignité humaine.

Enfin, les incapacités d'ordre pénal n'appartiennent pas au statut personnel, elles sont territoriales. On ne peut pas s'en prévaloir hors du pays où elles ont été prononcées. C'est le principe de la territorialité des peines. Il en résulte que lorsqu'une personne est frappée d'une incapacité, celle-ci ne peut pas lui être opposée dans un pays étranger. J'accepte ce principe pour les incapacités qui servent de peine. Mais toutes les incapacités n'ont pas ce caractère. Voyez, par exemple, la loi du 24 juillet 1889 sur la déchéance de la puissance paternelle. Cette déchéance provient d'une condamnation criminelle mais ne constitue pas un châtiment ; c'est une loi de protection pour les enfants et non une peine pour le père. Elle doit donc être extraterritoriale.

Je vais maintenant vous dire deux mots touchant

la législation comparée. Les législations modernes inclinent à rattacher le statut personnel à la nationalité. On rencontre dans ces législations une autre tendance qui consiste à assurer par tous les moyens la validité de l'acte fait, et alors à se contenter, soit de l'observation de la loi nationale, soit de l'observation de la loi locale, ce qui est plus douteux. C'est la solution qu'on rencontre notamment en Allemagne, en Autriche, en Suisse et au Japon. Pour donc que les parties puissent faire un acte valable, il faut qu'elles soient capables, ou d'après leur loi personnelle, ou d'après la loi du lieu où elles contractent. Ce système transactionnel est-il satisfaisant ?

Il ne me paraît possible que s'il est appliqué à la fois aux nationaux à l'étranger et aux étrangers sur le sol national. Mais encore cette solution présenterait, à mon avis, l'inconvénient d'affaiblir les lois de protection. Toutefois, ce que l'on ne pourrait pas admettre, c'est que l'on maintienne que les nationaux à l'étranger sont indistinctement régis par leur statut personnel au point de vue de la capacité, et que l'on admette en même temps que les étrangers agissent valablement s'ils sont capables suivant la loi du lieu où ils contractent.

Ceci est inadmissible. Cette solution est incompatible avec l'idée de limitation de souveraineté de l'Etat. L'Etat, sur le territoire duquel un acte a été fait, admettra bien la validité du contrat passé par l'étranger, conformément à la loi locale, mais la patrie de cet étranger ne permettra pas que l'inobservation du statut personnel puisse être suppléée par l'observation du statut du lieu où l'acte a été fait. Et alors, conséquence déplorable, on aura un jugement qui, valable dans un pays, ne le sera pas dans l'autre.

J'ai gardé pour la fin, Messieurs, le système de la jurisprudence anglo-américaine. Elle est restée fidèle aux traditions anciennes. (V. Dicey, règle 138), touchant la capacité en matière immobilière, car elle persiste à faire régir cette capacité par la loi de la situation de l'immeuble.

La *common law* est ici profondément différente de nos idées et de notre législation. En ce qui concerne les meubles, on rencontre un exemple de cette incertitude de jurisprudence que je vous ai signalée (Dicey, règle 139). Ici la loi du domicile de la personne est probablement compétente, mais les meilleurs auteurs n'avancent cette proposition qu'avec une extrême circonspection.

Voyons enfin ce qui concerne les contrats (Règle 40). Sauf les exceptions mentionnées ci-après, la capacité d'une personne en matière contractuelle est gouvernée par la loi du domicile de cette personne au temps de la conclusion du contrat. Mais il y a des exceptions qui ne laissent pas de diminuer la portée de la règle. La capacité d'une personne pour les contrats mercantiles est limitée notamment par la loi du pays où le contrat est fait.

Vous voyez donc l'incertitude qui règne en cette matière et qui constitue le défaut de la jurisprudence anglo-américaine. Faut-il appliquer la loi person nelle, c'est-à-dire la loi du domicile, ou la *lex loci actus?* Voyez quelle incertitude est jetée dans les rapports juridiques des individus !

On termine ordinairement, Messieurs, cette question de l'état et de la capacité des personnes en étudiant l'état et la capacité des personnes morales. Il n'est pas possible de suivre ce plan, à mon avis. Une personne morale civile, en effet, n'existe pas en réalité, elle n'a pas de volonté propre et n'a pas besoin d'une loi pour modérer cette volonté en vue des abus qu'elle peut se permettre. Il est bien certain que dans la gestion des affaires d'une personne civile il faut tenir compte de la loi de sa fondation, mais est-ce à titre de statut personnel ? Pas le moins du monde, il ne s'applique pas ici. On a confondu avec le statut personnel la question du respect international dû aux droits acquis. Une société se fonde sous l'empire d'une certaine loi, qui limite son activité. Cette loi forme la condition même de son existence, et dans tous les pays où la société est reconnue, c'est cette loi qui limitera sa sphère d'action. Inutile donc de parler ici de statut personnel. Cette société a été fondée sous l'empire de telle loi, cette loi devra être respectée partout à l'étranger.

De plus, l'activité des personnes civiles trouve dans chaque législation certaines bornes, mais ce sont des limites commandées par le souci de l'ordre public et qui n'ont rien à faire avec le statut personnel.

XXXIe LEÇON. — *31 janvier 1905* (1).

MESSIEURS,

Après l'état et la capacité des personnes, nous arrivons à l'étude des droits de famille en droit international privé. Commençons par l'étude du mariage. Cette matière a été, chose rare, l'objet de dispositions particulières dans le Code civil. Mais, suivant son habitude, le législateur n'a parlé que du mariage des Français à l'étranger. Voici les textes. Ce sont les articles 170 et 171, ainsi conçus : « Le mariage contracté en pays étranger entre Français, et entre Français et étrangers, sera valable, s'il a été célébré dans les formes usitées dans le pays, pourvu qu'il ait été précédé des publications prescrites par l'article 63 au titre des Actes de l'état civil, et que le Français n'ait point contrevenu aux dispositions contenues au chapitre précédent. — Dans les trois mois après le retour du Français sur le territoire de la République l'acte de célébration du mariage contracté en pays étranger sera transcrit sur le registre public des mariages du lieu de son domicile. »

Telles sont les dispositions de notre Code touchant le mariage des Français à l'étranger ; elles visent la forme du mariage, puis les conditions de fond. Quant à la forme, le principe adopté est correct, c'est celui qu'exprime la règle *locus regit actum*. Le Français

---

(1) Droits de traduction et de reproduction réservés.

suivra la loi locale et son mariage aura en France la même validité que s'il avait été célébré par les autorités françaises compétentes. Des Français pourront donc se marier valablement à l'étranger, suivant des formes jugées insuffisantes par la loi française pour les mariages célébrés sur notre territoire. Ainsi, un simple mariage religieux sera tenu pour valable, si la loi du lieu de la célébration admet comme régulier ce mode de célébration. Mais faut-il aller plus loin et admettre, par exemple, que les Français pourraient se marier valablement en échangeant simplement un consentement, ainsi que cela se pratique dans certains États de l'Amérique ?

On répond en général par l'affirmative. J'hésite à me ranger à cette opinion. Et d'ailleurs, pratiquement, ou bien le consentement aura été échangé devant témoins, ce qui est déjà une solennité, ou bien il aura été donné en dehors de toute publicité. Et alors, dans ce dernier cas, les tribunaux, certainement, ne pourront reconnaître la validité d'un tel mariage dont il sera impossible de fournir la preuve.

Qu'arriverait-il si des Français voulaient se marier dans un pays où aucune forme particulière ne serait imposée, ou bien où existerait une forme religieuse inaccessible à des Européens ?

La Haute Cour d'Angleterre, devant qui s'était posée la question de la validité d'un mariage célébré suivant les rites d'une peuplade sauvage, s'est prononcée pour la nullité d'une telle union.

L'article 171 du Code civil soumet à une formalité

particulière les mariages des Français à l'étranger. Il prescrit aux époux, dans les trois mois de leur retour en France, de faire transcrire leur acte de mariage sur les registres de l'état civil du lieu de leur domicile en France. C'est là une excellente mesure, destinée à permettre aux époux de se procurer facilement la preuve de leur union.

Mais quelle est la sanction de l'article 171 ? L'article ne nous apprend rien sur ce point. Certains ont prétendu que le mariage était nul. Mais cette solution est inadmissible, car en matière de mariage, il n'y a pas de nullité sans texte. Nous rejetons donc cette première opinion.

On a proposé dans une autre doctrine de priver ce mariage de certains de ses effets. On dit : la transcription sert à porter le mariage à la connaissance des tiers. Si cette formalité a été omise, ce mariage ne sera pas opposable aux tiers ; la femme, notamment, ne pourra pas se prévaloir à l'encontre des créanciers de son mari de son hypothèque légale, ou de son incapacité vis-à-vis de ceux avec qui elle contractera. Ce système, bien qu'ingénieux, n'a pas réussi à s'imposer. Il va plus loin que la loi, et, à cet égard, il est à repousser. On a fait enfin remarquer que les rédacteurs du Code avaient parlé, lors de la discussion de cet article, d'une amende fiscale à prononcer contre les contrevenants ; mais on n'a trouvé trace nulle part de cette amende. Il faut donc se résigner à reconnaître que cet article est dépourvu de sanction. Mais, au fond, cette absence de sanction n'a pas d'importance, car dans la dernière moitié du XIXe siècle, plusieurs conventions diplomatiques ont été passées, d'après lesquelles les Etats signataires s'engageaient à s'envoyer à échéances régulières les actes de l'état civil concernant leurs sujets réciproques.

Une loi du 8 juin 1893 a décidé que les actes ainsi transmis seraient déposés au ministère des Affaires étrangères, qui en délivrerait des expéditions aux parties intéressées.

L'article 170 pose encore une autre condition de forme. C'est la nécessité de faire procéder en France aux publications prescrites par l'article 63 du Code civil. Cette partie de l'article 170 a donné naissance, également au point de vue de sa sanction, à une difficulté. Remarquez que si le mariage devait être célébré en France et que les publications fussent omises, le mariage ne pourrait pas être célébré ; enfin si, par hasard, cette célébration avait lieu, l'officier de l'état civil négligent serait puni. Evidemment, cette sanction ne peut pas s'appliquer à l'officier de l'état civil étranger, qui n'a pas à s'inquiéter des dispositions de la loi française. Comment arriver à donner une sanction à ce texte ? Il est des auteurs qui s'attachent à l'interprétation littérale, et raisonnant *a contrario*, prononcent la nullité de ce mariage non précédé de publication. C'est évidemment une grave sanction qui ajoute peut-être à la loi en édictant une nouvelle nullité de mariage. D'autres veulent qu'une amende soit prononcée contre les parties.

La jurisprudence a adopté, Messieurs, sur ce point,

une solution excellente. Quand les publications n'ont pas été faites en France, tantôt elle considère le mariage comme valable, et tantôt comme nul. C'est une question de publicité pour elle. Le mariage a-t-il été connu en France, la jurisprudence le déclare valable, sans s'inquiéter de savoir si des publications ont été faites ou non ; le mariage a-t-il été célébré, au contraire, sans publicité, alors la jurisprudence proclame la nullité de ce mariage. La nullité est ici prononcée pour vice de clandestinité, et non pas pour absence de publications.

J'ai encore à vous parler, à propos du mariage, du rôle des consuls, qui, à l'étranger, exercent les fonctions d'officiers d'état civil vis-à-vis de leurs nationaux. (Voy. article 48 du Code civil). Lorsque c'est le consul ou le fonctionnaire de l'ambassade qui célèbre le mariage, la situation est la même que si la célébration avait eu lieu en France. Que faut-il décider, si l'un des deux futurs époux est étranger ? Cette question, qui s'éleva dès le début de l'application du Code civil, fut tranchée par l'arrêt Sommaripa (1819). Ce mariage n'était pas valable d'après la jurisprudence. Mais les législations étrangères autorisaient déjà leurs consuls à célébrer le mariage lorsque le futur époux était un de leurs sujets. En France, la loi du 29 novembre 1902 est venue décider que les consuls français pouvaient marier un Français avec une étrangère dans les pays qui seraient déterminés par un décret à intervenir, et qui intervint, en effet, quelque temps après.

J'ai peu de choses à vous dire sur les conditions de

fond du mariage du Français à l'étranger. Le renvoi au chapitre II contenu dans l'article 170 signifie que le Français qui se marie à l'étranger n'est pas dispensé d'obéir aux lois de capacité posées par la loi française. Par exemple, dans le cas où un Français a besoin d'un consentement pour se marier, son mariage est nul s'il passe outre à cette formalité. S'il n'est tenu que d'adresser à ses parents un acte respectueux, la question se représente alors dans les mêmes termes que pour le défaut de publications. Je n'insiste pas.

Laissons maintenant de côté les textes et examinons le problème du mariage en droit international.

Les questions de validité du mariage concernent la forme et le fond de cette institution. Par quelle loi seront régies ces dernières conditions ? Par le statut personnel de l'individu, c'est-à-dire par sa loi nationale, car il s'agit en cette matière d'une loi de protection. Il se peut qu'une personne, pour contracter un mariage valable, doive obtenir le consentement de l'autorité publique, par exemple à propos d'un empêchement résultant de la parenté, empêchement qui peut être levé par une dispense. A quelle autorité publique l'intéressé devra-t-il demander cette dispense ? Comme il est ici question de protection de la personne, c'est évidemment l'Etat national qui sera compétent pour donner la dispense.

En cette matière de capacité matrimoniale les lois de statut personnel sont quelquefois limitées dans leur application par les exigences de l'ordre public. Ainsi,

A. PEDONE, éditeur. — Cours PILLET.   17

en France, on ne pourrait célébrer un mariage polygamique ; on ne saurait admettre non plus une incapacité tenant à la mort civile, dont serait frappé un
étranger. Ceci ne présente pas de difficulté. Mais à
côté de ces hypothèses certaines quant à la solution,
il en est de douteuses. Pourrons-nous laisser en France
se marier une jeune fille de 12 ans ? Un étranger
pourra-t-il épouser sa belle-sœur sans dispense préalable ? La femme étrangère devra-t-elle observer le
délai de viduité ? L'ordre public est-il intéressé en
pareille matière ?

Je n'entrerai pas dans la discussion de ces points
de détail.

D'une manière générale il ne faut pas exagérer les
droits de l'ordre public en cette matière. On doit considérer que les mariages des étrangers intéressent en
sommes très peu l'Etat sur le territoire duquel ils ont
lieu. Car ces unions auront pour but de fonder des
familles étrangères. Je crois qu'il faut réserver ici le
caractère de lois d'ordre public à certaines dispositions élémentaires de morale.

La question du consentement au mariage est intéressante à résoudre. A mon avis, la loi compétente
sur ce point sera la loi nationale. Remarquez que le
consentement des parents intéresse à la fois l'époux
qui veut se marier et ses parents. Si les parents sont
d'une nationalité différente de celle de leurs enfants,
quelle est la loi compétente ? C'est la loi des enfants,
car cette formalité du consentement existe surtout

dans l'intérêt des enfants, que le législateur a voulu protéger contre des décisions irréfléchies.

Une théorie assez particulière avait été développée sur ce point, il y a quelques années, à l'Institut de Droit international. Elle consistait à donner une compétence particulière à la loi du futur époux. Cette théorie distinguait les conditions écrites dans l'intérêt de la famille et celles édictées pour le bien des enfants. Pour les premières était recommandée l'application de la loi du futur époux, qui sera la loi de cette famille qui se fonde ; pour les secondes, le statut personnel de chacun des futurs époux. Cette théorie n'a pas réussi à s'imposer.

Comment les futurs époux justifieront-ils de l'accomplissement des formalités requises par leur loi nationale ? Chez nous, une circulaire du garde des sceaux de 1831 enjoint aux officiers de l'état civil de requérir des futurs époux étrangers un certificat constatant l'accomplissement des formalités de la loi nationale. Que va-t-il se passer, si aucune autorité n'existe pour donner ce certificat ?

Vous voyez que les lois les plus simples peuvent créer des embarras inextricables si elles n'indiquent pas de moyens pratiques pour assurer l'application de leurs dispositions.

En ce qui concerne les règles de forme, on appliquera la règle *locus regit actum*, et ici je n'ai rien à ajouter à ce que je vous ai dit à propos du Code civil. Les étrangers en France peuvent se marier valablement devant l'officier de l'état civil, mais si dans leur pays, le mariage religieux, par exemple, est suffisant, pourront-ils faire célébrer en France leur mariage simplement religieux ?

XXXII² LEÇON. — 1ᵉʳ février 1905 (1).

MESSIEURS,

Hier, en terminant ma leçon, j'envisageais la situation de deux étrangers se mariant en France devant un ministre du culte auquel ils appartiennent et qui ne faisaient point précéder cette union religieuse de sa célébration civile. Je supposais en outre que cette forme de mariage était valable dans le pays des deux étrangers. En est-il de même en France ? Les auteurs décident à peu près tous que ce mariage n'est pas valable. Les raisons données par les auteurs et la jurisprudence sont que la loi française du mariage civil est une loi d'ordre public, et qu'elle doit donc s'appliquer à ce titre aux étrangers. C'est une loi d'ordre public, disent-ils, car les articles 199 et 200 du Code pénal punissent le ministre du culte qui aurait procédé à la célébration du mariage religieux sans s'assurer de la réception préalable de l'acte civil de mariage par l'officier de l'état civil. Malgré l'opinion des auteurs et malgré les décisions des arrêts, je persiste à douter de la correction de cette solution. Je vais vous en donner les motifs. La règle *locus regit actum* est considérée dans la doctrine française comme une faculté pour les particuliers et non pas

---

(1) Droits de traduction et de reproduction réservés.

comme une obligation. Et c'est pour infraction à cette
règle que la doctrine décide dans notre cas que les
étrangers ne peuvent pas se marier valablement en
France devant un ministre de leur culte ! C'est évidemment une conséquence inacceptable. D'ailleurs,
avec la doctrine que je vous ai enseignée, il vous est
facile de résoudre le problème. Quel est le but social
de la loi sur le mariage civil ? Il consiste à réglementer
la constitution d'une famille française. Quant aux
familles étrangères, le législateur français n'avait pas
à s'en occuper. Quelle est la loi la plus intéressée ici ?
C'est certainement la loi étrangère, qui désire que les
mariages de ses nationaux se fassent de la façon
qu'elle indique. Donc, je pense que le simple mariage
religieux des étrangers en France est valable. Et ceci
nous conduit à une remarque intéressante. Il ne suffit
donc pas qu'une loi comme celle du mariage civil soit
sanctionnée par une disposition pénale pour qu'elle
s'étende aux étrangers.

En droit international privé, le pouvoir des consuls
ou agents diplomatiques de marier leurs nationaux
a trouvé place dans toutes les législations étrangères.
La base de la juridiction des consuls n'est pas du tout
dans la fiction ancienne de l'exterritorialité. Elle
réside simplement dans la tolérance des États, tolérance qui possède actuellement toute la valeur d'un
droit. La juridiction des consuls sera plus ou moins
étendue dans certaines hypothèses. En général, on
admet le consul à marier un sujet avec une étrangère,
et non une sujette avec un étranger.

En terminant sur le mariage en droit international privé, je veux vous faire connaître les conventions d'Union de La Haye du 15 juin 1902. D'abord, le droit de contracter mariage est réglé en principe par la loi nationale de chacun des futurs, à moins que cette loi nationale ne se réfère expressément à une autre loi. (C'est une application de la théorie du renvoi.) En second lieu, la loi du lieu de célébration, — par exception au principe précédent, — sera compétente en ce qui concerne les empêchements suivants :

1° Les empêchements absolus pour cause de parenté ou d'alliance ;

2° Les empêchements résultant du délit d'adultère ;

3° L'empêchement qui peut frapper les coupables d'attentat contre la vie du conjoint prédécédé.

Quand ces empêchements figurent dans la *lex loci celebrationis*, ils sont applicables même aux étrangers dont les lois ne contiendraient rien de semblable. Enfin si, malgré ces circonstances, le mariage a été célébré, ce mariage ne sera pas nul. C'est une mesure de faveur pour cette institution.

La forme sera celle du lieu de célébration, mais la convention n'entend pas obliger les pays, comme la Russie, par exemple, qui exigent le mariage religieux de leurs sujets, à reconnaître le mariage civil que ces sujets auraient contracté à l'étranger, conformément à la règle *locus regit actum*. Ce mariage pourra donc être considéré comme valable dans certains pays, et nul dans un autre. C'est encore une règle critiquable.

Les publications requises d'après la Convention de

1902 sont celles prescrites par la loi nationale ; mais encore ici le défaut de ces publications ne peut entraîner la nullité du mariage que pour l'État dont la loi a été violée.

Vraiment, Messieurs, cette convention sur le mariage nous montre les difficultés qu'il y a à amener les États à s'entendre sur la solution des conflits de lois. Et ceci nous prouve que la codification d'un droit international commun des États n'est pas près de se réaliser aussi vite qu'on le pense.

Je passe aux effets du mariage. Ils sont personnels ou pécuniaires. Nous ne nous occuperons ici que des premiers.

Les effets personnels s'analysent dans de certains devoirs plus moraux que juridiques, dans l'incapacité de la femme et dans une obligation alimentaire.

Quant à l'incapacité de la femme, c'est une question qui nous est déjà connue. En ce qui concerne les obligations générales des époux entre eux, elles sont régies par leur statut personnel. Toutefois, quand la sanction de ces obligations consiste dans certaines mesures de coercition de la part de l'autorité publique, celles-ci ne peuvent être appliquées à des époux étrangers qu'autant qu'elles existent dans la loi locale.

J'arrive à l'obligation alimentaire. L'étendue de cette obligation est assez variable d'après les législateurs. Quelle loi résoudra les conflits susceptibles de s'élever ? Il faut distinguer deux cas : celui où créancier et débiteur ont le même statut personnel, et celui où ce statut diffère.

S'il s'agit de la première hypothèse, la question qui

se pose est de savoir si c'est la loi nationale qui va régir les rapports entre ces personnes. Pour moi, il n'y a pas de doute, car les dispositions sur l'obligation alimentaire constituent une loi de protection. Il faut donc donner compétence à la loi nationale des intéressés. La doctrine anglo-américaine fait dépendre l'obligation alimentaire de la loi de la résidence des intéressés, de la *lex fori*. Cette doctrine n'a eu aucun succès sur le continent. Une question douteuse est celle de savoir si l'obligation alimentaire ne pourrait pas être considérée comme touchant à l'ordre public, et par suite être envisagée comme loi territoriale. Dans une certaine mesure, je la considérerais comme territoriale, par exemple quand il s'agit du devoir de secours entre époux. Au contraire, entre alliés, je m'en tiendrai au statut personnel.

La question est plus délicate, quand créancier et débiteur appartiennent à deux nationalités différentes. Il existe sur ce point une affaire assez célèbre en jurisprudence : le créancier était Français, le débiteur Américain. Les tribunaux français appliquèrent la loi du créancier, mais les tribunaux américains refusèrent l'exequatur. Il semblerait, en effet, que c'est plutôt la loi du débiteur des aliments qui doive être prise en considération.

Pour moi, j'adopterais une solution mixte, je n'accorderais des aliments que s'ils étaient accordés à la fois par la loi du créancier et par la loi du débiteur. Il me semble ici que les lois sur l'obligation alimentaire sont écrites à la fois en vue de la protection du créancier et de celle du débiteur.

J'arrive au divorce et à la séparation de corps.

Cette question a toujours été très fertile en conflits, à raison de l'extrême diversité de législations et aussi parce que ceux qui veulent divorcer n'hésitent pas à aller à l'étranger chercher des juges favorables à leurs projets. A cet égard les législations se divisent en trois groupes. Il en est qui n'admettent que la séparation de corps (Espagne, Portugal, Italie). Il en est d'autres qui n'admettent que le divorce (Russie, Serbie).

Enfin, certains Etats, comme l'Allemagne, articles 1564 et 1575 du Code civil allemand, la Belgique, l'Angleterre, l'Amérique et la France, admettent à la fois la séparation de corps et le divorce.

Un conflit peut naître sur le droit au divorce, ensuite sur les causes du divorce et enfin sur les effets du divorce et de la séparation de corps.

Tout d'abord, c'est le droit au divorce qui est discuté. C'est de beaucoup la question la plus embarrassante. Dans l'opinion commune de la doctrine et de la jurisprudence, on la considère comme une question de conflit de lois. Et sur ce point déjà il existe un certain embarras, car plusieurs théories ont été émises. Quelquefois on considère le droit au divorce comme un accessoire de mariage, et on décide que la loi qui régit le mariage régira le droit au divorce ; d'autres fois, on prétend, M. Asser notamment, que le divorce constituant une mesure de police entre époux, sera applicable à tous ceux qui habitent le territoire, compétence est alors attribuée à la *lex fori*. Une troisième opinion admet enfin l'application du statut personnel des deux époux ; c'est l'opinion dominante.

Mais quelles sont les conséquences de cette dernière doctrine ? Deux époux à qui leur statut personnel ne permet pas de divorcer ne jouissent pas de ce droit dans un pays étranger où le divorce est admis. Il faudrait aller plus loin et dire par raisonnement *a contrario*, qu'on devrait accorder le divorce aux étrangers dont le statut personnel admet le divorce, alors que la *lex fori* l'ignore. Sur ce point, les auteurs et la jurisprudence ont reculé et ils se sont réfugiés dans des considérations tirées de l'ordre public. Ni la doctrine ni la jurisprudence n'admettent cette dernière conséquence.

Mais, Messieurs, je me sépare des auteurs et de la jurisprudence, en ce sens que je considère la question comme rentrant dans le droit des étrangers et non dans le conflit de lois. On doit se placer au point de vue de l'aptitude générale de l'étranger à divorcer, quand on se demande si cet étranger a le droit au divorce. Cela étant dit, j'arrive à une solution qui ne diffère pas sensiblement de la troisième opinion que je vous ai exposée. Je vous ai dit, à propos de la condition des étrangers, qu'il ne me semblait juste d'accorder à l'étranger un droit, que lorsque sa loi nationale le lui accordait déjà, notamment quand il s'agit d'un droit qui réfléchirait sur la constitution de la famille. Je pense donc que l'étranger ne pourra divorcer que si il possède ce droit dans sa patrie. Que décider dans l'hypothèse inverse ? L'étranger, qui a droit au divorce d'après son statut personnel, peut-il divorcer dans un pays où le divorce n'est pas connu ? Je répondrai affirmativement. On peut m'objecter que le divorce n'existant pas dans un pays, il n'y aura pas de procédure organisée pour le faire prononcer, mais si on décidait que la procédure du divorce peut être considérée comme une demande ordinaire en justice, j'accorderais le divorce volontiers.

Que va-t-il se passer si le divorce se présente entre époux de nationalité différente ? Il se peut qu'un des époux se fasse naturaliser à l'étranger pour pouvoir divorcer. Si c'est la femme qui veuille changer de nationalité, ce sera difficile, car il lui faudra, en général, l'autorisation du mari ; mais ce dernier est au contraire libre à cet égard. Cependant, quand la naturalisation est trop manifestement frauduleuse, on peut refuser de tenir compte de ce changement de nationalité. (C'est ce qui est arrivé dans l'affaire Beauffremont.) Mais il se peut que la question de fraude ne soit pas soulevée ou n'apparaisse pas nettement. Le mari devenu Français par naturalisation a droit au divorce ; la femme est restée étrangère, et elle n'a pas par hypothèse d'après son statut personnel droit au divorce. Il faut prendre parti dans ce débat, les tribunaux se sont prononcés dans les deux sens. En doctrine on penche vers l'interdiction du divorce pour des raisons de sentiment ; j'adhère à cette dernière opinion, mais je vous expliquerai les raisons qui me décident, quand nous arriverons à l'effet international des droits acquis.

XXXIIIe LEÇON. — *6 février 1905* (1).

MESSIEURS,

La même question que nous avons étudiée à propos du droit au divorce se reproduit au sujet des causes du divorce. Nous retrouvons ici plusieurs des opinions déjà exposées, et notamment celle qui considère le divorce comme une mesure de police et fait déterminer ses causes par la *lex fori*. Mais cette opinion, vous le savez, doit être rejetée, et je pense que les causes du divorce doivent être empruntées à la législation nationale des étrangers. Le doute que je vous signalais dans ma dernière leçon ne saurait exister ici. Des époux peuvent-ils invoquer dans un pays une cause de divorce que leur loi nationale autorise, mais qui n'est pas reçue dans le pays où ils l'invoquent? Ici, bien que le contraire ait été soutenu et adopté dans les Conférences de La Haye, il ne faut pas, à mon avis, s'attacher à cette circonstance, qu'une cause de divorce n'existe pas dans la *lex fori*. Et pourvu que cette cause se rencontre dans la législation nationale des époux, elle doit leur être appliquée, à la condition toutefois qu'elle ne trouble pas l'ordre public du pays où siège le tribunal compétent. Il s'agira, par exemple, de savoir si des époux peuvent divorcer par consentement mutuel dans un pays comme le nôtre, qui n'admet pas cette cause de divorce. Ces questions sont purement relatives aux époux, à leur famille, et n'in-

____

(1) Droits de traduction et de reproduction réservés.

téressent nullement l'ordre public du pays où le divorce est demandé.

Les causes du divorce dépendent donc uniquement de la loi nationale des époux. — Un dernier point touche aux effets du divorce. Ils se produisent sans difficulté dans le pays où le divorce a été prononcé, ils se produiraient également dans tout pays étranger où le divorce serait semblablement admis, mais l'effet d'un divorce régulièrement prononcé à l'étranger entre personnes capables de divorcer devrait-il être reçu même dans un pays dont la législation ne reconnaîtrait pas le divorce ?

En France, la question s'était posée sous la forme suivante. Des époux divorcés à l'étranger conformément à leur statut personnel peuvent-ils se remarier en France ? Ce point avait fait très grosse difficulté chez nous, avant 1884. La jurisprudence s'était d'abord montrée contraire au mariage des étrangers régulièrement divorcés dans leur pays. Les raisons d'ordre public qui avaient déterminé le législateur à effacer le divorce devaient, pensait-on, décider le magistrat à refuser aux époux divorcés à l'étranger la faculté de contracter en France un nouveau mariage.

Le 28 février 1860 (S., 1860, 1, 210), la Cour de cassation, sur les conclusions du procureur général Dupin, rendit un arrêt décidant que rien ne s'opposait en France à la validité du mariage d'étrangers divorcés. C'est en définitive la bonne solution. Quand il s'agit d'un étranger régulièrement divorcé dans son pays, on ne voit pas en quoi l'ordre public français peut être blessé par la reconnaissance d'un tel divorce. La question qui se pose au moment où le mariage se trouve déjà dissous, est de savoir si cet étranger divorcé peut contracter un nouveau mariage? Ceci n'a rien de blessant pour l'ordre public français.

Je vous citerai, pour en finir avec le divorce, la Convention de La Haye du 12 juin 1902. Le divorce ou la séparation de corps, pour être prononcés, doivent être permis à la fois par le statut personnel des époux et par la loi du lieu où la demande est formée. C'est la décision la plus rigoureuse que l'on puisse choisir. Les causes de divorce et de séparation doivent également exister dans les deux mêmes lois pour pouvoir être adoptées, à moins que la *lex fori* ne renvoie elle-même à la loi nationale des époux. C'est une solution que je repousse comme trop sévère et inutile. Enfin, si l'un des époux a changé de nationalité et demande le divorce, la loi à consulter est la dernière loi de la nationalité des deux époux. Cette solution est très bonne.

Pour la séparation de corps, les mêmes solutions s'appliquent. C'est une matière du ressort du statut personnel. Pourtant la chose pouvait paraître plus douteuse que pour le divorce. On a dit : cette séparation de corps n'a qu'un caractère provisoire et on pourrait la traiter comme une mesure urgente, c'est-à-dire lui faire l'application de la *lex fori*. Cependant, ce point de vue n'est pas celui où je me placerai ; car la séparation de corps peut parfaitement durer toute la vie des époux ou dégénérer en divorce. C'est donc quelque chose de plus sérieux qu'une simple mesure

urgente. — Au contraire, s'il s'agissait d'une séparation purement momentanée, comme l'autorisation donnée par le juge à la femme d'avoir un domicile séparé,
la loi du juge saisi serait compétente à l'exclusion de
la loi personnelle.

El j'arrive aussi à une autre question du domaine
du statut personnel, la matière de la filiation. Elle se
distingue en filiation légitime et en filiation naturelle.

Diverses opinions ont été proposées touchant la loi
compétente en matière de filiation. Les uns voudraient
que cette matière fut régie par la *lex fori*. Pourquoi?
Parce que ce sont, disent-ils, des lois sur la preuve.
D'autres préféreraient ranger cette matière dans la
compétence de la loi du lieu de naissance de l'enfant.
Ce sont là des opinions divergentes, car la doctrine et
la pratique se sont fermement arrêtées à l'application
du statut personnel. Cette matière ne présente dès
lors, pour nous, qu'un intérêt secondaire. Mais ce
qu'il y a de plus notable ici, c'est le conflit qui peut
éclater entre divers statuts personnels.

Tout d'abord, étudions la filiation légitime. C'est le
statut personnel des intéressés qui va s'appliquer.
C'est à lui que nous emprunterons les règles sur la
valeur des divers moyens de preuve dont on peut user
en cette matière. Quelle sera l'autorité de l'acte de
naissance, de la possession d'état? Que penser, au
point de vue de la preuve d'un acte de notoriété, d'une
inscription sur les listes de recensement, comme en
Russie, par exemple? La loi nationale des intéressés
répondra à ces questions.

Il peut se présenter en cette matière des différences de statut personnel. Un enfant, par exemple, intente une action en réclamation de légitimité contre une femme mariée étrangère. De quel statut personnel faudra-t-il tenir compte? En principe, Messieurs, du statut personnel de la mère, parce que c'est à la nationalité de cette dernière que l'enfant prétend appartenir. On peut incliner à tenir compte aussi du statut personnel de l'enfant, mais en cas de contrariété, nous pensons (non sans hésitation) que c'est au statut personnel des parents qu'il faut s'attacher. Il peut encore se présenter une autre question accessoire ici, quand le père et la mère réclamés par l'enfant n'ont pas la même nationalité. Dans ce cas, on se demande si l'action intentée par l'enfant contre sa mère doit être régie par la loi de celle-ci ou du père? Bien que l'action soit intentée contre la mère, c'est le statut personnel du père qui servira de norme à cette action, car elle a pour but de donner à l'enfant le statut du mari de sa mère. J'observe que si le statut personnel du père a changé entre le moment de la naissance de l'enfant et celui où l'action est intentée, c'est au statut personnel du père à l'époque de la naissance de l'enfant qu'il faut donner la préférence.

Je mentionnerai encore l'action en désaveu parmi les matières exceptionnelles qui, dans le domaine du statut personnel, peuvent intéresser l'ordre public et faire obstacle à l'application de la loi nationale, généralement compétente.

Je passe, Messieurs, à la légitimation. Elle a lieu

tantôt par mariage subséquent, tantôt par rescrit du prince. Le premier mode est le seul qui soit admis en France. La matière de la légitimation a fait naître une première question relative au droit de légitimer.

Cette question s'est présentée en France à l'occasion d'un Anglais qui avait épousé une Française mère d'un enfant naturel. Ce mariage avait-il pour effet de légitimer cet enfant, alors que la législation anglaise n'admettait pas la légitimation. La Cour de cassation a proclamé la validité de cette légitimation, mais elle a mal posé la question, à mon avis. Elle l'a considérée comme une question de conflit de lois, alors qu'elle relevait de la condition des étrangers. Cette question est, comme nous le savons, de celles dans lesquelles la communication aux étrangers des droits organisés par l'État français au profit de ses nationaux ne saurait avoir lieu qu'au profit des étrangers qui jouissent de ces mêmes droits dans leur patrie.

Le problème de la légitimation donne naissance à des difficultés sérieuses, quand le père qui légitime a changé de nationalité entre le moment de la naissance de l'enfant et le mariage qui doit le légitimer. A quel moment faut-il considérer la nationalité du père ? On a proposé de s'attacher, soit au moment de la naissance de l'enfant, soit à celui du mariage des parents, soit encore à celui de ces deux moments qui est le plus favorable à l'enfant. Je considère ces solutions comme fantaisistes, et je m'attache uniquement à l'opinion qui applique le statut personnel des intéressés au moment du mariage. Pourquoi cette solution ? Parce que c'est au moment du mariage que se produit pour l'enfant le changement d'état qui fait de lui un enfant légitime. La légitimation représente ici, en quelque sorte, la loi qui a été édictée pour protéger les intérêts de l'enfant et ceux du père qui légitime. C'est donc au moment de la légitimation qu'il faut se placer. C'est aussi l'opinion la plus répandue, sauf en Angleterre, où la jurisprudence exige que la faculté de légitimer existe lors de la naissance de l'enfant et lors du mariage de ses parents.

Une autre question également grave se présente, quand l'enfant n'a pas la même nationalité que les parents qui veulent le légitimer ? Faut-il considérer la loi du père ou la loi de l'enfant ? Quelques-uns veulent que les deux lois soient observées en même temps ; d'autres donnent la prépondérance à la loi du père ; d'autres enfin à celle de l'enfant. Le problème est embarrassant, car on ne voit pas de bien bons motifs de sacrifier l'une des deux lois en présence à l'autre. Il se peut que les deux lois soient semblables l'une de l'autre, mais il se peut aussi qu'elles soient différentes.

Je préférerais considérer les deux lois à la fois, et en cas de contrariété entre elles, m'en tenir à la loi du père par analogie avec ce qui se passe en matière de filiation légitime. Je ne vous donne pas, d'ailleurs, cette solution comme excellente.

Un mot sur la légitimation par rescrit. Cette légitimation ne peut naturellement intervenir que de la part d'un souverain au profit de ses sujets. Ce mode de légitimation a pour objet de remplir les lacunes que la légitimation par mariage laisse subsister. La seule question qui ait surgi en cette matière est de savoir si cette légitimation pouvait avoir effet même en dehors du territoire du souverain qui l'avait accordée? Quoique cette question ait fait naître des doutes, pour nous, habitués que nous sommes au respect mutuel des souverainetés, nous considérons cette légitimation comme s'imposant au respect de tous, même à l'étranger.

Je veux, en terminant, vous dire deux mots de la matière de l'adoption. Autrefois, sous l'empire des idées romaines, il résultait de cette institution une véritable filiation légitime. Mais cette conception a changé. Le point le plus discuté consiste à savoir si, en France, un étranger peut adopter ou être adopté. C'est une question du droit des étrangers. La jurisprudence considère l'adoption comme un droit purement civil.

A mon sens, il n'existe aucun empêchement d'accorder ce droit aux étrangers. Pourtant, en ce qui concerne l'adoption, je dirai que les effets de cette institution intéressant la famille tout entière, je considère ce droit comme n'appartenant en France aux étrangers qu'autant qu'il figure dans leur législation nationale.

Pour ce qui concerne l'adoption en elle-même, nous sommes toujours dans le domaine du statut personnel. De qui faut-il considérer le statut personnel? La difficulté est assez grande, car d'excellentes raisons existent dans les deux sens. On a dit parfois que l'on appliquerait à l'adoptant son statut personnel, et à l'adopté son propre statut également. Ce n'est malheureusement pas très pratique : est-il si facile de discerner les conditions relatives à l'une ou l'autre de ces deux personnes. Souvent une disposition qui vise l'adoptant intéresse aussi l'adopté. Toutes les fois où ce sera possible il faudra donner compétence aux deux statuts personnels.

Quant aux effets, le même double critérium sera difficile à appliquer. On ne peut pas, par exemple, faire régler la succession de l'adoptant par les deux lois, qui peuvent contenir des dispositions contradictoires. Dans ce cas, peut-être pourrait-on donner la préférence au statut personnel de l'adoptant, car cette institution a un rapport, bien que lointain, avec la filiation légitime. Mais, en réalité, il n'y a pas ici de solution pleinement satisfaisante.

XXXIVe LEÇON. — *7 février 1905* (1).

MESSIEURS,

La reconnaissance de l'enfant naturel est une matière qui relève de l'état des personnes. C'est une institutio créée en vue de la protection de l'enfant, elle rentre donc dans le statut personnel. Ce premier point fixé, nous allons retomber aussitôt dans les difficultés secondaires que je vous exposais hier. Que décider si l'enfant et le père n'appartiennent pas à la même nationa-

------

lité ? La question n'est pas aussi simple qu'en matière
de filiation légitime, car la reconnaissance est un acte
volontaire. L'enfant naturel reconnu successivement
par ses deux auteurs prend et garde la nationalité de
celui qui l'a reconnu le premier. Je suppose que c'est
la mère qui l'a reconnu la première ; il prend donc la
nationalité de celle-ci ; ensuite son père le reconnaît.
Quelle est des deux nationalités, de celle du père ou de
celle de l'enfant, qui réglementera les effets de cette
reconnaissance ? L'effet de la reconnaissance d'un enfant naturel est, vous le savez, de faire entrer jusqu'à
un certain point cet enfant dans la famille de celui qui
l'a reconnu. Dès lors, il semble bien que la loi à consulter en premier lieu est la loi de l'auteur de la reconnaissance. Voilà un premier point établi. Allons plus loin.
La reconnaissance de l'enfant naturel n'emporte pas le
consentement de l'enfant, elle peut se faire en dehors
de ce consentement ; cependant, un enfant naturel ne
saurait être obligé de subir une reconnaissance qu'on
lui impose ; il peut l'attaquer (article 339 du Code civil).
Faut-il rattacher l'action qu'il va exercer à la législation du père ? Il semble qu'en considérant le but de cette
action, qui est de protéger l'enfant, on doive lui appliquer le statut personnel de l'enfant. En dehors de cette
hypothèse le statut personnel du père est compétent.

Dans certains cas (article 337 du Code civil), la reconnaissance voit ses effets limités ; dans d'autres hypothèses elle les voit complètement anéantis (article 335
du Code civil). Les auteurs et la jurisprudence se sont
montrés très sévères en droit international pour les

enfants dont il s'agit dans l'article 335. Ils déclarent qu'un Français à l'étranger ne pourrait reconnaître un enfant adultérin et incestueux. Je me range ici volontiers à cette opinion, car le statut personnel des Français leur défend une telle reconnaissance. Mais les auteurs et la jurisprudence décident encore qu'une semblable reconnaissance ne peut être faite en France par des étrangers, dont le statut personnel accorderait pourtant le droit de reconnaître des enfants adultérins ou incestueux. Je repousse complètement cette idée. On estime que l'ordre public français serait troublé par une semblable reconnaissance. Cependant, je ne vois pas pourquoi cet acte serait contraire à notre ordre public. Quels sont les motifs de cette prohibition ? La protection de la famille, certes, mais de quelle famille ? Évidemment de la seule famille française, et s'il plaît au législateur étranger de permettre la reconnaissance d'enfants adultérins ou incestueux, en quoi cette mesure qui intéresse une famille étrangère trouble-t-elle l'ordre public français ?

La filiation naturelle peut être également recherchée par une action en justice. Cette matière est évidemment du domaine du statut personnel de l'individu contre qui la recherche de paternité ou de maternité est intentée. Le succès de l'action, en effet, aura pour conséquence de donner à l'enfant la nationalité de celui qui sera déclaré son père. Mais ici nous rencontrons une loi territoriale qui va faire échec à l'application du statut personnel au nom de l'ordre public. C'est ainsi que toute action en recherche de paternité devrait être rejetée en

France de par l'article 340 du Code civil. Pourquoi, cette fois, suis-je conduit à adopter une solution inverse de celle que j'ai acceptée dans l'hypothèse précédente ? En voici la raison. La prohibition de l'article 340 a été édictée pour éviter les inconvénients, les scandales que présenterait un débat sur la paternité. Or, ces inconvénients, ces scandales, se présenteraient exactement de la même façon si l'action était intentée entre étrangers au lieu de l'être entre nationaux.

Que faut-il décider dans le cas où la nationalité de l'enfant a changé entre sa naissance et l'événement qui doit constater sa filiation ? Si le défendeur à l'action change de nationalité, cela ne présente pas de difficultés, quand il s'agit d'une recherche de maternité ou de paternité. Ici on constate un fait, et le statut compétent sera celui du père ou de la mère au moment de la naissance de l'enfant.

Pour la reconnaissance, la question est très douteuse à cause du caractère mixte de la reconnaissance d'un enfant naturel. On dit : c'est un acte volontaire, il faut donc appliquer le statut personnel de l'auteur de la reconnaissance au moment où il accomplit cet acte. Mais la reconnaissance, a-t-on répondu, n'a d'autre objet que de constater aussi un pur fait ; c'est un aveu. Je crois donc que le mieux serait de se référer à la loi du père au moment de la naissance de l'enfant en se fondant sur son caractère d'aveu.

Tutelles. — Je passe aux tutelles. J'entends ici par cette expression la tutelle du mineur, de l'interdit, de l'aliéné, le conseil judiciaire du prodigue, la puissance paternelle. En un mot toutes les institutions organisées pour protéger les incapables.

La puissance paternelle comprend à la fois un pouvoir sur la personne de l'enfant et un pouvoir sur ses biens. La puissance paternelle est organisée en faveur de l'enfant, c'est une loi de protection individuelle, elle relève donc du statut personnel. De quel statut personnel ? En général, le père et l'enfant ont le même statut, et la question ne fait pas difficulté. Mais à supposer qu'une différence de nationalité se présente, la doctrine, à l'inverse de la jurisprudence, admet que le statut personnel compétent est celui de l'enfant.

Voyons très rapidement les effets de la puissance paternelle. Les pouvoirs sur la personne d'abord sont régis par la loi nationale des enfants ; cependant, s'il arrive que l'exercice de la puissance paternelle occasionne une intervention de l'autorité publique, alors les droits autorisés par le statut national de l'enfant ne pourront être exercés à l'étranger que s'ils figurent déjà dans la législation locale.

En ce qui concerne les droits qui s'exercent sur les biens, la puissance paternelle se confond très sensiblement avec la tutelle même dont nous allons parler bientôt. Un point spécial nous intéresse ici, touchant l'usufruit légal des parents. Quand faut-il l'admettre, quand faut-il le refuser ? La jurisprudence française a donné la même solution ici que pour l'hypothèque légale de la femme. Ce droit est purement civil à ses yeux. Elle l'a en conséquence refusé aux étrangers en France, à moins qu'ils ne soient domiciliés dans notre pays, ou bien qu'ils puissent se prévaloir d'un traité diplomatique de réciprocité. La jurisprudence a confondu ici deux problèmes. Elle a pris cete fois pour une condition des étrangers une question de conflit de lois. Et ce point de vue étant ainsi dégagé, le problème doit être l'objet d'un nouvel examen. L'usufruit légal appartient-il au statut réel ou au statut personnel ? c'est-à-dire est-il régi par la *lex rei sitæ* ou par la loi nationale des intéressés ?

Pendant longtemps, et notamment en Angleterre, on a considéré l'usufruit légal comme soumis au statut réel. Ce raisonnement possède une grande force pour ceux qui adoptent les théories statutaires. Pour nous, le problème révient à se demander ce qu'est l'usufruit légal ? C'est une institution destinée à compléter le droit de puissance paternelle, elle ne peut donc avoir un caractère différent de cette première institution. La puissance paternelle appartenant au statut personnel, il en est de même de l'usufruit légal. En conclusion, ce sera la loi nationale de l'enfant qui nous dira si ce droit existe ou non en faveur des parents.

Au cours de la puissance paternelle il se peut que l'enfant change de nationalité, et cela parce que le plus souvent son père aura également changé de nationalité. Quelle est la loi compétente pour régir la puissance paternelle, est-ce l'ancien statut personnel ou le nouveau ? S'il s'agissait de filiation, nous dirions : tout changement de statut personnel est insignifiant, l'acquisition de la filiation est définitive pour l'enfant. Mais cette fois nous n'hésiterons pas à donner la solution inverse et à dire que c'est la loi nouvelle qui s'appliquera. Elle protège l'enfant, elle est modératrice de la puissance du père et devra remplir son office à propos de chaque acte. Ce sera donc le nouveau statut personnel qui sera compétent.

Voyons maintenant la tutelle, qui, en droit international privé, occupe une place au moins aussi mportante qu'en droit civil interne. La tutelle, institution de protection, est régie par le statut personnel, et j'ajoute de suite par le statut personnel du pupille, en faveur de qui l'institution est organisée.

***

XXXVe LEÇON. — *8 février 1905* (1).

MESSIEURS,

J'avais commencé hier à vous parler de la tutelle en droit international privé, j'arrive aujourd'hui à la question du conflit de lois en matière de tutelle. La jurisprudence et la doctrine du continent tombent d'accord sur ce point que la tutelle étant une institution de protection pour l'incapable, rentre dans le domaine du statut personnel. Ce point est définitivement acquis maintenant. Mais si on réfère aux traditions de l'école statutaire la solution sera différente. En effet, la tutelle est, dit-on, organisée pour la conservation des biens de l'incapable surtout, elle est donc du ressort de la loi de la situation des biens. Cette conception est

---

(1) Droits de traduction et de reproduction réservés.

encore en vigueur en Angleterre et aux États-Unis d'Amérique. A cet égard, la doctrine anglaise, tout en ne cédant rien sur le terrain des principes, est arrivée à concilier la solution qu'elle professe avec les nécessités de la pratique. On a donc maintenu cette idée que la tutelle est territoriale, mais pour éviter la division des tutelles découlant inévitablement de ce point de départ, les juges anglais demandent simplement aux tuteurs étrangers de faire confirmer leurs pouvoirs par les tribunaux anglais. Cette confirmation est d'ailleurs accordée sans difficulté.

Chez nous, où le principe inverse domine, où la tutelle est considérée comme personnelle, on est porté à reconnaître en tous lieux les pouvoirs du tuteur régulièrement constitué. Très souvent, Messieurs, à l'étranger, le tuteur est désigné par l'autorité judiciaire ; la décision du tribunal étranger doit-elle recevoir en France l'exequatur ? Je vous fais observer, Messieurs, en passant, que je prends toujours comme base de mes explications la tutelle du mineur. Ce que j'en dirai pouvant s'appliquer à toute espèce de tutelle. L'idée de personnalité de la tutelle a si bien pénétré dans la pratique française qu'elle n'oblige pas le tuteur à solliciter l'exequatur du jugement qui l'a investi de ses fonctions pour faire reconnaître sa qualité.

Une observation s'impose, avant de passer aux applications du principe reçu en France. Il est bien évident que le statut personnel compétent est celui du pupille, puisque cette institution est organisée en faveur du pupille. Cela dit, la première question à mentionner ici consiste à se demander quel est le siège de la tutelle ? Ce problème soulève une question de compétence et non une question de conflit de lois. La règle généralement admise est celle que consacre sur ce point le Code civil français. La tutelle s'ouvre au domicile du mineur. Quelquefois, des difficultés se présentent à cet égard. Supposons, par exemple, le mineur domicilié hors de sa patrie. Il est impossible d'organiser à l'étranger une tutelle fondée sur la loi nationale de l'incapable. Que fera-t-on en pareille hypothèse ? On a eu recours à deux sortes de procédés. D'abord, on a admis le principe que le magistrat du domicile du mineur est compétent en ce qui concerne les mesures urgentes ; ensuite, on a décidé que les consuls pourraient organiser à l'étranger les tutelles de leur ressortissants compris dans le ressort de leur compétence.

Les mesures provisoires seront prises par les magistrats étrangers. On dit : c'est une règle d'ordre public, — est-il bien exact de recourir à cette notion en pareille matière ? Non, on peut dire simplement que ces mesures sont imposées par la nécessité. Et il n'est pas de jurisprudence qui n'admette l'application de ces mesures urgentes.

Quant à la compétence des consuls, elle s'explique d'abord dans les pays d'Orient par leur plénitude de juridiction. En Occident, ce pouvoir des consuls n'existe qu'en vertu de conventions diplomatiques. Mais quelquefois des difficultés surgissent. Pour composer le conseil de famille, par exemple, le consul prendra bien, à défaut de parents du mineur, des amis, mais si une homologation est exigée pour valider une décision du conseil de famille, le tribunal étranger ne va-t-il pas se déclarer incompétent ?

Voyons maintenant suivant quelle loi sont désignées les personnes qui doivent gérer les intérêts du mineur. En principe, la loi nationale du mineur est compétente. Mais ici encore des points douteux se rencontrent. Il faut, pour être tuteur, posséder une certaine capacité. En outre, la tutelle, vous le savez, n'est pas obligatoire pour tout le monde ; certaines personnes peuvent invoquer des excuses, par exemple. Quelle est la loi qui déterminera la capacité du tuteur, les causes d'excuses ? Pour la capacité du tuteur, qui est somme toute réglée en faveur du mineur, c'est la loi de ce dernier qui s'appliquera. Pour les causes d'excuses, faut-il appliquer la loi personnelle du tuteur ou celle du mineur ? On dit : les excuses sont établies, les unes en faveur du mineur, les autres au profit du tuteur. Pour sortir d'embarras peut-être pourrait-on appliquer l'un et l'autre statut personnel. Mais la question est de peu d'importance, à la vérité.

Une autre question plus importante touche les fonctions du tuteur. Elles sont régies par la loi générale de la tutelle. Le pouvoir du tuteur sur la personne du mineur ne peut être exercé en tant qu'il comporte, par exemple, certaines mesures de coercition, que si ces droits existent dans la législation du pays où on veut les exercer.

Quant au pouvoir sur les biens, il est incontestable en premier lieu que la loi du mineur est seule compétente pour dire quels actes le tuteur peut faire seul, ou avec l'autorisation du conseil de famille ou du tribunal. C'est encore la loi du mineur qui dira quelle destination ou quel emploi il faudra donner aux biens du mineur.

Mais voici maintenant et en second lieu des questions délicates. Ce sont celles qui ont trait aux formalités que doivent revêtir certains actes faits par le tuteur pour le compte du mineur. Parmi elles il en est qui sont habilitantes, et elles dépendent de la loi du mineur ; d'autres sont extrinsèques et soulèvent des difficultés assez graves. Par exemple, quand il s'agit d'aliéner un immeuble appartenant à un mineur, il faut que l'aliénation soit autorisée en France par le conseil de famille et par le tribunal, enfin qu'elle ait lieu aux enchères publiques. Ces formalités sont-elles applicables à l'aliénation de biens immobiliers situés en France et appartenant à des mineurs étrangers, dont le statut personnel n'exige rien de semblable. On peut dire en faveur de l'application de la *lex rei sitæ*, que la question soulevée touche à la propriété immobilière, donc qu'elle est soumise à la loi territoriale ; on peut dire aussi qu'il s'agit en cette matière d'une forme d'acte. Or, la loi *locus regit actum* prescrit de suivre les formes du lieu où l'acte est fait. Ces deux opinions qu'on attribue à la jurisprudence française, sans nous apporter de preuves certaines, ne me paraissent pas devoir être admises. Et je crois qu'ici comme ailleurs la considération du but social de la loi nous dictera la solution du problème. Le but poursuivi ici

par le législateur est de protéger le mineur ; donc, à
mon sens, sans hésitation j'appliquerai la loi nationale
de ce mineur. Cette solution a pour conséquence, remarquez-le en passant, que l'aliénation de biens immobiliers appartenant à l'étranger aux mineurs français
exigera, de même qu'en France, la formalité de la
vente en justice. Seulement ici il faudra suivre les
formes de la vente en justice usitée à l'étranger.

Ceci est particulièrement intéressant en ce qui concerne les partages de biens de mineurs soumis, vous le
savez, à la règle du partage en justice. Si l'on considère la territorialité de la loi des biens, ou la règle
locus regit actum, il faudra soumettre à la loi de la
situation les partages de biens appartenant à des mineurs étrangers, alors même que leur statut personnel
ignore le partage judiciaire en ce cas. Si, au contraire,
on leur fait application de leur loi personnelle, ces partages, où ils sont intéressés, échapperont à cette formalité.

Restent enfin les questions d'inventaires, d'hypothèques légales, qui sont régies par la loi personnelle
du mineur.

Je termine par une observation théorique générale.
Avec la tutelle nous avons rencontré une institution
qui, de l'avis de tous, appartient au statut personnel.
Et cependant la doctrine la plus communément suivie
limite le statut personnel aux lois sur l'état et la capacité. Cette extension de la loi personnelle à la tutelle,
qui n'est une loi ni d'état, ni de capacité, montre que
l'ancienne théorie des statuts était trop étroite. On a dû

rompre les liens qui l'enserraient de trop près. Ce n'est donc pas à l'idée d'état et de capacité qu'il faut rattacher le statut personnel, mais à l'idée de protection, qui est beaucoup plus large.

J'arrive maintenant à la matière des successions. Vous vous rappelez, Messieurs, que l'ancien droit d'aubaine, supprimé par les lois de la période intermédiaire, avait été rétabli dans le Code civil. Mais une loi du 14 juillet 1819 a fait disparaître du Code, par son article premier, les dernières traces de cette incapacité. L'article 2 décide ceci : Dans le cas de partage d'une même succession entre des cohéritiers étrangers et français, ceux-ci prélèveront sur les biens situés en France une portion égale à la valeur des biens situés en pays étranger dont ils seraient exclus, à quelque titre que ce soit, en vertu des lois et coutumes locales.

Successions. — Cet article semble donner une compensation aux sujets français à propos des inconvénients qui pourraient résulter pour eux de la disparition du droit d'aubaine. Ce texte de l'article 2 a fait naître de graves difficultés. Il ne statue que sur les cas d'une succession dévolue à des héritiers qui sont, les uns Français, les autres étrangers. L'article suppose en outre qu'une partie des biens de cette succession est située en France, l'autre partie à l'étranger. Au moyen d'un prélèvement opéré sur les biens situés en France, les héritiers français pourront se dédommager de la part dont ils auraient été privés à l'étranger, à quelque titre que ce soit.

XXXVIᵉ LEÇON. — *13 février 1905* (1).

MESSIEURS,

La loi du 14 juillet 1819 établit, comme je vous le disais à ma dernière leçon, un prélèvement au profit des Français dans les successions qu'ils partagent avec des étrangers, quand ils sont lésés dans ces partages à quelque titre que ce soit. Pour nous rendre compte de l'interprétation qu'il faut donner à cet article 2 de la loi de 1819, voyons l'hypothèse dans laquelle le législateur s'est placé ! La loi suppose que : 1° des biens sont situés en France et à l'étranger ; 2° que cette succession est dévolue à des cohéritiers pour partie Français et pour partie étrangers ; 3° que sur les biens situés à l'étranger les héritiers français sont exclus. Et alors, ces trois conditions étant réunies, elle permet à ces héritiers français d'opérer sur les biens situés en France un prélèvement pour les indemniser de cette exclusion dont ils souffrent à l'étranger.

La loi de 1819 peut être considérée soit comme une mesure de rétorsion, soit comme un empiètement du législateur français sur les pouvoirs du législateur étranger. Vous allez voir apparaître ces deux idées en parcourant les diverses hypothèses que révèle la pratique.

Il y a d'abord un cas tout à fait conforme à l'esprit de notre article 2. C'est celui où des cohéritiers fran-

____

(1) Droits de traduction et de reproduction réservés.

A. PEDONE, éditeur. — Cours PILLET.   22

çais seraient exclus en tout ou en partie des biens
situés à l'étranger, en raison même de leur qualité de
Français ou plus simplement en raison de leur qualité
d'étrangers. Il est, en effet, des pays qui maintiennent
encore le principe que l'étranger ennemi ne peut avoir
aucun droit ; si donc ce pays est en guerre avec la
France, l'héritier français sera exclu comme étranger
ennemi. Et alors le prélèvement consacré par l'article 2 est l'expression de la justice même.

On peut supposer aussi que la loi étrangère, en matière de dévolution successorale, donne une préférence à ses nationaux. Ici notre droit de prélèvement
apparaît comme un droit de rétorsion et comme le
dernier terme de cette réciprocité dont s'inspirait l'article 726. La loi de 1819 a, en effet, maintenu cette réciprocité dans le cas où le Français serait exclu à l'étranger.

Ce ne sont pas là, Messieurs, les hypothèses les plus
fréquentes où la loi de 1819 s'applique. Elles se rencontrent surtout, quand le cohéritier français est privé
à l'étranger d'une part à laquelle il aurait eu droit
en France, et dont il est privé à l'étranger en vertu
des dispositions mêmes de la loi successorale,
abstraction faite de toute idée hostile envers un étranger en cette qualité. Ainsi, en supposant un individu
qui meurt en France, laissant comme héritiers son
père et son frère, le frère du défunt a droit aux 3/4
de la succession, le père au 1/4 seulement ; en Italie,
le père au contraire prendra la 1/2, et le frère du défunt perdra donc en France 1/4. Faut-il appliquer ici

la disposition de l'article 2 de la loi de 1819? La jurisprudence française a répondu affirmativement en se fondant sur les mots « à quelque titre que ce soit ». La jurisprudence est sur ce point constante ; mais au point de vue des principes ceci est très grave. En indemnisant le cohéritier français du préjudice que lui cause le système étranger, l'Etat français manifeste la prétention d'appliquer son système successoral même aux biens situés à l'étranger. C'est évidemment un abus que la jurisprudence a le tort de consacrer.

Dans une autre hypothèse la jurisprudence française a donné une interprétation extensive à la loi de 1819. On s'est demandé si cet article 2 s'appliquerait même entre cohéritiers français, qui seraient exclus à l'étranger les uns par les autres des biens de la succession en vertu des lois successorales du pays étranger. Par exemple, dans un pays qui aurait comme l'Angleterre conservé le droit d'aînesse. Il semble bien que ce cas est en dehors de l'article 2 et ne doit pas tomber sous l'empire de la loi de 1819. Pourtant la jurisprudence n'a pas hésité même en cette hypothèse à appliquer cette loi.

Cet article 2 de la loi de 1819 s'applique-t-il aussi au cas de succession testamentaire ? Il faut supposer qu'à l'étranger la loi successorale fixe une quotité disponible supérieure à celle qu'établit la loi française, et qu'un cohéritier français vienne à en souffrir. La jurisprudence ici encore a autorisé ce dernier à réclamer le prélèvement et à prendre avant tout partage sur les biens situés en France l'excédent dont il avait été frustré à l'étranger. Ici encore nous sortons tout à fait de l'hypothèse de la loi de 1819 qui ne vise certainement pas la succession testamentaire.

J'arrive maintenant à la question générale du conflit en matière de successions. Quelle est la loi qui doit régir les successions en droit international privé ? Je vais examiner la question d'abord au point de vue des principes, ensuite au point de vue de la jurisprudence.

Sur le terrain des principes il existe un débat considérable. Autrefois, sous l'empire des doctrines statutaires, une coutume s'était établie, qui s'analysait dans une distinction entre la succession mobilière et la succession immobilière. Le règlement de la succession mobilière s'opérait d'après la loi du domicile du défunt. Ce principe reposait pour d'Argentré sur cette idée que les meubles étaient un accessoire de la personne, pour Dumoulin sur cette autre conception que les meubles n'ayant pas d'assiette fixe, il fallait leur donner une situation fictive, c'était celle du domicile du testateur. Ainsi donc, Dumoulin et d'Argentré arrivaient à la même solution à l'aide de principes différents.

Telle fut la doctrine qui domina notre ancien droit. Cujas seul enseigna le principe de la personnalité de la succession. C'est un principe qui tend de nos jours à prendre un crédit de plus en plus considérable. On soumet la succession à la loi du défunt (domicile ou nationalité).

Essayons de prendre parti entre ces deux opinions fondamentales, territorialité ou personnalité des lois successorales. En faveur de la territorialité on fait valoir l'autorité de la tradition, puis cette idée que ce sont les tribunaux du dernier domicile du défunt qui sont compétents. Et voici comment on raisonne. Puisque ce sont ces tribunaux qui sont compétents, dit-on, c'est la loi par eux appliquée qui est compétente. De la compétence judiciaire on fait donc découler ainsi la compétence législative. On ajoute qu'il est naturel que les lois de chaque pays régissent les successions dont les biens sont situés sur leur territoire. Je ne m'arrête pas à cette affirmation pour arriver de suite au principal argument de la théorie de la territorialité des successions. On fait observer que dans chaque pays la dévolution des successions est en rapport intime avec les principes d'où dérive la constitution de l'Etat. Ce sont des lois qui présentent un caractère politique. Je trouve cette idée fausse dans une certaine mesure. Certes, les lois successorales touchent à une question d'ordre politique. Ce qui est erroné, c'est de dire que les lois successorales étant des lois politiques, elles doivent être appliquées sur le territoire à tous ses habitants, nationaux et étrangers. L'Etat a-t-il intérêt à cette extension ? Eh non ! Il a promulgué certaines lois successorales pour réaliser chez lui un certain idéal politique, auquel seront soumis ses sujets ; mais au contraire il lui est indifférent que les étrangers soient régis par cette conception politique. On ne peut pas conclure du caractère politique d'une loi à sa territorialité. C'est une erreur ; ce sont des caractères qui se rencontrent parfois ensemble, souvent aussi ils sont dissociés.

Je passe maintenant au raisonnement que font les partisans de la personnalité des successions. Ils font valoir la relation qui existe entre le droit de succession et le droit de la famille et disent qu'ils ne peuvent être régis par une loi différente. De plus, ils ajoutent que les lois de succession sont interprétatives de la volonté du défunt et qu'il demeure incontestable que le défunt n'a pas voulu soumettre la dévolution de ses biens à plusieurs lois dissemblables. Ce sont de ces considérations que l'on tire le principe de la personnalité des successions.

Je suis également partisan, Messieurs, de la personnalité des successions, mais pour des motifs un peu différents. Quel est le but social des lois successorales ? Au premier rang des lois protectrices des activités individuelles figurent celles qui ont pour objet d'assurer à l'individu le fruit de son travail. Tel est très certainement le caractère prédominant des lois de succession. Elles ont pour but non seulement de lui assurer le bénéfice de ses peines, mais de lui permettre de disposer de ses biens après sa mort. Il y a là au premier chef une loi de protection de l'individu. Je n'hésite donc pas à dire en conséquence que ces lois sont personnelles et que la loi compétente est la loi nationale du défunt.

Je puis passer maintenant à l'interprétation de notre jurisprudence qui a maintenu jusqu'ici les principes statutaires en matière de succession. Elle admet que toute succession se divise en deux parties : la succession immobilière, qui est régie par la *lex rei sitæ*, puis la succession mobilière, qui est régie par une autre loi. Quelle est cette autre loi? Si les magistrats s'étaient référés à la doctrine de Dumoulin, ils auraient reconnu compétence à la loi du domicile du défunt ; s'ils s'étaient reportés à d'Argentré, ils auraient attribué compétence à la loi nationale (autrefois domicile). La jurisprudence française n'a adopté ni l'une ni l'autre de ces opinions. Elle semble décider que la succession du Français à l'étranger est régie par la loi du domicile. Pour la succession des étrangers en France, la solution adoptée est un peu incohérente. La jurisprudence applique à la succession du défunt la loi de son domicile, mais elle ne tient compte que du domicile de l'article 13 du Code civil, du domicile autorisé. Si, au contraire, il était domicilié de fait en France, c'est la loi nationale du défunt qui est appliquée, comme étant celle du domicile d'origine.

Nos juges se sont fondés sur l'article 3, § 2 du Code civil. Est-ce un point de départ à l'abri de toute critique? Bien des interprètes de notre loi décident que l'interprétation de ce texte ne commande nullement cette solution, et il est certain qu'en Allemagne, dans les pays autrefois régis par le Code civil français, on ne considérait pas que l'article 3, § 2 fît obstacle à la personnalité des successions. Cependant, il est certain qu'à l'époque de la rédaction du Code civil, on considérait la distinction statutaire des successions comme le fondement du droit successoral. Je crois donc qu'à cet égard c'est la doctrine statutaire qui doit être appliquée. Cette solution de la jurisprudence paraît mauvaise, quand il s'agit de la répartition de l'actif de la succession car elle conduit à distinguer des séries de successions différentes pour un seul défunt. Mais il y a plus. Si cette solution est mauvaise à ce premier point de vue, elle devient absurde en ce qui concerne la répartition du passif. Voici pourquoi. Il faudra dire d'après elle que les dettes immobilières sont à la charge des immeubles, et les dettes mobilières à la charge des meubles. Mais les dettes immobilières ne sont plus qu'une curiosité d'école et cette répartition est impossible aujourd'hui. Alors les juges décident que chaque partie de la succession supporte une part de dette égale à l'actif qu'elle recueille. Solution équitable à la vérité, mais contraire à l'ancien principe statutaire.

Les conventions passées avec la France jusqu'en 1880 ont adopté le principe de la répartition statutaire ; mais depuis ces dernières années un courant inverse se manifeste. Le Code italien et le Code espagnol notamment, ont adopté le principe de l'unité de la succession.

XXXVIIᵉ LEÇON. — *14 février 1905* (1).

MESSIEURS,

L'Institut de Droit international, à sa session d'Oxford, en 1880, s'est prononcé pour la personnalité des successions. Les Conférences de La Haye, dès 1893, ont consacré l'application de la loi nationale en matière de succession ; et en 1904 a été rédigé un projet de traité qui est actuellement soumis à l'adhésion des gouvernements étrangers.

Quelles sont les conséquences de ces idées ? Toute la succession du défunt sera régie par une loi unique, qui sera la loi nationale. L'influence de cette loi dans les successions s'étendra d'abord aux questions de capacité. Puis cette règle doit être également appliquée aux questions d'indignité, de partage, de rapport, sauf quelques restrictions que je n'ai pas le loisir de vous exposer ici en détail. Cette compétence de la loi nationale est parfois aussi restreinte par les dispositions de l'ordre public. Mais il ne faut pas exagérer cette idée et voir dans toute loi impérative une loi d'ordre public. Il ne faut pas non plus considérer toute loi successorale ayant un caractère politique comme une loi d'ordre public. Je vous renvoie sur ce point à ce que j'ai dit dans ma dernière leçon, quand je vous exposais les arguments fournis en faveur de la territorialité des successions.

---

(1) Droits de traduction et de reproduction réservés.

On peut, au contraire, trouver des lois d'ordre public dans la matière des substitutions, du moins quand il s'agit de substitutions qui doivent être publiées; la transcription à laquelle les substitutions permises sont astreintes rentre dans le domaine des lois de cette nature. Je ne veux pas insister sur ce point, les idées générales que vous connaissez maintenant vous fourniront la solution des cas particuliers que je ne puis traiter dans ce cours. Et je passe à la question des donations et des testaments.

Les donations et les testaments sont soumis à des règles fort variées. Il y a d'abord des règles de forme, que nous retrouverons en étudiant la maxime *Locus regit actum*; on rencontre aussi des dispositions touchant à l'autonomie de la volonté que je vous exposerai bientôt dans un prochain chapitre consacré à ce problème.

Parlons seulement pour l'instant des règles restrictives de la liberté des parties en matière de donations et de testaments. Elles sont ici fort nombreuses et le domaine laissé à l'arbitraire des intéressés est par suite très réduit. Quelle est la raison de cette règle? Elle se trouve dans le caractère un peu dangereux de ces actes qui permettent de changer la destination des biens au détriment de ceux à qui ils devraient revenir légalement.

Parmi les règles obligatoires en matière de donations et de testaments, il en est de communes à ces deux institutions, par exemple celles qui sont relatives à la quotité disponible, aux substitutions, à la nullité de l'acte contenant une condition impossible et illicite, etc. Il en est d'autres qui sont particulières à chacune de ces institutions, par exemple la prohibition des testaments conjonctifs ne concerne que le testament. La capacité pour faire un testament ou pour faire une donation n'est pas la même. Il y a aussi des incapacités relatives de recevoir par donation ou par testament; la règle « Donner et retenir ne vaut », les donations entre époux, n'intéressent que les actes d'aliénation entre vifs. Voilà donc toute une partie du droit soumise à des règles obligatoires. Quel est le caractère international de ces règles ? Cette fois la jurisprudence a commis une erreur capitale, cherchant la solution des conflits partout où elle ne pouvait pas la trouver. Voici comment. La jurisprudence s'est inspirée de diverses considérations; certains arrêts ont voulu étendre à ces questions les règles relatives à l'autonomie de la volonté, d'autres leur ont appliqué la règle *Locus regit actum*, d'autres enfin, spéculant sur ce point que les règles limitatives de la volonté ont pour objet ici la conservation des biens dans la famille, ont déclaré que les règles de fond des donations et des testaments étaient celles des successions. Et en conséquence ils ont appliqué aux donations les règles des successions. Ils leur ont appliqué notamment la division des successions suivant le caractère mobilier ou immobilier de leurs dispositions. Ils ont encore appliqué les règles des successions à la capacité requise en matière de donations et de testaments, à l'irrévocabilité des donations, à la quotité disponible, aux substitutions.

Je crois qu'on peut expliquer cette extension des règles des successions aux donations par cette considération que la réserve successorale limite le droit de disposer à titre gratuit (Cf. S., 96, 2, 73 et la note). Mais nous repoussons complètement cette manière de voir. Et alors quelle règle allons-nous appliquer ? Quel est le but de ces lois restrictives de la liberté du donateur ou du testateur ? Pourquoi limite-t-on son droit de disposer ? C'est qu'on peut craindre qu'il n'accomplisse à la légère certains actes dommageables, soit pour lui, soit pour ses héritiers. On peut craindre aussi des manœuvres dolosives pour capter sa volonté. Il faut donc protéger ce disposant. D'où il résulte que c'est à l'Etat auquel celui-ci ressortit qu'il appartient de protéger son sujet, quand il fait un acte de disposition à titre gratuit. La compétence appartient donc à la loi nationale en cette matière. Tel est le principe. Quelles sont les exceptions qu'il peut comporter ? S'il s'agit du gratifié, donataire ou légataire, quelle est la loi compétente ? Tantôt la loi du gratifié, tantôt une autre loi. Quand la règle de capacité a pour but de protéger le gratifié, c'est le statut personnel de ce dernier qui s'appliquera. Par exemple, un mineur ne peut accepter une donation ou une succession qu'avec le consentement de son père ou de son tuteur. C'est sa loi nationale qui sera compétente sur ce point. Mais quand l'incapacité du bénéficiaire est édictée en faveur du disposant, c'est alors la loi du donateur ou du testateur qui sera applicable. Par exemple, incapacité du médecin de recevoir de son malade ; l'incapacité existe ici en faveur du disposant. C'est la loi nationale de ce dernier qui régira cette incapacité. Quelques lois ici sont des lois d'ordre public. Il en est peu. Citons à cet égard les lois sur la publicité des renonciations, sur la transcription des substitutions. Ce qui touche à la publicité relève, en effet, de l'ordre public. Je vous le montrerai plus tard. La prohibition des substitutions rentre aussi dans ce domaine ; peut-être la prohibition des pactes sur succession future y rentre-t-elle également-ment ?

Je borne là, Messieurs, mes explications sur ce point. Cette question me paraît fort simple à la condition d'écarter le système de la jurisprudence, que je trouve inexplicable pour ma part. Avec la doctrine que je vous propose, au contraire toutes les difficultés se résolvent aisément, si vous songez au but social des lois édictées en cette matière, et j'aborde ainsi l'étude du statut réel, qui forme l'objet du chapitre V de mon cours.

CHAPITRE V
Statut réel.

Des lois de statut réel ; de leur détermination et de leur domaine.

Le statut réel s'applique à tous les intérêts présents sur le territoire, sans que l'on ait à s'inquiéter du point de savoir à quelle personne ou à quel patrimoine ils se rattachent. Au delà du territoire il perd toute sa force. Comment s'expliquer ce statut réel ? L'Etat possède un droit de défense contre les dangers que pourrait faire courir l'application des lois étrangères à certaines institutions nationales. Les lois qui protègent ainsi l'Etat sont les lois d'ordre public ; elles se retrouvent dans tous les systèmes proposés sur les conflits de lois. Mais cette notion de la territorialité des lois d'ordre public était inconnue de nos anciens auteurs, dont je m'explique le silence, parce que les principales lois qui concernent l'ordre public n'étaient pas alors renfermées dans les coutumes; c'étaient des lois qui résultaient d'ordonnances royales.

Voici le plan que je vais suivre dans cette étude du statut réel. Je vais étudier d'abord la nature des lois de statut réel et leur place exacte en droit international privé ; puis la détermination des lois d'ordre public, et enfin le choix de la loi applicable en chaque espèce comme loi d'ordre public.

Quelle est la nature et la place exacte des lois d'ordre public dans le système général du droit international privé ?

Ces lois présentent ce double caractère de s'appliquer aux étrangers comme aux nationaux et de ne pas dépasser le territoire. On peut considérer la territorialité des lois d'ordre public sous un double aspect. On peut l'envisager en premier lieu comme une sorte de grande exception au principe ordinaire de compétence en matière de droit privé. Ceci est très apparent dans le système de Mancini. Ce caractère d'exception est également visible dans la doctrine de Savigny. On peut reporter ce caractère d'exception jusqu'à Dumoulin.

Mais aussi on peut dire en second lieu que la territorialité des lois d'ordre public est un principe normal et symétrique à celui de l'extraterritorialité des lois personnelles. C'est l'opinion à laquelle je me range. J'y suis amené avec le principe directeur de ma doctrine sur la considération du but social de la loi. En effet, pour remplir sa fonction, vous le savez, la loi devra être tantôt permanente, tantôt générale dans son application.

Quel est l'intérêt pratique de cette double conception ? Si la territorialité de la loi d'ordre public est une exception, son effet est limité au territoire sur lequel elle s'applique ; si c'est une règle générale, elle aura droit partout au respect international. Voici un exemple. Une dette de jeu est contractée en France, le gagnant n'a pas d'action pour obliger le perdant à payer. Si on poursuit le débiteur en Angleterre, où la loi anglaise donne une action au contraire pour la dette de jeu, que va faire le juge anglais ? Si la territorialité est une exception, il appliquera la loi anglaise ; si, au contraire, elle constitue une règle, il reconnaîtra compétence à la loi française.

XXXVIIIᵉ LEÇON. — *15 février 1905* (1).

MESSIEURS,

Le premier point sur lequel je dois attirer votre attention est celui de savoir quelles sont les lois d'ordre public? Y a-t-il en droit deux sortes d'ordre public? Un fort parti dans la doctrine a depuis quelques années fait recevoir en matière d'ordre public une distinction dont je dois vous parler en raison de la diffusion dont cette distinction a été l'objet. On a voulu distinguer un ordre public national et un ordre public international. On s'est basé pour cela sur l'article 6 du Code civil, qui interdit de déroger par conventions particulières aux lois d'ordre public. Les lois dont parle cet article étendent la notion d'ordre public bien au delà de ce que comprennent les lois d'ordre public en droit international. En voici un exemple. Les lois de capacité s'imposent à la volonté des particuliers dans le sens de l'article 6, ce sont des lois obligatoires pour eux; mais ce ne sont pas des lois d'ordre public en droit international, car elles ne s'appliquent pas aux étrangers. De cet article 6 est venue, Messieurs, la distinction des deux ordres publics, distinction qui a trouvé accueil dans la jurisprudence. Personne ne prétend d'ailleurs, remarquez-le, que ces deux catégories de lois influent l'une sur l'autre. On sait bien

---

(1) Droits de traduction et de reproduction réservés.

que ces lois d'ordre public nationales ne sont pas inévitablement territoriales. Mais c'est au point de vue de
la terminologie que je critique cette différence. Voici
pourquoi.

Cette distinction me paraît vicieuse, parce qu'elle
confond deux notions qui, pour la clarté du développement scientifique, devraient demeurer bien séparées. Elle confond la notion des lois obligatoires et
celle des lois d'ordre public. Par là cette distinction
fait perdre à l'expression lois d'ordre, sa valeur propre, son signe distinctif, et il en résulte que la confusion déjà fréquente dans notre matière en est augmen-
tée d'autant.

Je repousse donc cette classification et je définis
ainsi les lois d'ordre public. Ce sont des lois dont le
but social est tel que ce but ne serait pas atteint si elles
ne fonctionnaient pas comme lois territoriales.

Nous ne rencontrons pas, Messieurs, en matière
d'ordre public, cette unité de direction et cette simpli-
cité d'explications que nous avons rencontrées, quand
il s'agissait de lois extraterritoriales. Les lois d'ordre
public, en effet, sont nombreuses : elles sont très différentes les unes des autres, et je suis obligé pour vous
les faire connaître de procéder par voie de classification. Je dois dire en passant que sur ce point la doctrine se montre un peu trop réservée quand il s'agit de
nous citer quelques-unes de ces lois ! Ce sont toujours
les mêmes et rares exemples que l'on retrouve partout,
et qui sont vraiment insuffisants pour nous donner une
idée des lois de cette nature.

Il faut d'abord se mettre en garde contre une confusion qui consisterait à n'accorder le caractère de loi d'ordre public qu'aux dispositions renfermant un principe social ou moral de nature élevée. Certainement, parmi les lois d'ordre public on rencontre des lois de cette espèce, mais aussi combien parmi elles s'en trouvent qui ne répondent nullement à cette conception. Voilà, par exemple, les lois sur la procédure, ce sont des lois d'ordre public et pourtant elles ne mettent en jeu aucun principe moral.

C'est donc dans la fonction sociale de la loi qu'il faut chercher si elle peut ou non se contenter d'un certain particularisme dans son application.

Le meilleur moyen pour reconnaître les lois d'ordre public, consiste à s'attacher à ce mot « ordre ». C'est l'idée d'un arrangement fixe et invariable qu'il évoque. Les lois d'ordre public réalisent ce but dans l'État. Essayons d'en donner une classification. Les lois les plus nombreuses au point de vue que je vous indique, sont celles qui sont relatives à l'organisation des pouvoirs de l'État et au devoir des citoyens envers eux. Ce sont des lois qu'on appelle ordinairement lois politiques, mais j'écarte cette expression, parce qu'elle éveille une idée fausse à mon sens, étant donné que les lois politiques ne s'appliquent qu'aux seuls citoyens, jamais aux étrangers, et ne soulèvent dès lors aucun conflit. Pour la même raison, je ne parle pas des lois militaires, puisque les étrangers n'y sont pas soumis. A ce point de vue, ces lois ne sont pas véritablement territoriales, puisque toute une classe d'individus dans l'Etat y échappe. Les lois administratives, au contraire, rentrent dans cette catégorie de lois d'ordre ; de même les lois sur le ministère des officiers publics ; de même les lois sur la compétence des tribunaux. Enfin sont encore des lois d'ordre appartenant à cette première catégorie les lois fiscales. Je vous fais ici observer que la territorialité que je reconnais aux lois fiscales ne signifie pas du tout que les étrangers payent nécessairement tous les impôts que payent les nationaux. Elle veut dire que le principe une fois fixé en vertu duquel les étrangers sont soumis à un impôt, toutes les règles relatives à la fixation et au paiement de cet impôt s'appliquent à tous sans distinction de nationalité.

Sont également d'ordre public et par conséquent territoriales certaines lois sociales ou morales d'ordre élémentaire. J'observerai en passant que les pouvoirs du législateur sont très limités à ce sujet. Car ces questions relèvent de la conscience des individus. Je citerai les lois qui interdisent la bigamie, qui prononcent la déchéance de la puissance paternelle (encore que je reconnaisse à ces lois sur la déchéance de puissance paternelle un double caractère à la fois territorial et extraterritorial) ; les lois sur l'esclavage, sur la liberté de conscience, les droits publics des citoyens. Cette catégorie fournit des applications assez nombreuses que j'ai déjà eu l'occasion de vous citer dans le cours de cet enseignement. Je vous rappelle la prohibition de l'article 1780 du Code civil ; citons enfin les lois qui limitent le droit du créancier sur le patrimoine du débiteur ou qui fixent un délai de grâce.

Une troisième catégorie de loi d'ordre public renferme les lois faites pour la sûreté des personnes et pour la sûreté des propriétés. D'abord pour la sûreté des personnes, ce sont les lois pénales. La territorialité des lois pénales ne souffre plus les atténuations que nos anciens auteurs y apportaient par la considération de l'ignorance où se trouvait l'étranger de la loi criminelle. Nous rangeons aussi dans cette troisième catégorie les lois relatives à la sanction des délits civils et des quasi-délits. Ensuite, nous rencontrons les lois sur la sûreté des propriétés, protégées aussi à cet égard par des lois pénales ; pour celles qui tendent à assurer le respect de la propriété de la part des tiers, et enfin les lois qui limitent la propriété de chacun dans l'intérêt général. Je mentionnerai aussi les lois sur la publicité des actes juridiques, lois qui ne comprennent pas seulement les textes concernant la transmission de la propriété immobilière.

Une quatrième catégorie comprend les lois économiques nécessaires ; il y en a un nombre assez considérable. Ce sont celles notamment qui établissent la faculté de commercer ; puis celles qui la restreignent, comme par exemple les lois de douane. Toutes ces lois sont d'ordre public, c'est-à-dire territoriales. En effet, pour qu'elles produisent leurs effets, il faut qu'elles s'appliquent à tous. Citons encore les lois qui fixent le taux de l'intérêt.

Enfin, et en dernier lieu, je vous citerai une catégorie

de lois d'ordre public qui ne reçoivent pas de dénomination particulière. Elles sont nécessairement elles aussi territoriales. Ce sont, par exemple, les lois de procédure, car il serait impossible de faire fonctionner dans un État plusieurs lois de ce genre, basées sur des principes différents. Je citerai encore les lois sur les mesures provisoires et urgentes. Comme elles ont pour but l'organisation de mesures qu'il faut prendre sans délai, elles ne peuvent remplir cette fonction que si on applique les lois locales.

J'ai ainsi terminé, Messieurs, cet aperçu des lois d'ordre public. Cette classification, si elle n'est pas complète et présente encore quelque imperfection, a du moins cette utilité de vous donner une idée générale de lois de cette nature. Et j'arrive maintenant à la troisième question que je vous signalais à propos de statut réel.

Comment sera déterminée la loi compétente en matière de loi d'ordre public ?

Cette question n'existait pas dans notre ancien droit. Les lois statutaires territoriales avaient pour objet les biens, c'est-à-dire les immeubles. Or, puisque chez les statutaires par définition les lois territoriales étaient celles qui avaient les immeubles pour objet, la loi compétente était la loi de la situation de l'immeuble. Mais maintenant les choses sont beaucoup moins simples. Et la tradition ancienne ne possède plus sur ce point la moindre valeur. Actuellement, une loi est territoriale, parce qu'elle poursuit un certain but social. Dès lors, il faut se demander dans chaque cas quelle

sera la loi qui pourra être considérée comme compétente ? Quel est celui des pays en conflit dont la législation sera appliquée au rapport de droit litigieux à
titre de loi d'ordre public ?

Un pacte sur succession future étant fait, par exemple je suppose que plusieurs pays sont intéressés à ce
rapport de droit qui vient de se créer. Quel est le pays
dont ce pacte intéresse l'ordre public ? Est-ce celui du
de cujus, celui des héritiers, celui de la situation des
biens, ou enfin celui où l'acte est fait ? C'est une question que j'examinerai dans ma prochaine leçon.

XXXIXe LEÇON. — 22 *février* 1905 (1).

MESSIEURS,

Nous sommes arrivés à la question de la détermination de la loi compétente en matière d'ordre public.
Étant donné que nous nous occupons ici de rapports
internationaux où plusieurs pays sont intéressés, quel
est celui de ces pays dont la loi régira ce rapport à
titre de loi compétente ?

Autrefois, les lois de statut réel étaient celles qui
avaient les immeubles pour objet, la loi compétente
était alors celle du lieu de la situation de l'immeuble.
Actuellement, la question se présente à nous sous une
face différente, les lois territoriales ne sont plus celles
qui ont pour objet des immeubles, ce sont celles qui

---

(1) Droits de traduction et de reproduction réservés.

établissent dans la société un ordre nécessaire. Comment, dans chaque cas, pourrons-nous déterminer la loi à appliquer? Cette question ne peut se résoudre à l'aide d'une seule règle, et nous serons obligés d'envisager chacune des catégories de lois que nous avons énumérées pour savoir quand un pays donné aura le droit d'imposer sa loi comme loi compétente.

La détermination de la loi compétente dépendra du but social auquel correspond le groupe de lois d'ordre public dont il s'agit.

Voyons d'abord les lois pénales. Quelle est celle qui s'appliquera à une infraction déterminée? L'acte intéresse évidemment le pays sur le territoire duquel il est accompli. C'est au point de vue de l'ordre public de ce pays que cette infraction doit être jugée. C'est ainsi qu'il faut entendre le principe de la territorialité de la loi pénale. La loi pénale portée par le souverain s'étend à tous les délits commis sur le territoire, la loi d'ordre public compétente est donc en matière criminelle la *lex loci actus*. Cette solution est admise par tout le monde. Je vous fais en passant remarquer l'intérêt qu'il y a à interpréter ainsi le sens de la territorialité des lois pénales. Quand il s'agit, par exemple, de délit commis à bord des navires ou dans un corps expéditionnaire, on applique à la répression de ces délits la loi du pays auquel appartiennent le navire ou les soldats. On a fait appel pour justifier cette règle à une fiction, et on a dit: « Là où est le drapeau, là est la France.» La solution est exacte, mais la raison donnée est inutile. Il n'est pas besoin de recourir ici à une fiction, la loi pénale du pays est applicable, parce que c'est à ce pays qu'il appartient de faire respecter l'ordre sur le navire ou dans la région que ses troupes occupent. Cependant, il faut observer que l'Etat punit aussi ses nationaux pour les crimes qu'ils ont commis à l'étranger. Et en pareil cas, l'Etat applique ses propres lois pénales et non pas celles du pays étranger. Il devrait, semble-t-il, appliquer ces dernières. C'est une exception à notre règle. Pourquoi existe-t-elle ? Cela tient à ce qu'un Etat pourrait être fort embarrassé pour faire exécuter la peine édictée par l'Etat étranger. C'est, à la vérité, une raison de pur fait.

De même une autre catégorie de lois d'ordre public ne présente pas de difficulté pour la détermination de la loi compétente, celle des lois de procédure. La loi à appliquer est ici la loi du tribunal devant lequel se déroule le débat. On ne concevrait pas d'ailleurs qu'il en fût autrement : c'est la force des choses qui commande cette solution.

Je mentionnerai ensuite les lois sur la propriété. Les lois d'ordre public concernant la propriété immobilière consistent dans l'établissement de certaines limitations aux droits du propriétaire commandées par l'intérêt public, celui de la communauté. L'ordre public intéressé est celui de l'Etat sur le territoire duquel l'immeuble est situé, parce que ces lois sont faites précisément pour ce pays. La propriété mobilière donne lieu à des difficultés plus grandes. D'une manière générale l'influence de la loi de la situation est moindre ici qu'en matière immobilière. Pourtant, malgré l'adage *Mobilia sequuntur personam*, les lois restrictives du droit du propriétaire doivent être, au point de vue de la compétence, celles de la loi du lieu de la situation du meuble. Ces lois sont plus rares qu'en matière immobilière.

On peut citer à cet égard les édits qui, en Italie, défendent l'exportation des œuvres d'art. Il s'est agi au point de vue international de mesurer l'application de cette loi. Je considère comme compétente encore ici la *lex rei sitæ*. On pourrait citer chez nous la loi Grammont qui protège les animaux domestiques, ou les lois qui imposent certaines précautions à prendre pour le propriétaire de matières explosives et inflammables.

Je passe maintenant à la propriété littéraire et industrielle, qui est en réalité un monopole et non une propriété. La loi la limite dans sa durée et dans ses conditions d'exercice. A l'égard de cette propriété intellectuelle, il faut se demander aussi quelle est la loi compétente ? Les restrictions au droit de propriété intellectuelle sont certainement inspirées par les intérêts du pays dans lequel se produisent les actes qui manifestent extérieurement cette propriété ou qui paraissent en contradiction avec elle. Ce sont les intérêts de ce pays qui ont dicté au législateur les restrictions qu'il a apportées au droit des propriétaires. On se demande si telle édition ne constitue pas une contrefaçon ? Quelle est la loi compétente ? C'est celle du pays où l'édition est publiée. C'est cette loi qui nous dira si cette publication constitue ou non un acte licite et quelles en sont les conséquences. De même pour la propriété industrielle.

La détermination de la loi compétente est plus délicate encore quand il s'agit de la propriété des créances. Il est possible qu'en cette matière le législateur juge à propos d'apporter certaines limitations au droit du titulaire de la créance, toujours dans un intérêt public. Voici, par exemple, le délai de grâce, c'est une restriction imposée au droit du créancier dans l'intérêt public. La loi compétente sera celle du lieu d'exécution, c'est-à-dire la loi du domicile du débiteur. La même solution s'impose quand il s'agit encore, par exemple, de l'insaisissabilité des rentes sur l'Etat.

Il arrive parfois que l'Etat juge nécessaire de venir au secours de débiteurs embarrassés et leur facilite l'acquittement de leurs obligations. Ainsi, pendant la guerre franco-allemande, des décrets du gouvernement de la Défense nationale accordèrent une prorogation de délai de paiement aux débiteurs d'effets de commerce domiciliés sur le territoire envahi. Devait-on voir dans ces décrets une prorogation d'exigibilité ou devait-on y voir des lois de procédure interdisant pendant un temps le protêt ? A cette question la jurisprudence a rattaché celle de la conservation du recours du porteur contre les endosseurs étrangers. Si le décret n'était qu'une loi de procédure, elle était territoriale, donc les tiers étrangers pouvaient se plaindre de ce que le protêt n'avait pas été fait à l'échéance primitive et se refuser à encourir la responsabilité du recours en se fondant sur le défaut de protêt. La jurisprudence allemande ne voulut pas reconnaître l'existence du recours. La jurisprudence française et la jurisprudence italienne admirent le recours contre les endosseurs.

Cette question, à mon avis, a été mal posée. Il n'est pas douteux qu'un État possède en cas de nécessité le droit de prendre des mesures de la nature de celle qu'édicta le gouvernement de la Défense nationale. Il n'est pas douteux non plus que toute mesure régulièrement prise ne doive être considérée comme valable. Ces décrets devaient donc être respectés à l'étranger, car ils constituaient un acte internationalement juste, et les juridictions étrangères devaient accueillir les conséquences juridiques de cet acte de législation. Il devait en résulter la possibilité du recours contre les endosseurs étrangers.

Que décider maintenant des lois de publicité? Ce sont des lois de crédit public. Quelle est la loi compétente en cette matière? Il faut, pour répondre à la question, envisager séparément plusieurs sortes de lois de publicité. D'abord, que penser des lois sur la transcription des aliénations immobilières? Compétence doit être ici attribuée à la loi sur la situation de l'immeuble. Pourquoi? Parce qu'il n'y a qu'un seul lieu où la publicité puisse s'effectuer d'une manière effective, c'est précisément le lieu de la situation. En matière de créances, la question de publicité existe également, mais elle est moins simple. Les tiers ont intérêt à être renseignés sur la condi-

tion juridique de la créance. Comment la connaître ?
C'est un rapport entre deux personnes que rien ne
vient révéler. Dans notre ancien droit on hésitait
entre la compétence de la loi du créancier et celle
du débiteur. Au point de vue de la publicité, dont les
actes concernant les créances peuvent être accompa-
gnés, la loi compétente est, à mon avis, celle du
débiteur. Pourquoi cela ? C'est que suivre la loi du
débiteur, c'est en somme recourir au moyen le moins
imparfait d'assurer la publicité. Toute la valeur d'une
créance repose, en effet, en la personne du débiteur ;
on peut, de plus, se faire renseigner par lui sur les
actes juridiques dont la créance a été l'objet. C'est
pour ce motif que je préfère la compétence de la loi
du débiteur. Quelle est cette loi ? Est-ce la loi nationale ? Ici la loi du domicile paraît plus importante.
C'est donc cette loi qui déterminera les mesures de
publicité par lesquelles les actes modifiant la créance
seront portés à la connaissance des tiers.

Une même question se pose concernant l'état et la
capacité des personnes. Une transformation radicale
dans l'état des personnes, comme la nomination d'un
tuteur ou d'un conseil judiciaire, peut être accompa-
gnée de mesures de publicité. La loi compétente sera
celle du domicile de la personne dont il s'agit. Cette
solution ne laisse pas d'être imparfaite. Mais, pour
arriver à un résultat excellent, il faudrait que l'on
créât comme un office international analogue à celui
qui existe notamment en matière industrielle.

Je termine par l'examen de la publicité des actes

juridiques concernant la propriété des navires. Elle est particulièrement intéressante à cause de l'importance de la valeur des navires, et aussi fort épineuse en raison de leur mobilité. En pratique il faut distinguer les deux principaux actes dont un navire peut être l'objet, l'aliénation et l'hypothèque. Pour la vente on doit, d'après la jurisprudence, suivre la loi du lieu où la vente est faite ; pour l'hypothèque, la publicité est régie par la loi du lieu d'immatriculation du bateau, c'est-à-dire par la loi du lieu de son pavillon. Un mouvement important s'est dessiné en doctrine pour l'application de la loi du pavillon. J'approuve cette tendance. Mais pour arriver au résultat souhaité, il suffit de se référer au but social des lois dont il s'agit. Quel est ce but ? C'est assurer aux actes juridiques concernant la propriété du navire une publicité efficace et mettre exactement les intéressés au courant de la condition juridique de ce dernier. Or, ce n'est pas la loi du lieu de la situation du navire qui peut être ici compétente, elle est impropre à assurer une véritable publicité. Pour réaliser, au contraire, une publicité utile, il faut la rattacher à un point fixe, qui doit être le lieu d'immatriculation du navire. La loi du pavillon sera donc seule compétente en matière de publicité. Elle est compétente pratiquement et scientifiquement, car elle correspond au but social des lois de cette sorte.

XL⁰ LEÇON. — *23 février 1905* (1).

Messieurs,

Je dois terminer aujourd'hui la question de la détermination de la loi compétente en matière d'ordre public. J'ai encore à vous parler des lois économiques. Elles échappent en principe au pouvoir du législateur. Pourtant celui-ci intervient parfois dans des hypothèses particulières, comme lorsqu'il s'agit, par exemple, des lois limitatives du taux de l'intérêt. En France, le taux conventionnel en matière civile ne peut dépasser 5 % ; ailleurs ce taux est libre. Cette matière fait naître deux questions distinctes, dont l'une au moins a reçu sa solution de la jurisprudence.

Je suppose qu'à l'étranger des particuliers aient fait un prêt qui serait jugé en France usuraire. Le créancier pourra-t-il demander à son débiteur devant les tribunaux français de lui payer le taux de l'intérêt usuraire qu'il a stipulé ? Le Tribunal de la Seine a jugé en semblable hypothèse que le débiteur actionné en France devait payer la somme qu'il avait promise. La solution est juste, les motifs que ce tribunal avait invoqués l'étaient moins, car on y faisait appel à la règle *Locus regit actum*, et on ajoutait que les lois sur le taux de l'intérêt n'étant pas des lois d'ordre public, le créancier pouvait exiger la prestation promise de son débiteur. Ce raisonnement est erroné, car la

____

(1) Droits de traduction et de reproduction réservés.

maxime *Locus regit actum* n'a rien à faire en cette question, et les lois sur le taux de l'intérêt intéressant le crédit public, sont au contraire des lois d'ordre public. Le vrai motif de nature à justifier la décision du tribunal consistait dans ce fait que le seul pays dont l'ordre public fut intéressé ici, était celui où le prêt avait été réalisé. Or, dans ce pays le taux de l'intérêt n'était soumis à aucune restriction. Et c'était cette loi qui se trouvait compétente à titre de loi d'ordre public.

Une autre question un peu voisine est celle qui concerne la prohibition du jeu et du pari, loi évidemment d'ordre public. Elle donne lieu à des questions intéressantes à propos des loteries. Supposons qu'un individu en France souscrive un billet d'une loterie étrangère, et supposons en outre que dans ce pays étranger les loteries sont permises. Si un procès s'agite à ce sujet devant nos tribunaux, faudra-t-il appliquer la loi française? A mon avis, si comme juge j'étais saisi d'une demande de paiement de ces billets, je me refuserais à condamner le souscripteur. Dans un cas semblable, en effet, la loi d'ordre public compétente est bien, à la vérité, celle du pays où la loterie est organisée, mais la facilité des souscriptions par correspondance rendrait dans un pays, comme la France par exemple, la prescription du jeu et du pari complètement illusoire, si elle n'atteignait pas le jeu et le pari organisés à l'étranger et qui viennent puiser leurs éléments sur le sol français. J'étendrai donc ici un peu l'effet habituel des lois d'ordre public, en me fon-

dant sur une idée de fraude à la loi. Car ce serait faire
échec ici au but de la loi française proscrivant le jeu
et le pari, si on obligeait le souscripteur français à
payer le prix de ce billet. Il y a donc ici une extension
du principe, afin de conserver à la loi son efficacité.

Enfin, Messieurs, je vous parlerai d'une dernière
catégorie de lois d'ordre public, des lois sur la responsabilité délictuelle ou quasi-délictuelle. La règle
générale qui sert à fixer la compétence est ici certaine.
C'est la loi du lieu où l'acte délictueux a été commis.
Ceci ne fait pas de difficulté, quand il s'agit d'actes
commis sur le territoire. Mais cette règle comporte
elle aussi des extensions. Ainsi, elle s'applique également aux délits commis à bord des navires, comme je
vous l'ai déjà expliqué.

Il y a des cas où il est impossible d'appliquer la loi
territoriale, parce que cette loi n'existe pas. Ainsi tel
est le cas de personnes qui, errant sur un territoire
sans nationalité reconnue, se rendent coupables l'une
vis-à-vis de l'autre d'un acte quasi-délictuel. En pareil
cas, si ces personnes appartiennent à la même nationalité, la loi compétente au point de vue territorial
étant absente, il reste la loi personnelle de ces individus. C'est elle qui légitimement régira les délits
qu'ils pourront commettre les uns à l'égard des autres. Mais ces ressources peuvent faire défaut à leur
tour. Et alors il n'y a point de solution scientifique
possible. C'est une hypothèse qui peut se présenter et
se présente assez souvent en matière d'abordage.
Quand un abordage se produit dans les eaux territo-

riales d'un Etat, la loi compétente est celle de cet État, car c'est à lui qu'il appartient de maintenir l'ordre dans la mer territoriale qui borde ses côtes.

Mais les abordages en pleine mer font naître de graves difficultés. Quand la collision a lieu entre navires battant même pavillon, c'est la loi nationale de ces navires qui est compétente. Mais que décider quand l'abordage se produit entre navires de pavillons différents ? Il n'y a pas de raison de faire prévaloir l'une de ces lois en présence sur l'autre. Il faut les combiner, si c'est possible, notamment quand elles posent des règles de responsabilité analogues et différant seulement par la mesure qu'elles adoptent. On suivra alors celle qui fixe la responsabilité moindre. Mais ces lois peuvent appartenir à des systèmes législatifs tout à fait différents. Alors le droit positif fait prévaloir une solution toute de circonstance, et on applique souvent en jurisprudence la *lex fori*.

D'autres difficultés s'élèvent encore en matière de responsabilité contractuelle, mais je ne puis entrer dans des détails.

En conclusion, Messieurs, dans mon opinion l'observation de la loi compétente en matière d'ordre public a pour conséquence de rendre l'acte internationalement juste ou internationalement nul. De telle sorte que la validité d'un acte international dépend à la fois, vous le voyez, de la loi personnelle et de la loi territoriale dans la mesure où chacune d'elles est compétente. Ce sont des règles qui se trouvent compétentes au même titre en droit international.

CHAPITRE VI

L'autonomie de la volonté.

Le mot d'autonomie de la volonté, Messieurs, est souvent employé en droit international privé pour exprimer cette idée que certaines lois ne présentant point le caractère rigoureux qu'elles avaient dans les matières que nous venons de parcourir, la volonté des parties a à leur égard un rôle plus considérable qu'ailleurs. C'est elle qui détermine dans quelle mesure elle doit être respectée. Mais il ne faut pas exagérer cette idée. Il a paru, en effet, à beaucoup d'auteurs que l'autonomie de la volonté en matière de convention était quelque chose de supérieur à la volonté même du législateur. Je ne partage pas cette opinion. S'il est vrai que la volonté puise en elle-même les motifs de sa détermination, cette idée est vraie au point de vue philosophique. Mais au point de vue légal elle est inexacte. La volonté des parties ne peut être souveraine que si le législateur le veut bien ainsi. C'est notamment parce que l'article 1134 existe dans notre Code civil que nous pouvons faire des conventions valables, dont l'effet se trouve garanti par l'Etat. Evidemment ce principe se retrouve dans toutes les législations, car nos besoins sont trop nombreux et trop variés pour que le législateur se mette toujours à notre place. Mais il ne faut pas oublier que si en matière internationale il existe un principe d'autonomie, ce n'est que dans la mesure où la loi compétente le veut bien.

Nous rencontrons d'abord en matière d'obligations conventionnelles deux groupes de lois impératives. Ce sont les lois sur la capacité des personnes et les lois concernant l'ordre public.

Ces lois obligatoires le sont au point de vue international commé elles le sont au point de vue national. Puis réserve faite de ces lois obligatoires, il y a une seconde classe de dispositions légales, ce sont les lois facultatives. Ici le législateur n'intervient que pour suppléer à l'expression de la volonté des parties.

Voilà deux groupes de lois en matière d'obligations conventionnelles. Occupons-nous d'abord du second, nous reviendrons ensuite au premier.

Ici le chemin a été aplani par Dumoulin. Avant ce grand jurisconsulte, les post-glossateurs tendaient à confondre les lois sur la substance des contrats avec les lois relatives à la forme des actes. Ils soumettaient ces lois à la règle *locus regit actum*. Dumoulin, à propos de la communauté des époux de Gancy, procès dans lequel il fut appelé à formuler son avis, émit cette idée très juste que, quand un conflit s'élève entre lois facultatives, la solution de ce conflit doit être empruntée à la volonté des parties elles-mêmes. A la condition d'être bien délimité, ce principe constitue la vérité même. Il est incontestable que les parties sont libres de choisir elles-mêmes la loi qui régira leur contrat. Lorsqu'elles ont fait ce choix, le juge a le devoir de se conformer à leur intention. Voilà la conséquence directe du principe de Dumoulin. Mais il n'arrive presque jamais que des parties ayant fait un contrat choisissent à l'avance la loi compétente en cas de litige. Si par quelque indice certain on peut être renseigné, le juge se rapportera à cet indice et adoptera ici encore la loi que les parties ont implicitement choisie. Mais dans la plupart des cas les parties n'ont rien dit et rien ne décèle leur volonté ; alors que doit-on faire ? Faut-il poser des présomptions où faut-il abandonner la solution à la prudence du juge ? Beaucoup de juristes sont d'avis qu'il ne faut pas poser de présomptions et laisser au juge sa liberté. Au point de vue logique cette opinion est excellente, mais pratiquement elle est inacceptable. Voici pourquoi. C'est que le premier besoin en matière de droit est le besoin de certitude. Or, il apparaît clairement que si on se borne à recommander au juge de bien interpréter l'intention des parties, on ne pourra, jusqu'au moment où le juge rendra son arrêt, connaître cette interprétation. Au contraire, quand une présomption est écrite dans la loi, cette présomption constitue pour tous les intéressés une sécurité absolue. Il en est ainsi du testament, acte qui relève de la volonté de l'intéressé. Est-il venu jamais à l'esprit d'aucun législateur, en l'absence de testament, de dire que le juge interpréterait la volonté du défunt et que les biens seraient attribués à l'héritier auquel le testateur aurait bien pu vouloir particulièrement les donner ? Non, la succession est dévolue aux héritiers légitimes dans tous les cas. De même ici, à défaut de volonté certaine il faut exiger des présomptions.

Quelles seront-elles ? Les auteurs s'accordent à dire que quand un contrat a été passé entre parties de même nationalité, c'est à la loi nationale qu'il faut se référer. Je pense pourtant qu'en matière de contrat, l'élément de nationalité est peu important. Je préférerais tenir compte ici du domicile et non de la nationalité. Ce serait donc la loi du domicile qui doit être ici compétente. Mais entre parties n'ayant pas le même domicile, que décider ? Ici nous tombons dans le domaine de la controverse. Certains auteurs veulent que dans ce cas on applique la loi du domicile du débiteur, parce que, en cas de doute, les contrats doivent s'interpréter en faveur du débiteur. Cette opinion n'a pas eu en pratique un très grand succès. Elle est assez faible comme interprétation de la volonté des parties.

Une opinion beaucoup plus suivie est celle qui se réclame du nom de Savigny et qui soumet le contrat à la loi du lieu de son exécution. Savigny, pour étayer cette opinion, a repris, chose curieuse, la méthode des post-glossateurs et fait appel aux lois romaines. Mais le motif plus sérieux donné par cet auteur est que toute obligation résulte de deux faits visibles : le premier se rencontre dans la formation de l'obligation, le second dans son exécution. Or, le premier de ces deux termes constitue quelque chose d'accidentel, d'étranger au développement de l'obligation et à son efficacité ultérieure. On ne contracte qu'en vue de l'exécution. C'est une raison déterminante aux yeux de Savigny.

Cette opinion a eu de nombreux partisans, mais je me rangerai plus volontiers à l'avis de ceux qui la combattent. Le lieu d'exécution présente, en effet, un très grand vice, qui consiste en ce qu'il n'est pas toujours connu des parties à l'avance. Sera-ce le domicile du débiteur? Mais qui le connaît à l'avance? Il est donc impossible de présumer que les parties ont voulu se référer à une loi qu'elles ne connaissaient pas. Et puis, en matière de contrat synallagmatique, quel est le débiteur, puisqu'il y en a deux? Voilà les motifs pour lesquels je repousse sur ce point l'opinion de Savigny.

XLIe LEÇON. — 24 février 1905 (1).

MESSIEURS,

Une autre présomption plus répandue en matière de contrat parmi les auteurs du XIXe siècle consiste à séparer ce qui concerne la formation du contrat et ce qui est relatif à son exécution, pour soumettre l'une à la loi du lieu de formation du contrat, l'autre à la loi du lieu d'exécution.

Je ne crois pas cette opinion plus admissible que celle de Savigny. Il est difficile de séparer ces deux notions, et puis, même limitée comme elle l'est, cette solution est exposée à l'objection que je faisais à la solution précédente. Les parties ne peuvent pas être considérées comme ayant entendu se soumettre à une loi dont elles ignoraient la teneur.

Je vous proposerai d'adopter comme présomption, — avec la plupart des auteurs, — la soumission de la volonté des parties à la loi du lieu de la formation du contrat. Cette opinion est certainement la plus raisonnable, car c'est à elle que les parties ont dû se référer en contractant. J'entends par là la loi du lieu où les parties ont échangé leur consentement.

Je ne dirai rien de plus du principe même, c'est une interprétation de volonté. Mais il ne faut pas l'oublier, ce n'est qu'une présomption. La loi du lieu de formation cédera bien entendu la place à toute autre loi envisagée expressément par les parties.

La détermination de la loi du contrat ne fait pas difficulté quand les parties traitent en présence l'une de l'autre. Que décider si le contrat devait être soumis à une homologation ? Généralement on tient cette circonstance pour insignifiante, car rien ne permet de présumer que les parties ont entendu se référer à la loi du lieu du tribunal chargé de donner l'homologation.

Une hypothèse assez délicate est celle où le contrat est passé entre mandataires. Il faut décider que la partie qui se fait représenter par un mandataire est considérée comme présente au lieu de la formation du contrat.

Les contrats conclus par correspondance soulèvent une certaine difficulté. Il s'agit, par exemple, d'un contrat entre un Français et un Allemand. Quel sera le lieu de formation de ce contrat ? Doit-on- considé-rer comme lieu de formation du contrat le pays d'où l'offre est partie, ou celui où elle a été acceptée ?

.L'analyse juridique nous porte à tenir compte de cette dernière circonstance, celle de la réception de l'offre. Il existe cependant sur ce point une contro-verse assez vive, et beaucoup d'auteurs estimént au contraire que le contrat ne peut être considéré comme formé que quand le sollicitant a reçu la réponse de l'acceptant. La loi compétente serait pour eux celle du lieu d'où l'offre est partie.

Je ne crois pas que cette analyse de la formation des contrats soit exacte, car le concours des volontés s'est produit du jour où l'offre a été acceptée, et non pas seulement du jour où le sollicitant a reçu la ré-ponse de l'acceptant. C'est donc, à mon avis, la loi du lieu où l'offre a été acceptée qui est compétente.

Il y a un cas où l'on ne pourrait pas considérer la loi du lieu de formation comme une présomption de la volonté des parties. C'est celle où la formation du contrat tiendrait à une circonstance purement for-tuite.

C'est donc la loi du lieu de formation qui, par pré-somption de la volonté des parties, régira le contrat. Mais, bien entendu, cette loi ne régira dans ce contrat que la partie facultative. La volonté des intéressés pourra se trouver limitée par des lois obligatoires.

Considérons d'abord à cet égard la formation des contrats ; il y a peu de lois facultatives en cette ma-tière. Mais il existe au contraire de nombreuses lois obligatoires. Ce sont les lois concernant la capacité des parties, les lois d'ordre public, ou les lois sur la forme des actes. Mais en outre, Messieurs, dans les contrats il y a encore quantité de lois obligatoires qui concernent surtout la formation du contrat. Ce sont celles qui touchent à la substance même du contrat ; elles sont fort nombreuses, on les rencontre moins dans la théorie générale des obligations que dans les contrats particuliers. Je vous citerai dans la théorie des obligations la question des vices du consentement, du caractère civil ou naturel de l'obligation dans les contrats particuliers, la prohibition de la vente de la chose d'autrui, l'interdiction de la société léonine, etc.

Quelle sera la compétence des lois de cette nature ? La doctrine et la pratique ont été très embarrassées sur ce point. Mais elles se sont tirées d'affaire en changeant le caractère de ces lois et en les faisant d'obligatoires qu'elles étaient en droit interne, facultatives en droit international. Cette solution ne tient aucun compte du véritable caractère de la loi. Je me refuse donc à l'admettre pour ma part, car elle va à l'encontre du but de notre science, but qui est l'extension de l'autorité des lois aux relations internationales. Or, cette solution va détruisant cette autorité des lois d'ordre privé, ce qui est inacceptable.

La difficulté est d'en trouver une meilleure. Quelques auteurs veulent sur ce point donner compétence au statut personnel des intéressés, d'autres à ce qu'ils appellent le statut de l'acte juridique. Je pencherais fort ici à donner compétence au statut personnel des intéressés, car ces lois sont encore des mesures de protection en faveur des sujets de l'Etat. Mais cette solution laisse place à des doutes, si on suppose notamment que les contractants appartiennent à des nationalités différentes. Ces difficultés expliquent qu'en cette circonstance les auteurs aient cru devoir créer un statut de l'acte juridique. Cette solution est alors simple, mais présente un inconvénient, car elle ne repose sur aucun fondement rationnel. La loi locale, qui pose des règles obligatoires, n'est pas du tout intéressée à ce que des étrangers soient soumis à ses prescriptions, puisqu'ici par hypothèse aucune question d'ordre public n'est en jeu. Quel serait donc l'intérêt de cet Etat à l'application de la loi qu'il a faite uniquement pour ses nationaux ?

Je passe maintenant, Messieurs, aux effets des contrats. Je ne ferai mention que d'une seule particularité. Une théorie qui remonte à Bartole distingue deux catégories d'effets dans les contrats : les effets proprement dits, et les suites du contrat ; les premiers seraient soumis à la loi du lieu de formation, les seconds à la loi du lieu d'exécution.

Les effets seraient les conséquences du contrat prévues par les parties au moment de la formation du contrat ; les suites seraient au contraire les conséquences que les parties n'ont pas prévues et qui se sont produites fortuitement. On y ferait rentrer notamment la faute, la demeure, la résiliation d'un contrat annulable.

Sur ce point encore je ne suis pas bien porté à admettre cette distinction, d'abord parce qu'il n'est pas aisé de distinguer toujours les effets et les suites, et puis et surtout parce qu'on ne peut pas prêter aux parties contractantes une volonté aussi douteuse. Elles n'ont pas songé en contractant à ces suites indirectes. Il me semble plus logique de faire régir tous les effets d'un contrat par la loi du contrat lui-même.

Parmi les modes d'extinction des contrats, il en est un qui est très discuté, celui de la prescription extinctive. Ce qui rend cette question épineuse, c'est que le but social de la prescription extinctive n'est pas bien déterminé. Elle constitue certainement un instrument de protection pour le débiteur, mais c'est une institution qui touche aussi par certains côtés à l'ordre public. On peut aussi considérer la prescription extinctive comme un moyen de procédure. Vous voyez donc la variété d'aspects que présente cette question.

En jurisprudence, l'opinion qui paraît avoir la prépondérance est celle qui applique à la prescription la loi de l'obligation elle-même. J'hésite à me ranger à cette opinion, car la prescription est une loi obligatoire. La solution la moins mauvaise serait de considérer comme prépondérante en cette matière la loi du débiteur. Mais il me semble qu'en matière de prescription le maximum de durée ne devrait jamais dépasser celui qui est fixé par la *lex fori*, quel que soit cependant le délai fixé par la loi du débiteur. La fixation de ce maximum intéresse en effet la bonne administration de la justice.

XLIIᵉ LEÇON. — *27 février 1905* (1).

MESSIEURS,

Les lois d'ordre public apportent à la liberté de la volonté des parties des restrictions que je n'ai pas à envisager ici, me contentant de vous renvoyer pour l'effet des lois de cette nature aux développements que je vous ai déjà fournis touchant l'ordre public.

Je voudrais seulement ici vous parler des contrats ayant pour objet de pratiquer la contrebande au détriment d'un État étranger. S'il s'agissait d'une contrebande dirigée contre l'État devant les tribunaux duquel le litige est porté, ces tribunaux décideraient que le contrat est nul. Mais que décider, si la contrebande s'exerce au détriment d'un pays étranger? Sur ce point la jurisprudence a évolué d'une façon assez curieuse. Pothier, dans notre ancien droit, se décidait pour la nullité de pareils contrats. Mais les auteurs modernes et la jurisprudence ont admis que ces contrats n'avaient rien de contraire à l'ordre public du lieu où ils étaient ramenés à exécution. On raisonnait de ce que les nations, au point de vue de leurs tarifs douaniers, vivant dans un état d'hostilité permanente, il n'y avait pas lieu d'aider un pays étranger à faire appliquer ses lois douanières. Plus récemment la question a été examinée de nouveau, un mouvement inverse s'est produit, et on est revenu aux idées de Pothier. On considère donc généralement de nos

---

(1) Droits de traduction et de reproduction réservés.

jours que tout contrat destiné à favoriser la contrebande est contraire à l'ordre public, alors même que cette contrebande se pratique au détriment d'un Etat étranger. On dit que ces contrats sont une cause de désorganisation et d'immoralité pour la population qui se livre à ce genre d'industrie, et à cet égard ils apparaissent comme contraires même à l'ordre public de l'Etat où ils sont ramenés à exécution. Cette conséquence dérive en vérité, à mon avis, de ce principe de respect mutuel que se doivent les différentes souverainetés. Un Etat qui accueillerait des contrats de ce genre se mettrait en contradiction avec le respect dû à la souveraineté de l'Etat étranger.

Je ne vous dirai rien de plus, Messieurs, sur l'ordre public en matière de contrats.

Je vais, en terminant mes explications sur les contrats, vous parler du contrat de mariage en droit international privé. Nous étudierons d'abord le régime légal auquel sont soumis des étrangers qui n'ont pas fait de contrat de mariage. C'est la *famosissima quæstio* de notre ancien droit. C'est la question à l'occasion de laquelle Dumoulin a développé sa doctrine sur l'autonomie de la volonté. Voici comment elle se pose de nos jours. Des étrangers se marient dans un pays sans passer de conventions matrimoniales, quel est le régime de leurs biens ? Dumoulin fit recevoir cette idée que ce problème ne mettait pas en jeu l'autorité des statuts, mais constituait une question de convention tacite des parties. Dès lors, pour résoudre ce problème, il fallait purement et simplement se référer à la volonté probable des époux. Dumoulin en concluait que la communauté légale régissait tous leurs biens, en quelque lieu qu'ils fussent situés. Cette communauté est pour eux, disait-il, un *statut personnel*. Mais, Messieurs, cette expression est très critiquable. Car si la communauté s'étend à tous les biens, elle ne les régit pas à titre de statut personnel ; elle les régit parce que telle est la volonté des époux. La doctrine de Dumoulin fut d'abord une innovation très combattue, notamment par d'Argentré. Ce fut cette doctrine cependant qui finit par triompher à la fin dans notre ancien droit.

Notre jurisprudence actuelle a fait quelque chose de plus que d'adopter la théorie de Dumoulin. Elle l'a exagérée. En parcourant les arrêts nombreux rendus sur la question, on constate dans le sein de la jurisprudence une évolution. Pendant très longtemps, notre jurisprudence, en effet, suivit la route ouverte par Dumoulin et décida uniformément que les époux devaient être considérés comme ayant tacitement adopté la loi en vigueur au lieu de leur domicile matrimonial, c'est-à-dire au lieu dans lequel ils établissaient leur ménage de gens mariés. C'est cette loi qui était compétente pour déterminer le régime légal de leurs biens. Plus récemment, la jurisprudence a exagéré la solution proposée par Dumoulin. Depuis une vingtaine d'années elle ne s'attache plus à aucune présomption fixe et décide que le juge choisira, suivant les circonstances. Cette nouvelle manière de décider est fâcheuse. Les époux, en effet, dans leurs rapports pécuniaires ont besoin de certitude, il faut qu'ils sachent sous quel régime ils sont mariés et que les tiers le sachent aussi. Cette solution est mauvaise, car on ignore jusqu'au jour du procès quel est le régime matrimonial des époux ; aussi nos anciens juristes avaient évité de donner cette décision. Voilà pour notre jurisprudence.

Ce principe est-il juste ? Dumoulin a-t-il eu raison de le poser ? On peut en douter. Les législations étrangères n'ont pas toutes adopté ce principe qui repose au surplus sur une analyse erronée des lois dont il s'agit. Le principe de Dumoulin est juste pour les conventions ordinaires, mais ici est-ce bien le cas de l'appliquer ? En droit interne, quand les époux n'ont pas fait de contrat de mariage, ils sont soumis à la communauté légale et ils y sont soumis nécessairement. On ne s'occupe pas de leur volonté. Et cela est si vrai que dans le cas où les époux ont fait un contrat de mariage qui est privé de ses effets par suite d'une nullité de forme, par exemple, le régime qu'on leur applique est celui de la communauté légale. Et pourtant il est bien certain que les époux en se mariant n'avaient pas l'intention de s'y soumettre.

Il s'agit ici de lois facultatives pour les intéressés, mais à la condition qu'ils suivent certaines formes. S'ils n'ont pas suivi ces formes, la loi devient pour eux obligatoire. L'inconvénient de la doctrine de Dumoulin est de priver d'une part de leur autorité dans les rapports internationaux les lois dont il s'agit. Ainsi, pour fixer le régime légal des époux en droit international on se rapporte à leur volonté, alors qu'on ne les consulte pas en droit interne. Cette différence ne s'explique pas et elle a pour conséquence d'enlever à la loi une part de son autorité.

La question du régime légal n'est pas, à mon avis, Messieurs, une question d'interprétation de la volonté, c'est une question d'autorité de la loi. Quelle est la loi qui est compétente? C'est évidemment la loi nationale du mari : donc le régime légal des époux sera celui de leur loi nationale ; c'est aussi la solution du Code allemand.

Viennent ensuite certaines questions subordonnées. Il est possible que le régime considéré comme adopté par les époux d'après la jurisprudence se heurte à quelque prohibition de leur loi nationale. Par exemple la loi italienne interdit toute communauté plus étendue que la communauté d'acquêts ; la jurisprudence française peut, dans certains cas, donner une solution qui est en contradiction avec la loi italienne. Et alors que décider dans le système de la jurisprudence? A mon sens, cette loi ne peut s'appliquer qu'autant qu'elle ne contrarie pas une disposition de la loi nationale des époux. Car les contrats qu'ils pourront faire ou qu'on leur prêtera ne seront valables qu'autant qu'on respectera les limites apportées par leur loi nationale à leur capacité de contracter. Pour nous, la question ne se pose pas, car la seule loi compétente est la loi nationale.

Que va-t-il se passer quand la loi qui sert de norme aux époux vient à changer? Leur régime légal se transformera-t-il? Si on soumet ce régime à la loi nationale il semble qu'il n'y a pas de difficulté. Mais que décider, cependant, si la nationalité elle-même vient à changer? Je ne pense pas qu'un changement de nationalité puisse produire les mêmes effets que des conventions matrimoniales nouvelles. Et je crois que le régime légal des biens ne sera pas transformé.

En ce qui concerne la seconde hypothèse, celle où un contrat de mariage a été fait, on rencontre ici de nombreuses lois obligatoires. Ainsi, par exemple, la règle de l'immutabilité des conventions matrimoniales. Quelle en est la compétence? Demandons-nous quel est le but social de cette disposition? C'est d'éviter les abus si dangereux d'influence des époux l'un sur l'autre au cours du mariage. C'est donc une loi de protection individuelle. Donc, c'est la loi nationale des époux qui nous dira si cette règle de l'immutabilité existe ou non à leur profit.

J'en ai ainsi terminé avec le principe de l'autonomie de la volonté.

CHAPITRE VII

Lois sur la forme des actes.

Nous entrons ici dans le domaine de la règle la plus célèbre du droit international. Un acte est régulier en la forme, quand il a été passé conformément aux conditions extrinsèques prescrites par la loi du lieu où il a été fait. Les destinées de cette règle sont assez bizarres ; elle est la plus ancienne de notre science, car elle existait déjà chez les Bartolistes, et elle a été contestée depuis le XIV° siècle jusqu'à nos jours.

Envisageons cette règle au point de vue du droit positif. L'hypothèse imaginée par les Bartolistes était celle d'un testament qu'on ferait à Venise en présence de deux témoins, alors que le droit commun de l'Italie en exigeait un nombre plus considérable. Cette règle faisait déjà à cette époque assez grande difficulté. On se demandait si le testament ainsi valablement fait d'après les formes locales d'une cité, avait effet sur des biens situés sous l'empire d'un statut différent. C'est surtout dans l'école française que la règle *Locus regit actum* a rencontré les plus grosses difficultés, car là notion de réalité dominait alors dans les esprits. Cette règle portait en effet atteinte à la notion de réalité. Mais surtout nos anciens jurisconsultes éprouvaient de grandes difficultés à faire rentrer cette règle dans leur classification habituelle. Était-ce un statut réel ou un statut personnel ? Ils avaient quelque peine à résoudre ce problème. A la vérité, cette règle ne concerne ni la personne, ni les biens. Malgré quelques difficultés, cette règle se maintint dans tout l'ancien droit. Et nous arrivons ainsi au Code civil. Le titre préliminaire du Code civil comprenait un article 4 consacrant cette règle. Mais le Tribunal trouva cette disposition dangereuse, croyant que la substance même des contrats allait être soumise à cette maxime, et cette disposition par la suite disparut.

Les rédacteurs du Code ont certainement entendu donner place à cette règle dans le Code, car ils en ont fait diverses applications dans les articles 47, 170, 999.

XLIIIᵉ LEÇON. — *28 février 1905* (1).

MESSIEURS,

Je vous énumérais hier les articles du Code qui font allusion à la règle *Locus regit actum.*

Il en est ainsi d'abord quand il s'agit des actes de l'état civil intéressant les Français à l'étranger. (Voy. l'article 47 du Code civil.) Signalons en passant qu'on peut adresser aux tribunaux français une demande en rectification des actes ainsi reçus à l'étranger. L'article 170, au titre du mariage, vous est connu, je n'y reviendrai pas. Enfin, l'application faite de notre règle au testament par l'article 999 est plus importante. Voici ce texte : « Un Français qui se trouvera « en pays étranger pourra faire ses dispositions tes-« tamentaires par acte sous signature privée, ainsi « qu'il est prescrit en l'article 970, ou par acte authen-« tique, avec les formes usitées dans le lieu où cet « acte sera passé. »

L'article 999 permet donc deux modes de testament. Quelle est la compétence en cette matière de nos consuls ou de nos agents diplomatiques, quand il s'agit du testament authentique ? Elle a fait difficulté, car la

---

(1) Droits de traduction et de reproduction réservés.

loi n'en parle pas. On se demande si le Code civil n'a pas abrogé sur ce point les dispositions contenues dans les ordonnances de 1681 et de 1781 ? La pratique s'est accessoirement demandée si, en supposant ces textes toujours en vigueur, les consuls devaient suivre l'ancienne procédure indiquée par les ordonnances, ou celle qui est consacrée par la loi sur le notariat. La jurisprudence a admis que les consuls et agents diplomatiques français étaient capables de donner l'authenticité aux testaments des Français à l'étranger, mais qu'ils doivent suivre à cet égard les formalités prescrites par le droit nouveau. Le Français peut donc tester en la forme authentique du lieu où il se trouve. Comment savoir si cette forme est authentique ? Faut-il s'attacher aux règles du Code civil ou bien aux dispositions de la loi étrangère ? Puisque la loi compétente est, de l'aveu même des rédacteurs du Code, la loi étrangère, c'est elle qui vous dira si le testament est ou non authentique.

Le Français peut aussi à l'étranger faire un testament olographe. Mais il s'agit, cette fois, du testament olographe français ; le texte, en effet, renvoie à l'article 970. Ceci tendrait à montrer qu'au moins en matière de testaments, la règle *Locus regit actum* était pour le législateur français facultative. D'où l'on se demande si un Français pourrait tester en la forme olographe étrangère ? La jurisprudence n'a pas été très portée à accorder cette faculté au Français. En doctrine, on peut, au contraire, lui reconnaître ce droit, puisque la loi ne le lui a pas enlevé.

Remarquons maintenant que dans notre Code nous rencontrons une disposition singulière qui proscrit la règle *Locus regit actum*. C'est l'hypothèse visée par l'article 2128, ainsi conçu : « Les contrats passés en « pays étranger ne peuvent donner hypothèque sur les « biens de France, s'il n'y a des dispositions con- « traires à ce principe dans les lois politiques ou dans « les traités. »

Ce texte est au moins étrange, car les principes ordinaires n'apporteraient aucun empêchement à la confection d'un acte d'aliénation ou de constitution de servitude à l'étranger sur un bien situé en France. Pourquoi, en matière de constitution d'hypothèque, cette différence ? Je crois qu'il faut en chercher la raison dans l'histoire. Autrefois, Messieurs, les actes notariés emportaient, vous le savez, avec la force exé- cutoire, une hypothèque générale tacite. Or, les ré- dacteurs du Code civil avaient voulu dire qu'un acte fait à l'étranger n'aurait pas force exécutoire en France, mais ils ont confondu l'exécution et l'hypo- thèque. De là la rédaction de l'article 2128, qui n'est qu'un malentendu. N'empêche que cette règle existe et doit être suivie, si des conventions diplomatiques ne l'ont pas abrogée. Sur ce point existent une con- vention franco-sarde de 1760, une convention franco- suisse de 1777, et enfin une convention franco-belge du 8 juillet 1899.

Voilà la règle *Locus regit actum* étudiée au point de vue pratique. Au point de vue théorique se posent deux questions : 1° A quelles formes cette règle s'applique-t-elle ? 2° Quel en est l'effet ?

Les anciens auteurs distinguaient dans les actes les formes extrinsèques et les formes intrinsèques ; en réalité, ces dernières constituent le fond même du contrat. Je laisse de côté cette distinction vicieuse.

Notre règle ne s'applique ni aux formes habilitantes, ni aux dispositions destinées à assurer aux droits la publicité dont ils ont besoin. Les formes habilitantes sont celles qui, destinées à compléter la capacité d'une personne, rentrent dans le domaine des lois de capacité, c'est-à-dire dans le statut personnel.

De même les formes requises pour la publicité de certaines lois font l'objet de lois d'ordre public.

Il reste deux catégories de formes pouvant être soumises à la règle *Locus regit actum* : d'abord les formes solennelles, et ensuite les formes exigées *ad probationem*. Toutefois, des difficultés se sont élevées en ce qui concerne les formes solennelles. On admet qu'un étranger pourra user pour un acte solennel des formes solennelles organisées par la loi du pays où il se trouve. Mais ce que l'on admet moins facilement, c'est qu'un étranger puisse faire en la forme privée du lieu où il se trouve, un acte qu'il aurait dû faire en la forme solennelle dans son pays. Un Français pourra-t-il, par exemple, valablement à l'étranger faire son contrat de mariage par acte sous seing privé ? La solennité est requise ici dans l'intérêt des contractants ; cette exigence de la solennité ne suit-elle pas le Français à l'étranger ? Cette raison est sérieuse, mais n'a pas triomphé à cause de ses inconvénients pratiques. Car un Français pourrait être ainsi dépouillé à l'étranger de la possibilité de faire certains actes. La jurisprudence a donc admis dans l'exemple que je vous ai cité, que le Français pouvait faire dans les Echelles du Levant son contrat de mariage par acte sous seing privé. En résumé, nous reconnaîtrons à la personne le droit de faire à l'étranger tous actes solennels en la forme privée, quand la loi du lieu se contente de cette forme.

Quant aux formes requises *ad probationem*, il faut dire qu'une personne peut toujours valablement, pour l'acte juridique qu'elle entreprend dans un lieu, s'attacher aux lois de ce lieu.

Cette règle *Locus regit actum* n'est pas, Messieurs, très facile à analyser et à justifier. Quel est le but social de ces lois? Il n'est pas facile de déterminer à quel objet elles correspondent. Pour une part, ces lois contribuent à la protection des intérêts des parties, pour une part aussi ces lois représentent dans une certaine mesure une idée d'ordre. On peut dire encore que ces formes sont exigées pour la preuve, et alors la loi du tribunal saisi ne sera-t-elle pas aussi compétente ?

Je suis convaincu que la règle *Locus regit actum* est une pure solution de droit positif ; elle est comme une transaction entre plusieurs solutions opposées. Assurément, ce qui a déterminé son succès, c'est son utilité pratique. Cette règle nous offre un exemple d'une réaction heureuse de la pratique sur la doctrine.

J'arrive maintenant aux effets de cette règle. Son premier effet est d'assurer la validité internationale de tout acte fait conformément à la loi du lieu où il a été passé. On disait autrefois, en faisant allusion à cette validité de forme, que la règle *Locus regit actum* avait un effet personnel. C'est, en vérité, un singulier abus de mots que de parler ici de personnalité, car si cet acte est partout valable, c'est en vertu du principe du respect international des droits acquis, et non en vertu d'une idée de personnalité qui n'a rien à faire en cette matière.

Que décider du cas où la loi personnelle des intéressés ne leur permettrait pas de s'abriter derrière la maxime *Locus regit actum*. Il existe dans le Code hollandais un article 992 qui interdit aux Hollandais de tester à l'étranger en la forme privée. Quelle est la valeur de cette solution ? Est-ce une exception à la règle *Locus regit actum* ? Si la validité du testament fait dans ces circonstances se débat devant les tribunaux néerlandais, les juges de ce pays devront assurément annuler ce testament. Mais si cette même question se pose en France, le tribunal devra, à mon avis, considérer ce texte comme valable. Pourquoi ? Parce que la règle *Locus regit actum* est une règle générale de droit international, et qu'un pays n'a pas le droit d'en suspendre l'application sur un autre territoire.

J'arrive ici à la plus grosse question qu'ait soulevée la règle *Locus regit actum*. C'est la question du caractère obligatoire ou facultatif de la règle. De cette maxime il résulte que les étrangers ont le droit de faire des actes juridiques en suivant les formes de la loi du lieu où ils se trouvent. Les étrangers sont-ils obligés de se conformer à cette règle? Ou bien peuvent-ils suivre les formes prescrites par leur loi nationale? Il est bien certain que dans quelques cas la règle sera par la force des choses obligatoire, quand en fait il sera impossible sur un territoire donné de recourir à une autre forme, ou bien encore quand un acte intéressera des personnes de nationalité différente. Mais en dehors de ces cas, une personne étrangère est-elle tenue de se conformer à la loi locale? La jurisprudence considère cette règle comme obligatoire pour les étrangers, voyant en elle un principe d'ordre, devant lequel les étrangers et les nationaux doivent se courber. C'est assez bizarre, cette solution, en face de la disposition de l'article 999 du Code civil, qui autorise le Français à recourir à la forme française pour faire son testament. Il est évidemment contradictoire d'obliger les étrangers à subir cette règle, alors qu'on la déclare facultative pour les nationaux.

La doctrine est très divisée sur ce sujet, ce qui, d'ailleurs, tient aux différents aspects que présente cette loi en droit international. Je crois que cette règle est simplement facultative. Je ne vois pas les motifs impérieux qui voudraient que les actes faits sur le territoire d'un même pays fussent soumis aux mêmes formes. J'ajouterai que cette règle s'est toujours présentée comme une règle supplémentaire qui est venue se superposer à la loi compétente d'après les principes. Cette idée empêche, à mon avis, de lui donner un caractère obligatoire.

APPENDICE

Pouvoirs du juge en droit international privé.

Quelle est la liberté laissée au juge de l'application du principe du droit international privé ? Les décisions qu'il rendra en cette matière tomberont-elles ou non sous la censure de la Cour de cassation ? En pratique, la violation d'un principe de droit international privé peut avoir pour résultat de faire appliquer la loi étrangère là où la loi française était compétente, ou bien la loi française là où une loi étrangère devait être suivie, enfin cette violation peut consister à donner une fausse interprétation de la loi étrangère.

Il est certain que le juge français doit veiller à l'application de la loi française, s'il ne le fait pas, sa décision tombe sous la censure de la Cour de cassation.

Mais si le juge n'a pas appliqué la loi étrangère et a donné compétence à la loi française, quelles seront les conséquences de cette violation en droit international privé ? La Cour de cassation pourra-t-elle intervenir ? Sur ce point de nombreux arrêts ont été rendus.

XLIVᵉ LEÇON. — *1ᵉʳ mars 1905* (1).

MESSIEURS,

Que décider quand le juge n'a pas appliqué la loi
étrangère pour appliquer la loi française ? Cette décision tombe-t-elle sous la censure de la Cour de cassation ? Notre jurisprudence a adopté sur ce point une
solution peu défendable et assez difficile à analyser.
D'après la jurisprudence la non application de la loi
étrangère ne peut pas donner lieu à cassation. La loi
étrangère, dit-on, n'est pas une véritable loi semblable à la loi française, et la circonstance de sa non
application constitue non pas une erreur de droit,
mais une mauvaise appréciation du fait, et qui, à ce
titre, ne tombe pas sous la censure la Cour suprême.
Les juges tirent de ce point de départ une autre conséquence également utile à connaître. Le tribunal n'a
pas à s'enquérir lui-même de la loi étrangère, c'est
aux parties à faire la preuve de cette loi. Cette manière d'envisager les choses consacrée par de très
nombreux arrêts, repose sur un motif particulier.
C'est, dit-on, que la Cour de cassation a été établie
pour assurer l'unité dans l'application de la loi française et non dans l'application des lois étrangères.

Cette règle générale souffre exception dans deux
cas : d'abord quand l'application de la loi étrangère
est directement commandée par la loi française,

---

(1) Droits de traduction et de reproduction réservés.

comme dans l'hypothèse de l'article 999, par exemple;
on admet, en second lieu, que lorsque l'application de
la loi étrangère résulte d'un traité diplomatique, le ré-
fus d'application de cette loi est sanctionné par le pour-
voi en cassation. Certains auteurs, voulant aller un peu
plus loin que la jurisprudence, pensent que l'application de la loi étrangère doit être encore sanctionnée
comme l'application de la loi française, quand cette
application est *implicitement* commandée par la loi
française. Ce qui se présenterait notamment dans le
cas où un Français perd sa qualité de Français par
une naturalisation étrangère. En effet, pour savoir si
cette naturalisation est valable, il faut se référer à la
loi étrangère. Un cas analogue se présente lors de la
perte d'un brevet obtenu à l'étranger.

Pour moi, je rejette le principe lui-même et n'ai que
faire de ces tempéraments. Les erreurs judiciaires
qui consistent dans la non application d'une loi étrangère me paraissent identiques comme nature et comme
portée à celles qui résident dans la non application de
la loi française. Quand le juge applique la loi française au lieu de la loi étrangère, il donne à notre loi
nationale une portée qu'elle n'a pas. Omettre la loi
française quand il fallait l'appliquer, ou l'appliquer
quand il fallait l'omettre, c'est là, me semble-t-il, une
même erreur qui doit relever dans l'une et l'autre
hypothèse du contrôle de la Cour suprême.

« Si les principes du droit international privé reçus
en France commandaient, dans un cas donné, l'application de la loi étrangère, le mépris de ces principes

est aussi grave, à mon avis, que la méconnaissance
de la signification de la loi française. Je dirai plus.
Violer les principes du droit international privé me
paraît le refus de l'exécution d'un devoir qui incombe
à l'Etat français lui-même.

Une troisième hypothèse se présente encore, c'est
quand la loi étrangère a été mal interprétée par le
juge. Cette question dépend de la précédente. Si l'on
considère l'application d'une loi étrangère comme une
simple question de fait, l'application erronée de cette
loi sera aussi une question de même nature. Si, au
contraire, la loi étrangère est considérée au même
titre que la loi française, sa violation donnera ouverture à cassation. La jurisprudence se prononce pour
le premier système ; nous préférons le second.

Signalons en terminant une dernière question. Le
juge qui applique une loi étrangère doit-il se conformer aux décisions des juges du pays étranger dont il
s'agit, ou bien doit-il l'interpréter lui-même suivant
ses propres lumières. Je suis porté, Messieurs, à
adopter ce dernier point de vue.

TROISIÈME PARTIE

Principes du respect international
des droits acquis

Cette partie de mon enseignement comprendra
deux points : d'abord l'établissement de la théorie, et
ensuite ses applications.

Au début de ce cours, je vous disais, Messieurs, qu'il fallait se garder de confondre la question du conflit de lois avec celle de l'effet international des droits acquis. Les questions de conflit que nous avons traitées jusqu'ici se rapportent à l'origine du droit, et tendent à déterminer à quelles conditions est subordonnée la validité d'un droit au point de vue international. Au contraire, en matière de droits acquis, il faut supposer que le rapport de droit existe et se demander quels sont les effets dérivant de ce droit qui peuvent se produire dans un pays autre que celui où il a pris naissance.

Dans la matière des conflits nous avons déterminé la validité internationale des rapports de droit, et alors voici maintenant le dilemne qui se pose : ou bien ces conditions légales de validité n'ont pas été remplies, le droit est irrégulier dès son origine et ne peut produire aucun effet ; ou bien ce droit a été régulièrement constitué, et alors se présente le problème qui va maintenant nous occuper. C'est une question inévitable. Inévitable tout d'abord dans son principe. Autre chose, en effet, est de reconnaître la validité d'un rapport de droit institué dans un pays étranger, autre chose est d'assurer à ce rapport son effet sur un autre territoire que celui de sa naissance. Ce dernier acte exige de la part du souverain de ce territoire une coopération à l'œuvre du législateur étranger, coopération que la simple reconnaissance de validité de ce rapport n'exige pas du tout.

Je vais, par un exemple, vous montrer comment il

est possible qu'un acte dont la validité n'est pas douteuse ne soit pas susceptible d'application hors du territoire où il est né. Rien n'est plus légitime, par exemple, que de condamner un coupable d'après la loi du
pays où le délit a été commis. Mais les Etats étrangers
veilleront-ils chez eux à l'exécution de la peine par le
condamné ? Pas le moins du monde. Autre exemple.
Supposons une condamnation rendue contre une personne en matière fiscale, pour l'obliger, par exemple,
à payer ses impôts. A l'étranger on ne pourra méconnaître la régularité de cette condamnation, mais en
assurera-t-on l'exécution ? Non, Messieurs, certainement pas. Dira-t-on qu'en ce cas la reconnaissance de
la régularité du jugement est sans importance au
point de vue international ? Non, et voici pourquoi. Je
reprends mon second exemple. Je suppose que j'ai été
condamné régulièrement en Italie à payer mes impôts, et je suppose en outre qu'un individu a payé à
ma place la somme que je devais. Cet individu était
mon débiteur et il invoque pour se libérer d'une portion de sa dette envers moi le paiement qu'il a effectué
pour mon compte en Italie ; eh bien ! Messieurs, cette
opération sera considérée comme légitime en France.
Vous voyez donc que la reconnaissance de la validité
du jugement italien n'est pas dénuée d'intérêt.

Il est possible que l'effet d'un acte passé à l'étranger
soit incompatible avec l'ordre public du lieu où l'on
prétend invoquer cet effet. On ne peut pas contester
la régularité de l'acte passé à l'étranger, mais il est
impossible d'accorder tous ses effets ou certains d'en-

tre eux. Ainsi, par exemple, on reconnaîtra bien la légitimité de l'union polygamique d'un Turc, mais on ne permettra pas à un Turc de contracter en France un nouveau mariage. Les effets d'un acte juridique ne se confondent donc pas avec sa validité internationale. Voilà ce qu'il importe de bien retenir.

Il se peut aussi qu'on ne puisse admettre les effets d'un acte parce qu'un obstacle matériel s'y oppose. Par exemple, j'ai acquis régulièrement la propriété littéraire d'un ouvrage, et cependant je ne pourrai pas invoquer cette propriété littéraire dans un pays où elle n'est pas organisée. Ici encore apparaît la nécessité inéluctable de séparer la question de validité de l'acte et celle de son effet international.

Il existe encore d'autres différences entre ces deux idées ; c'est ainsi que la nature personnelle ou réelle d'une loi est absolument indifférente quand il s'agit de mesurer l'effet international d'un droit dans les circonstances que nous envisageons. Les conséquences d'une loi personnelle ou réelle ne se produisent qu'au moment de la création du droit, et jamais quand il s'agit de ses effets. Enfin, Messieurs, quand nous étudions une question relative à l'effet international d'un droit régulièrement acquis, cette question ne concerne plus la validité ou l'invalidité du droit dont il s'agit, mais seulement les conséquences qu'on peut y rattacher à l'étranger. Ce ne sont plus des questions d'existence où de non existence pour ce droit, mais des questions d'étendue ou de quantité relatives à ses effets. Jusqu'où s'étend le droit, quelles sont ses limites ? Voilà ce que l'on se demande ici.

Ce problème de l'effet international des droits régulièrement acquis n'avait pas jusqu'à ce jour passé tout à fait inaperçu. Nos anciens jurisconsultes, pour qualifier l'effet international d'un droit acquis employaient bien mal à propos le mot de personnalité. Ils donnaient ainsi à ce mot un sens tout différent de son sens originaire. Plus près de nous, un certain nombre d'auteurs dans l'école allemande, notamment Schœffner, émettent cette idée de respect dû aux droits acquis. Mais ils donnent à cette idée une portée scientifique si étrange qu'elle a été cause de l'échec immédiat de leur système.

Ils veulent, en effet, résoudre les conflits en disant que l'on doit respecter les droits régulièrement acquis. A cela on objecte immédiatement qu'il faut savoir d'abord à quelles conditions un droit est régulièrement acquis et qu'à cela la connaissance de la loi compétente est nécessaire. C'est donc résoudre la question par la question.

Du reste, après avoir posé ce principe que les droits acquis doivent être respectés, Schœffner n'en fait aucun usage au cours de sa doctrine.

Chez les auteurs modernes, c'est M. de Vareilles-Sommières qui a le mieux mis en lumière notre principe. Dans la doctrine de cet auteur ce principe apparaît comme un correctif de la territorialité absolue du droit. Pour lui un individu qui passe successivement en divers lieux est, en vertu de la territorialité de la loi, soumis successivement à plusieurs lois différentes, et les actes qu'il fait en chaque lieu conformément à la loi locale sont assurés d'une validité générale grâce au respect dû aux droits acquis. C'est ainsi que cet auteur ramène sa doctrine au principe de la non rétroactivité des lois. Mais M. de Vareilles-Sommières ne paraît pas avoir aperçu la contradiction qui existe entre son principe et le correctif à l'aide duquel il le modère. S'il est vrai que la loi est par sa nature exclusivement territoriale, cette idée devrait empêcher l'auteur de reconnaître la validité des effets des droits acquis à l'étranger. Car reconnaître cette validité, c'est consacrer en quelque façon l'application de la loi étrangère et c'est manquer à la notion stricte de la territorialité. Cet auteur aurait dû être frappé à cet égard de la répugnance de nos anciens auteurs à admettre que la loi personnelle pût régir les biens situés hors du territoire. De plus, cet auteur a présenté une justification insuffisante de la validité des droits acquis. Sur quoi l'appuie-t-il? Sur le principe de l'égalité des Etats. Mais pour expliquer ce respect des droits acquis, il faut ajouter à cette idée la pénétration réciproque du commerce des Etats et le respect mutuel de leur souveraineté. Et enfin, Messieurs, je conteste absolument l'analogie qui existe, d'après M. de Vareilles-Sommières, entre les questions de droit international privé et le principe de la non rétroactivité des lois. Il faut, pour établir cette analogie, oublier deux choses : c'est d'abord qu'en droit international privé il s'agit de lois concurrentes et non pas de lois se succédant dans le temps ; et puis qu'en matière de non rétroactivité, les lois dont il s'agit sont l'œuvre du même législateur, circonstance qui ne se rencontre pas en droit international. Donc il n'y a pas d'analogie à établir entre ces idées.

Signalons enfin parmi les auteurs étrangers, M. Dicey, qui, dans son Introduction, pose très nettement le principe du respect dû aux droits acquis, mais qui a quelque peu confondu la question des droits acquis et celle des conflits.

XLVᵉ LEÇON. — *8 mars 1905* (1).

MESSIEURS,

Je vous parlais dans ma dernière leçon du respect international dû aux droits régulièrement acquis. Je vais vous expliquer aujourd'hui à quelles hypothèses de fait ce principe s'applique.

Le principe du respect international dû aux droits régulièrement acquis se rapporte à deux catégories d'hypothèses, l'une principale, l'autre secondaire. Voyons en premier lieu la catégorie la plus importante. C'est celle qui est relative au cas où un droit est ramené à exécution dans un pays autre que celui où il a pris naissance. Cette première catégorie comprend elle-même deux cas :

Premier cas. Il se rencontre lorsqu'un acte juridique purement national et interne à son origine de-

---

(1) Droits de traduction et de reproduction réservés.

vient international dans le temps qui sépare sa naissance du droit du moment de son exécution. J'éclairerai immédiatement cette définition par un exemple. Voici un mariage célébré entre nationaux dans leur pays. C'est un acte purement interne qui à son origine ne présente aucun caractère international. Je suppose qu'au cours de ce mariage les époux se transportent dans un pays différent, qu'ils y fixent leur domicile et y invoquent leur qualité de gens mariés ainsi que les droits qui en dérivent. C'est alors une question internationale qui va se poser. Dans quelle limite va-t-il falloir respecter la qualité de gens mariés que réclament ces individus ? Il ne s'agit pas ici d'une question de conflit de lois, remarquez-le bien, Messieurs, car le mariage lui-même n'a donné lieu à aucune difficulté internationale. Le problème qui s'agite est d'un autre ordre, il concerne l'effet de droits antérieurement acquis.

Autre exemple. Voici une succession qui s'ouvre dans un pays donné. La succession ne soulève aucune difficulté internationale, car le *de cujus*, les héritiers et les biens se trouvent appartenir au même pays. Il n'y a donc pas ici de question internationale. Mais si un co-héritier se transporte ensuite à l'étranger, il peut se trouver l'objet d'une action en recours prenant sa base dans le partage. Et alors voici une hypothèse où il n'a pas pu naître de conflit à l'origine, mais où se présente une difficulté internationale tenant au respect dû aux droits acquis dans un pays étranger. Dernier exemple. J'acquiers en France la propriété d'un objet mobilier ; mon acquisition est réglée par la loi française. Peut-être plus tard devrai-je invoquer à l'étranger la propriété de ce meuble. Ne devra-t-on pas respecter à l'étranger ce droit de propriété acquis en France ?

En résumé, ces hypothèses, vous le voyez, se distinguent nettement des questions de conflit. Elles se présentent postérieurement à la question du conflit, mais elles sont pourtant internationales, puisqu'elles mettent en cause plusieurs législations.

Second cas. Le second cas diffère du premier par les circonstances dans lesquelles il se présente, bien qu'il aboutisse à un problème identique.

Cette fois, je suppose que le droit a été international dès son origine et qu'il a donné lieu à un conflit de lois. La solution du conflit a engendré certains droits subjectifs que leur titulaire est obligé d'invoquer à l'étranger. Que va-t-il se passer ? Quand ces hypothèses se présentent, le juge a deux questions à trancher. Il a d'abord la question de conflit ; il se demandera en premier lieu si le droit a été régulièrement acquis, si les lois compétentes ont été observées. Mais ensuite il recherchera si ce droit qui a été régulièrement acquis, peut être invoqué dans un pays différent de celui où il a été acquis. La première question intéresse la validité du droit lui-même, la seconde touche à l'effet du droit à l'étranger. L'existence du droit n'est plus en cause, il s'agit cette fois des effets de ce droit.

Comme les divers États ne vivent pas sous l'empire

d'un même système de droit international privé, un droit n'est régulièrement acquis qu'autant que les personnes qui s'en prévalent se sont conformées aux lois considérées comme compétentes par le juge saisi de la connaissance du litige. Cet inconvénient n'a pas d'ailleurs d'influence sur la théorie elle-même.

A côté de ces hypothèses normales se présentent des cas accessoires.

C'est d'abord celui où la loi qui régit une certaine situation juridique vient à changer par suite de la modification de l'élément qui détermine cette loi. En voici un exemple. Un rapport de droit est soumis à la loi du domicile, puis la personne intéressée dans ce rapport change de domicile. Ce fait va-t-il influer sur le rapport de droit ? Laquelle des lois, de l'ancien ou du nouveau domicile, va le régir ?

Il existe encore un autre cas accessoire. C'est celui de l'annexion des territoires. Autrefois, dans l'ancien droit, l'annexion d'une province à un Etat n'avait pas d'effet sur le droit privé de la province. Mais l'esprit centralisateur du droit nouveau a fait prévaloir une autre conception. Actuellement l'Etat annexant communique ses lois au territoire annexé. Ceci est vrai en droit public toujours, en droit privé presque toujours, au moins un certain temps après l'annexion. Ce changement de législation produit-il effet sur le droit existant déjà au moment de l'annexion ? Cette hypothèse est voisine de celle que nous étudions, mais elle en diffère un peu. Il n'est pas question ici de pays étranger, il s'agit d'un droit né dans le même pays, mais dans un pays qui a subi une profonde révolution, puisqu'il a changé de nationalité.

Pour le moment j'envisagerai surtout les hypothèses normales dont je vous ai parlé tout à l'heure.

Voici le principe directeur de notre méthode en cette matière. Les droits régulièrement acquis doivent avoir leur effet en tout lieu dans la mesure où cet effet est matériellement possible et où il n'est pas contraire à l'ordre public.

Ayant ainsi énoncé le principe, je vais vous en présenter la démonstration. Mon principal argument est un argument de pur fait. Les droits régulièrement acquis doivent avoir leur effet en tout lieu, parce qu'il serait impossible qu'il en fût autrement. Et cela est si vrai que depuis longtemps la pratique a consacré cette règle sans en donner le véritable motif. Il est nécessaire de respecter le droit acquis, car le commerce international ne peut exister qu'à ce prix. Et je dirai plus, il n'y aurait aucune sûreté dans le commerce purement intérieur si le principe du respect international des droits acquis n'était pas accepté et observé. Rien n'est plus facile que de rendre international *ex post facto* un droit qui était purement national au début. Ainsi, votre débiteur a changé de patrie, vous pouvez cependant continuer à lui réclamer l'exécution de son obligation. Voilà donc un premier motif en faveur de la vérité de notre principe. A côté de cette raison de fait, il en est d'autres d'ordre juridique. Le principe du respect international porté aux droits acquis constitue l'extension aux relations internationales de la mission de garantie du législateur. Tout législateur, en effet, a une double mission à remplir. Il est à la fois un directeur et un garant. Il est directeur lorsqu'il promulgue les lois à observer pour faire un acte juridique valable. Il est garant quand ces lois ayant été en fait observées, il prend en mains la cause de celui qui a acquis le droit et lui prête l'appui de son autorité souveraine pour lui permettre de retirer de ce droit les avantages qu'il comporte. En droit international, le législateur s'acquitte de sa fonction de direction en posant les règles de conflit, et une fois ces règles posées, il devient un garant quand il prend la défense du titulaire du droit et lui prête le concours de son autorité. Le principe du respect international des droits acquis correspond à l'accomplissement par le législateur de sa fonction de garant.

L'acte internationalement juste est celui à propos duquel on a suivi les règles du droit international. La notion de l'acte internationalement juste a pour corollaire indispensable la garantie donnée aux droits acquis. Le principe du respect international dû aux droits acquis constitue l'expression la plus nette de l'idée de communauté internationale sur le terrain du droit privé. Car, vous le remarquerez, avec ce principe, chaque État prend pour ainsi dire à son compte ce qui a été régulièrement fait sous l'empire des lois d'autres États et assure ainsi aux droits acquis dans de telles circonstances leur efficacité pratique, sans s'inquiéter de l'origine de ces droits, si ce n'est pour en constater la régularité. C'est la forme la plus sensible de la coopération des États entre eux.

Voilà donc le principe, passons aux exceptions qu'il comporte.

Il y a d'abord une exception tirée de l'impossibilité du fait. Elle a un caractère fatal ; pour réclamer dans un pays l'exécution d'un droit acquis dans un autre pays, il faut que ce droit dans cet autre pays soit connu et pratiqué. Cela ne veut pas dire qu'on dénie l'existence de ce droit, et la remarque a son importance. Car si le pays en question vient à connaître plus tard l'existence de ce droit, il pourra aussitôt y être ramené à exécution. Il se peut que dans un pays le législateur interdise le remboursement de certaines créances, par exemple prohibe le retrait des fonds déposés dans la caisse d'épargne. Une prohibition de ce genre s'oppose à la poursuite des droits nés à l'étranger comme de ceux qui ont eu leur origine dans le pays où elle a été portée. Mais si cet obstacle est levé, le droit acquis à l'étranger reprend toute sa force. On trouve dans le Code civil mention d'une exception de cette sorte en matière de servitudes.

Vient ensuite et en second lieu l'exception d'ordre public. Cette exception, telle qu'elle est envisagée ici, a une autre signification que dans les conflits de lois. Il serait inadmissible que l'on prétendît exercer dans un pays un droit acquis à l'étranger, alors que l'exécution de ce droit serait en contradiction manifeste avec l'ordre public du pays dans lequel on la demande.

En matière de conflit de lois il faut respecter la loi territoriale d'ordre public compétente ; c'est-à-dire que si au moment de la formation du droit on ne se conforme pas à la loi territoriale compétente, cet acte est nul dès son origine. Mais ici ce n'est plus la même chose, le droit a été régulièrement acquis, mais il se présente une contrariété dans l'effet qu'on entend tirer de ce droit avec l'ordre public. D'où voici les différences qui résultent de cette situation.

Quand on se demande si l'ordre public s'oppose à l'exécution demandée, il faut chercher quel est l'ordre public du pays où l'on va ramener le droit à exécution, et cela au moment même où l'on veut procéder à cette exécution. S'il s'agit d'une question de conflit, on se demandera au contraire, si les lois d'ordre public, au moment de la formation du contrat, permettaient ou non la constitution de ce droit. Je puis signaler encore une autre différence : l'influence de l'ordre public sur un droit régulièrement acquis à l'étranger peut n'être que partielle, tandis que l'influence de l'ordre public sur la constitution du droit est forcément totale. Une dernière remarque, Messieurs, sur cette question. Vous savez qu'un certain parti dans la doctrine considère la territorialité des lois d'ordre public comme une limite mise à l'établissement de la communauté des droits entre nations. Je considère cette idée à la fois comme fausse et comme vraie. Cette idée est fausse quand on s'occupe de l'influence de l'ordre public en matière de conflit, car ici la territorialité des lois d'ordre public est plus qu'une limite posée à l'établissement de la communauté internationale. Son inobservation, en effet, entraîne la nullité du droit. Au contraire, en matière de droits acquis, l'ordre public limite seulement les effets du droit en dehors du pays où il a été acquis. Ici il est exact de dire que c'est une barrière à la communauté du droit entre nations.

XLVIᵉ LEÇON. — *13 mars 1905* (1).

Messieurs,

Je vais déduire rapidement au début de cette leçon les conséquences principales des idées que j'ai exprimées dans notre dernière réunion. Je les ramènerai à trois propositions :

1° Les seuls droits pouvant prétendre à un effet international sont les droits qui ont été régulièrement acquis. Je n'insiste plus sur cette idée, que vous connaissez maintenant.

2° Les effets des droits acquis sont plus étendus que ne peuvent vous le laisser supposer les exemples que j'ai choisis. Un droit acquis, en effet, peut être invoqué non seulement à l'occasion de la création d'un rapport de droit nouveau, mais encore à l'occasion de sa transformation. J'ajoute que l'extinction même d'un rapport de droit antérieurement existant produit aussi des effets semblables à la création d'un droit

____

(1) Droits de traduction et de reproduction réservés.

acquis. Dans ce cas c'est la liberté respective des parties auparavant engagées dans le rapport de droit qui forme l'objet du droit nouvellement acquis. Quel que soit l'objet du droit régulièrement acquis, il demeure certain que son effet international ne peut d'aucune manière dépasser celui qu'il possède dans le pays où il a été constitué.

3° Un droit régulièrement acquis ne peut être invoqué à l'étranger qu'aussi longtemps qu'il peut l'être dans le pays où il a pris naissance. Car, pour exercer ce droit à l'étranger, il faut qu'il existe encore, et si, d'après la loi qui a présidé à sa naissance et lui a donné l'existence, ce droit doit être considéré comme éteint, il ne saurait plus avoir aucun effet en aucun lieu. Or, s'il ne peut être invoqué dans le pays de son origine, il n'existe plus. Ceci ne suffit pas. Il faut se demander ici quand ce droit, au point de vue international, doit être considéré comme éteint dans le pays où il a été constitué ? A cet égard, il est nécessaire que son mode d'extinction ait lui aussi été régulier au point de vue international comme sa création.

Voilà, Messieurs, les conséquences des principes que je vous ai exposés au cours de mes dernières leçons. Passons maintenant aux applications qu'ils comportent.

Et d'abord voyons l'état et la capacité des personnes. En matière de capacité il n'y a pas de droits acquis, parce qu'une loi de capacité représente la protection dont une personne a besoin, et cette protection doit se mesurer au moment même de la naissance de ce besoin, sans que l'on ait à s'inquiéter de la situation antérieure de la personne.

En matière d'état, au contraire, une constatation tout opposée s'impose. Ici notre principe se présente avec un caractère d'évidente nécessité. Je veux, à cet égard, vous présenter deux observations. D'abord, pour que l'état de la personne soit internationalement reconnu, il faut qu'il existe. Par exemple, on se demande si un enfant naturel, dont la loi personnelle autorise la légitimation au moment de sa naissance, peut être légitimé à une époque où son statut personnel n'autoriserait plus cette légitimation ? L'état qu'il s'agit de garantir à l'enfant n'existe pas jusqu'au moment où l'acte produisant légitimation s'accomplit, d'où cet état ne peut former pour lui un droit acquis. Pour la reconnaissance, qui est plutôt déclarative que constitutive d'état, on peut soutenir au contraire qu'il suffit que le droit à la reconnaissance existe au moment de la naissance de l'enfant pour qu'il puisse être reconnu.

Voici maintenant ma seconde observation. Un état ancien ne peut être considéré comme internationalement remplacé par un état nouveau qu'autant que cet état nouveau constitue lui-même un droit régulièrement acquis au point de vue international. Cette dernière proposition contient la solution de bien des difficultés. Voyons, par exemple, ce qui va se passer en cas de conflit de lois sur la nationalité. Une personne acquiert, soit par naturalisation, soit par le bienfait de la loi, une nationalité nouvelle. Deux sortes de conflits peuvent se produire, comme je vais vous le montrer. L'acquisition de la nationalité nouvelle se compose, vous le savez, de deux actes : l'abdication de l'ancienne nationalité ; l'acquisition de la nationalité demandée. Ceci posé, supposons d'abord une personne qui perd son ancienne nationalité sans en acquérir une nouvelle. Est-elle sans nationalité ? Pour l'Etat dont elle a dépouillé la nationalité elle est devenue « heimathos », mais pour les Etats tiers cette personne a-t-elle perdu toute nationalité ? On peut soutenir, il me semble, que pour ces Etats tiers la personne aura gardé sa nationalité primitive jusqu'à ce qu'elle en ait acquis une nouvelle, puisque cette acquisition d'une seconde nationalité est une des conditions du changement de nationalité.

Supposons au contraire une personne qui n'a pas abdiqué sa nationalité et qui en a acquis une nouvelle par le bienfait de la loi. Cette personne devra être considérée comme ayant gardé sa première nationalité pour les Etats tiers, car cette personne n'a pas perdu son ancienne nationalité, puisqu'elle ne l'a pas abdiquée ; donc sa nationalité nouvelle n'est pas un droit régulièrement acquis au point de vue international.

En matière d'annexion, je trouve de nouvelles applications du principe. Les Etats tiers ont le droit d'interpréter le traité d'annexion. Quand le traité n'a pas touché, par exemple, à certaines questions relatives, par exemple au changement de nationalité des femmes, des mineurs, que décider ? Les tribunaux des États tiers devront considérer les habitants en question comme n'ayant pas changé de nationalité ; car leur ancienne nationalité a été pour eux régulièrement acquise, alors qu'on ne peut pas démontrer que le traité intervenu ait eu pour effet de leur faire acquérir la nationalité de l'annexant.

De même, en matière de divorce, notre principe nous rendrait la solution d'une question délicate pour les auteurs et la jurisprudence.

Deux époux appartenant à deux nationalités différentes, dont l'une autorise le divorce et l'autre le refuse, veulent divorcer. L'époux qui a changé de nationalité et qui est devenu sujet d'un pays autorisant le divorce, peut-il l'obtenir contre son conjoint resté soumis à l'empire d'une loi qui le prohibe ? La jurisprudence est divisée sur ce point. Il ne doit pas y avoir d'hésitation, à mon avis, sur cette question. Le divorce en ce cas est impossible. Les époux ont contracté, en effet, un mariage qui était indissoluble à l'origine, c'était pour eux un droit régulièrement acquis à l'indissolubilité. Ce droit ne changerait qu'autant qu'il serait remplacé par un autre droit régulièrement acquis. Or, on ne peut considérer comme régulièrement acquis le droit qui appartiendrait à un seul époux de divorcer ; car le divorce suppose la rupture du lien conjugal par rapport aux deux conjoints. Le seul droit acquis en l'espèce est celui qui résulte du mariage. Il est lié au caractère de l'indissolubilité. Les juridictions des États tiers devront donc répondre que ces époux ne peuvent pas divorcer.

Après les personnes, voyons les biens.

La théorie des droits acquis est de nature à rendre d'importants services, soit en matière de propriété mobilière, soit en matière de propriété intellectuelle.

Tout d'abord, en matière de propriété mobilière, soit corporelle, soit incorporelle. Sans le secours de cette idée, le propriétaire d'un meuble perdrait son droit de propriété en franchissant la frontière du pays où il a acquis ce meuble. L'idée de personnalité du droit ne pourrait venir ici en aide à ce propriétaire, car les lois qui garantissent son acquisition sont essentiellement territoriales. De même, en matière de créances, — je suppose qu'une créance a été acquise à l'intérieur d'un pays ; pour que cette cession de créance produise son effet à l'étranger, il faut encore ici et pour le même motif, se référer au principe du respect international des droits acquis.

C'est dans la matière des titres au porteur que l'application de notre principe est la plus fréquente. L'extrême mobilité des titres au porteur donne un intérêt   ial à la fixation de la validité de leur négociation. Or, le point de savoir si la négociation a été régulière et a produit par suite un droit qui doit être respecté partout dépend de la loi de ce lieu. C'est en matière de titres au porteur perdus ou volés que nous rencontrons les applications les plus pratiques de notre principe. Une première série de dispositions de la loi du 15 juin 1872 permet, vous le savez, au propriétaire dépossédé de toucher les coupons et d'obtenir le remboursement du capital de son titre moyennant certaines formalités ; puis une autre série de dispositions vise la négociation des titres perdus ou volés.

Il y a un grand intérêt à se demander quelle est la portée internationale de ces dispositions. Un point certain est que ces deux groupes de règles ont pour but le crédit public et constituent des lois d'ordre public. On rencontre ici à la fois une question de conflit et une question de droits acquis. En ce qui concerne l'inaliénabilité relative des titres perdus ou volés, on est en présence d'une loi d'ordre public, en ce sens qu'ici elle doit s'appliquer sans distinction à toutes les hypothèses. Quelle est la loi compétente? L'hésitation est possible ici. On peut songer, en effet, à la loi du lieu de négociation, à la loi du lieu de la perte ou du vol, à la loi du lieu de l'établissement débiteur, enfin à la *lex fori*. La jurisprudence française a montré fréquemment (surtout lorsqu'il s'agissait de titres français) une tendance marquée à appliquer la loi de 1872 aux revendications portées devant elle sans se soucier du lieu où la négociation du titre s'était accomplie. On a invoqué à cet égard la volonté des parties, la situation fictive du meuble corporel au siège de l'établissement débiteur, et enfin la possibilité de la fraude. En vérité, sur ce point règne en jurisprudence une obscurité complète. Je crois qu'ici l'obscurité diminuera, si on mesure la portée de ces lois avec le but social qu'elles visent. Ces lois ont pour objet la sécurité des tiers, elles sont à ce point de vue de la compétence du législateur chez qui ces transactions se sont opérées. Pratiquement la question de la validité ou de l'invalidité de la transmission d'un meuble perdu ou volé dépend de la loi du lieu où la transmission s'est faite. Les négociations faites dans un pays étranger où des dispositions analogues à celles de la loi de 1872 sont ignorées, sont parfaitement valables et engendrent au profit de l'acquéreur un droit régulièrement acquis. Peu importe que le tribunal saisi de la validité de la transmission siège sur un autre territoire, il devra reconnaître la validité de cette transmission.

Que décider, Messieurs, d'une seconde aliénation faite en France à la suite d'une première négociation qui aurait eu lieu à l'étranger ? Ici il me semble que nous devons faire encore intervenir le principe des droits acquis. Ici le second vendeur est légitime propriétaire du titre, donc rien ne peut l'empêcher, même en France, de transmettre valablement à un tiers. Je considérerais une pareille négociation comme valable.

Je passe à la deuxième catégorie de dispositions contenues dans la loi de 1872, concernant le paiement des coupons et le remboursement du capital du titre perdu ou volé. La loi applicable en cette matière sera la loi du lieu de l'établissement débiteur. L'ancien propriétaire pourra se faire rembourser, mais peut-être le titre aura-t-il été négocié à l'étranger et valablement ; et le nouveau propriétaire que deviendra-t-il ? Je crois qu'il pourra s'adresser à la caution que l'on exige du propriétaire primitif du titre, quand celui-ci demande à l'établissement débiteur le remboursement du capital.

J'arrive maintenant à la propriété intellectuelle. J'entends par cette expression la propriété littéraire et artistique, puis la propriété industrielle sous ses différentes formes. Le principe du respect international des droits acquis est la clef de la condition internationale de la propriété intellectuelle.

En dépit de leur nom de « propriété », ces droits sont des monopoles, dont la condition internationale est à la fois très importante et fort douteuse.

Le véritable point de la difficulté concerne le cas où un individu vient exercer dans un pays des droits de propriété intellectuelle qu'il a acquis dans un autre pays. C'est une hypothèse que j'examinerai dans ma leçon de demain.

XLVIIᵉ LEÇON. — 14 mars 1905 (1).

Messieurs,

Les questions internationales concernant la propriété intellectuelle se présentent principalement sous cette forme: étant donnée une propriété de cette sorte acquise dans un pays, comment et dans quelle mesure peut-elle être exercée dans un autre pays ? C'est le principe du respect dû aux droits acquis qui nous servira encore de guide en cette matière.

---

(1) Droits de traduction et de reproduction réservés.

C'est ce principe, en effet, qui va d'abord nous éclairer sur le point de savoir quelles sont les formes de propriété intellectuelle qui pourront être ainsi exercées à l'étranger. Il est possible que la propriété littéraire, par exemple, prenne une forme spéciale dans un pays, forme qu'elle n'aura pas dans un autre; dans tel pays on protégera les traductions, dans tel autre on ne prendra en leur faveur aucune mesure. La législation compétente sera celle du pays où est née la propriété dont l'intéressé se prévaut, c'est elle qui doit trancher cette question. Pourquoi? Parce que le droit que l'on veut invoquer à l'étranger ne peut et ne pourra jamais être que celui qui existe au profit de l'auteur dans le pays d'origine de son œuvre. Ce sera la loi de ce pays qui déterminera la limite de ce droit.

La même solution déterminera l'effet que l'on doit attacher aux droits ainsi transportés d'un pays dans un autre. Nous observerons à cet égard que l'effet du droit ainsi invoqué à l'étranger est enfermé dans une seconde limite : il ne peut dépasser l'effet d'un semblable droit, tel qu'il existe dans le pays où il est exercé. En d'autres termes, quand un étranger voit son droit en opposition avec une loi d'ordre public du pays où il l'invoque, il ne peut évidemment transgresser cette loi, qui s'impose à lui comme aux nationaux.

En pratique, les lois, les traités consacrent la solution que je vous donnais en ce qui concerne les formes de la propriété. Mais il n'en va plus de même pour ce qui touche aux effets de cette propriété. Les diplomates ont cédé ici aux demandes réitérées des intéressés. On est arrivé à cette conséquence que les lois positives accordent aux droits intellectuels acquis à l'étranger des avantages identiques à ceux qui sont attachés aux mêmes droits existant dans le pays où on veut les exercer. Le droit positif identifie la situation de la propriété intellectuelle acquise à l'étranger à celle de la propriété acquise à l'intérieur. Théoriquement cette thèse est inadmissible. Quand il s'agit d'une propriété intellectuelle acquise à l'étranger, et qu'on veut exercer dans un pays donné, la prétention que l'on élève a sa source dans l'acquisition du droit à l'étranger, et c'est elle qui doit régler les effets de ce droit.

La même influence des idées touchant les droits acquis se retrouve dans les questions relatives à l'extinction de ces droits intellectuels. Dans quels cas un droit de propriété intellectuelle doit-il être considéré comme ayant disparu ? On répond que les modes d'extinction organisés à l'intérieur par le législateur du pays dans lequel on vient exercer le droit sont opposables même aux droits acquis à l'étranger. L'extinction du droit est prononcée en effet dans l'intérêt du public; et cette considération tirée de l'ordre public fait que le mode d'extinction du droit est opposable même aux droits acquis à l'étranger. Ces droits sont-ils également sujets aux modes d'extinction prévus et réglementés par la législation du pays où ils ont été constitués? La convention de Berne résout cette question d'une manière affirmative pour la prescription ; mais ne dit rien des autres modes d'extinction. Avec notre doctrine nous déciderons que la propriété intellectuelle acquise dans un pays et exercée ailleurs est réglementée par la loi de son acquisition. Car si, d'après cette loi, le droit que l'on avait acquis dans un pays est éteint, il n'existe plus nulle part, et il ne peut plus, par suite, être question de l'exercer à l'étranger.

Ces généralités nous permettront, je l'espère, de résoudre les difficultés qui peuvent se présenter en cette délicate matière. En résumé, la propriété intellectuelle acquise dans un pays et exercée dans un autre est toujours soumise à deux lois en même temps : d'abord à la loi du lieu de son acquisition, ensuite à la loi du lieu où elle est exercée.

J'arrive maintenant à la faillite en droit international privé. C'est une matière d'une grande complexité qui tient au grand nombre et à la variété des questions engagées. Voici les groupes de questions qui se présentent à notre étude.

D'abord, qui peut être déclaré en faillite ? Comment peut-on être déclaré en faillite ? Voilà deux questions qui varient suivant les législations. Ensuite, de nombreuses questions se réfèrent aux mesures prises par le législateur pour la protection des créanciers du failli : il y a le dessaisissement du failli, les incapacités, les nullités des actes faits dans la période suspecte, la restriction à l'hypothèque légale de la femme, la nomination des syndics et leurs pouvoirs. En troisième lieu, la faillite contient quantité de règles relatives à la distribution du patrimoine du failli, à la réunion des créanciers, au concordat, à l'union.

Il existe, Messieurs, en matière de faillite, deux tendances nettement opposées l'une à l'autre. Tout d'abord, en considérant la question au point de vue de la *lex ferenda*, on est en présence de deux systèmes, celui de l'unité de la faillite et celui de la pluralité des faillites. Un mouvement s'est produit récemment en faveur de l'unité internationale de la faillite. D'après l'opinion proposée, on ouvrirait une seule faillite au domicile commercial du failli. On vante la supériorité de ce système, qui présente en effet l'avantage de concentrer dans un même lieu et entre les mains d'un même administrateur les opérations si complexes de la liquidation et de la distribution. On arriverait ainsi, dit-on, à une certitude plus grande. Les créanciers n'auraient pas à veiller sur plusieurs points à la fois à la protection de leurs intérêts. L'égalité dans la distribution serait également plus certaine.

Le système de la pluralité des faillites, au contraire, ne se recommande pas de commodités aussi grandes. Au point de vue législatif ce système ne fait que répondre aux arguments du système opposé. Forcément, l'existence de certaines créances au profit de certains créanciers, notamment des créanciers hypothécaires, engendrera la pluralité des faillites. On ne saurait y échapper. Et puis, le créancier qui a traité dans un lieu avec le failli sera peut-être obligé, dans le système de l'unité de la faillite, d'aller dans un autre lieu très éloigné du premier pour faire valoir ses droits sur l'actif du commerçant.

Au point de vue de la législation, l'avantage qui appartenait à l'unité de la faillite paraît passer au système de la pluralité. Il faut démontrer, en effet, qu'au point de vue du droit, la faillite peut être unique. Les efforts qu'ont déployés les partisans de cette opinion ont montré la faiblesse de leur système. On a essayé de fonder l'unité de la faillite sur l'unité du patrimoine. A cela on répond que l'exécution dont le patrimoine est l'objet a pour effet d'en briser l'unité. On a dit aussi que le syndic était un mandataire. On oublie que le syndic n'est pas un mandataire conventionnel, c'est un mandataire légal et l'étendue de ses pouvoirs dépend de la portée d'application de la loi qui lui a conféré son mandat. On a dit encore qu'il y avait une convention tacite entre le failli et les créanciers, c'est une pure affirmation, qui n'est point démontrée.

Donc, au point de vue de l'argumentation juridique, la thèse de l'unité de la faillite en est encore à rechercher un bon argument sur lequel elle puisse s'appuyer. La jurisprudence française admet en principe la territorialité des faillites, mais elle admet en même temps qu'un jugement étranger déclaratif de faillite est susceptible de recevoir en France l'exéquatur, c'est-à-dire susceptible de produire, grâce à cet exequatur, des effets importants sur notre territoire. Elle autorise même les syndics étrangers à faire reconnaître leur qualité avant tout exequatur à la condition qu'en cette qualité ils n'entendent pas procéder sur notre territoire à des actes d'exécution. Car en ce cas il leur faudrait l'exequatur de la décision étrangère qui les a nommés.

Que décider au point de vue des principes ?

A mon avis, la faillite est une institution de statut purement territorial. Je me rattache sur ce premier point à la doctrine de mon savant collègue, M. Thaller. Ce dernier pense que la faillite ayant pour objet les biens, doit être territoriale. J'adopte aussi cette idée de territorialité de la faillite, mais pour une autre raison. A mon avis, la faillite est territoriale parce que le but social des lois sur la faillite est de tendre à l'exécution forcée des biens du failli. Toutes lois groupées autour du fait de la faillite ont pour objet d'assurer aux créanciers la satisfaction que l'on peut donner à leur prétention. Or, les lois sur la faillite étant des lois d'exécution forcée, ont à titre essentiel le caractère de lois de crédit pubic ; ce sont donc des lois d'ordre public. Le jugement déclaratif de faillite n'est susceptibe d'aucun exequatur. Pourquoi ? Ce jugement sanctionne l'exercice d'un pouvoir purement territorial de l'Etat local, pouvoir qui n'existe pas en dehors des frontières de cet Etat. Certes, l'unité de la faillite peut paraître désirable, mais elle ne peut être obtenue que par la voie du pur droit positif. Au point de vue des principes, la faillite n'est pas unique, elle est territoriale, et pour chaque territoire où le failli possède des biens une faillite doit nécessairement s'ouvrir, indépendante des faillites qui peuvent être ouvertes ailleurs.

Faisons maintenant l'application de ces idées. Qui peut être déclaré en faillite ? Toute personne peut être déclarée en faillite dans tout pays où elle a des biens. Je ne fixerai donc pas l'ouverture de la faillite au siège de l'établissement principal, je ne me contenterai pas davantage de faillites reliées aux lieux des établissements secondaires. La loi compétente pour l'exécution est celle de la situation des biens. J'admettrai donc l'ouverture d'autant de faillites qu'il y aura de pays différents où sont situés les biens.

Ces idées, Messieurs, ne sont pas celles de notre jurisprudence française. Mais elle parvient sensiblement au même résultat en permettant aux créanciers français de faire déclarer la faillite de leur débiteur étranger en vertu de l'article 14 du Code civil ; or, le créancier français n'aura intérêt à invoquer l'article 14 que si l'étranger a des biens en France. Le principe du respect dû aux droits acquis fera que l'on ne s'inquiétera pas du lieu d'origine de la créance en vertu de laquelle l'ouverture de la faillite sera demandée. La loi du lieu où les biens sont situés, loi qui est ici nécessairement celle du lieu du tribunal saisi, déterminera qui peut provoquer la déclaration de faillite, à l'égard de quelle personne et de quelle façon cette action peut être introduite.

J'adopterai la même loi de compétence pour les mesures prises en faveur des créanciers du failli. Tout d'abord le jugement déclaratif de faillite emporte de plein droit un certain nombre de conséquences juridiques, comme le déssaisissement du failli, les différentes nullités des actes faits pendant la période suspecte. Tous ces effets de la faillite seront régis par la loi de la

situation des biens. Ici je distinguerai plusieurs hypothèses. S'il s'agit de faire annuler un transfert de propriété, une constitution de droit réel, un paiement en
marchandises, et si les biens qui ont fait l'objet de ces
actes se trouvent encore au lieu où la faillite a été déclarée, ils seront régis par la loi de la situation de ces
biens. Si, au contraire, au moment de la cessation des
paiements, ces biens étaient à l'étranger, c'est la loi de
la situation de ces biens qui décidera de la validité ou
de la nullité des actes faits à leur occasion.

Au reste, s'il arrivait que ces questions fussent débattues devant un tribunal différent de celui où les biens
sont situés et dont la loi est compétente, les solutions
ne devraient pas varier, car du moment que la faillite a
été déclarée, les conséquences ne peuvent plus changer
puisqu'elles constituent un droit acquis pour les intéressés. S'il s'agit maintenant d'annulation d'obligations ou de paiements en espèces, la détermination de
la loi compétente devient plus difficile, parce que la
loi de la situation n'est pas aisée à découvrir. Ici l'objet de l'exécution n'est plus précisé, ce n'est plus un
corps certain. Dès lors, il semble que la loi compétente ne pouvant plus être celle de la situation réelle,
ce sera celle du lieu où le patrimoine du failli est considéré comme présent, c'est-à-dire la loi du lieu de
son domicile.

Le jugement déclaratif de faillite ne peut produire
aucun effet au delà du pays où il a été rendu. Ainsi,
une faillite ouverte à l'étranger ne peut avoir nul effet
en France, ne peut entraîner ni incapacité pour le

failli, ni nullité, ni suspension des poursuites individuelles. Cette solution est contraire à celle qu'admet
la jurisprudence. Cette opinion a une conséquence
qui, au point de vue du fait, n'est pas, je le reconnais,
sans inconvénient. Toutes les fois qu'un failli qui a
cessé ses paiements aura des biens situés dans différents pays, il y aura lieu à l'ouverture d'autant de faillites qu'il y a de pays où il possède des biens. D'où
la situation du failli sera très différente peut-être dans
ces pays divers. Cet inconvénient ne sera mis de côté
que par la réforme du droit positif.

Voyons ce qui concerne maintenant la liquidation
et la distribution de l'actif aux créanciers. Au profit
de quels créanciers se feront la liquidation et la distribution? On rencontre dans les divers pays sur ce
point des différences assez graves. Certaines législations tendent à préférer leurs propres créanciers aux
créanciers étrangers. D'autres législations, sans
adopter des principes aussi iniques, se réservent de
prendre des mesures de rétorsion contre les pays qui
sacrifieraient les créanciers étrangers. Il en est ainsi
du Code allemand. D'autres enfin admettent le système français qui est le plus libéral, mais qui ne laisse
pas de faire naître des difficultés dans le cas où il y a
deux faillites ouvertes, une en France, l'autre à
l'étranger. Il n'est pas douteux que les créanciers qui
ont acquis leur droit à l'étranger peuvent produire en
France. Dans quelle mesure? Le créancier étranger
pourra produire en France pour sa créance toute entière, — mais il devra rapporter à la faillite française

ce qu'il aura reçu à l'étranger. On arrivera ainsi à l'égalité complète. Sur quoi baser ce rapport? Eu égard à la masse française, la distribution faite à l'étranger est un paiement partiel ; or, la théorie du respect dû aux droits régulièrement acquis devrait nous conduire à le tenir pour valable, malgré l'article 447 du Code de commerce. Mais, Messieurs, en raisonnant ainsi, on violerait le principe de l'égalité entre les créanciers, principe d'ordre public qui vient écarter en France l'effet du droit acquis à l'étranger. D'où la conséquence directe de cette idée sera pour ce créancier de rapporter ce qu'il a reçu indûment.

Que dire de l'hypothèse plus compliquée où les deux faillites étant ouvertes, le créancier n'a encore produit nulle part. Pour rétablir encore l'égalité dans ce cas, on pourrait imposer à ce créancier l'obligation de rapporter ce qu'il a reçu à l'étranger. Je terminerai demain la question de la faillite en droit international par quelques mots sur le concordat.

XLVIIIᵉ LEÇON. — *15 mars 1905* (1).

MESSIEURS,

Parmi les solutions de la faillite, le concordat est l'événement qui, au point de vue international, fait naître la plus grosse difficulté. Vous en connaissez l'origine, le concordat a au moins l'apparence d'un arrangement amiable grâce auquel le failli est remis

---

(1) Droits de traduction et de reproduction réservés.

à la tête de ses affaires par la décision de la majorité de ses créanciers.

A cause de cette apparence de convention, une opinion s'est formée en doctrine, opinion qui tend à donner des effets extra-territoriaux au concordat. On en conclut qu'un concordat français étend ses conséquences jusque sur les biens situés à l'étranger. On admet aussi qu'un concordat conclu à l'étranger est opposable en France aux créanciers qui y ont adhéré et même à ceux qui n'y ont pas adhéré, à la condition toutefois qu'il ait reçu l'exequatur des tribunaux français. Pour moi, le concordat ne constitue pas un contrat, c'est un incident de la procédure d'exécution, et je le considère comme exclusivement territorial. Je pense donc qu'il n'aura d'effet que quant à la faillite qu'il vient de clore. Et comme la faillite est territoriale, les effets du concordat seront aussi purement territoriaux. Je ne vois rien d'impossible pour ma part à ce qu'une faillite ouverte dans deux pays aboutisse à deux concordats différents dans leurs effets.

J'arrive ainsi, Messieurs, au dernier problème que je veuille aborder dans cet enseignement, c'est-à-dire l'exécution des jugements étrangers. Je le considérerai successivement à deux points de vue : 1° au point de vue de la pratique française; 2° au point de vue des principes.

Au point de vue de la pratique nous avons l'article 546 du Code de procédure civile, qui se borne à renvoyer aux articles 2123 et 2128 du Code civil. L'article 2123 a trait à l'hypothèque judiciaire qui ne résulte en France des jugements étrangers qu'autant qu'ils ont été rendus exécutoires par un tribunal français. Quant à l'article 2128, il ne touche à notre question que d'une manière bien relative. Faute de texte, il s'est formé sur ce point en France une théorie jurisprudentielle.

Et d'abord qu'est-ce que qu'un jugement étranger? Ce n'est pas nécessairement un jugement rendu à l'étranger, c'est un jugement rendu par des juges étrangers, c'est-à-dire par des juges agissant sous l'autorité et par commission d'une souveraineté étrangère. Ainsi, les jugements rendus à l'étranger par les consuls français ne sont pas des jugements étrangers ; au contraire, les jugements rendus en France par des consuls étrangers constituent des jugements étrangers. De même, les tribunaux mixtes en Egypte rendent des jugements qui doivent être considérés comme des jugements étrangers en France. Pour les actes de juridiction gracieuse, la question est plus douteuse. Pourtant la pratique tend à les assimiler aux juridictions contentieuses du moins quand on les invoque pour arriver à un fait d'exécution.

Il n'est pas douteux que pour arriver en France à l'exécution de jugements rendus par des magistrats étrangers un exequatur soit nécessaire. Il faut un exequatur parce que la puissance exécutive dans chaque pays est strictement territoriale. Le problème est de savoir à quelles conditions un jugement étranger peut recevoir en France une exécution.Certains points sont hors de doute. Il faut d'abord s'assurer de l'authenticité de ce jugement, c'est-à-dire de l'authenticité des signatures des magistrats étrangers ; il faut de plus vérifier si ce jugement qu'il s'agit d'exécuter en France a bien acquis à l'étranger la force de chose jugée. Il est encore d'autres conditions que je veux éliminer de notre étude, car elles se trouvent au-dessus de toute discussion. Par exemple, il est nécessaire de savoir si le jugement étranger a été rendu par une juridiction compétente (nous reviendrons sur ce point), ensuite si la partie condamnée par ce jugement a été régulièrement assignée devant le tribunal étranger, au cas où elle n'aurait pas été présente, si elle a été régulièrement condamnée comme défaillante. Il faut enfin voir si le dispositif de ce jugement ne blesse pas l'ordre public français.

Une dernière question très douteuse se présente. Ces jugements sont-ils ou ne sont-ils pas soumis à revision ? Les juges français saisis de la question d'exécution ont-ils le droit d'examiner à nouveau l'affaire et de modifier ou de rejeter la sentence du juge étranger, ou bien sont-ils obligés de rendre exécutoire le jugement étranger tel qu'il a été rendu ?

Notre jurisprudence française admet la revision. D'après l'opinion que de nombreux arrêts ont consacrée, le jugement étranger ne forme qu'une simple présomption au profit de la personne qui l'a obtenu. Si les juges français arrivent après examen à des conclusions différentes de celles des juges étrangers, ils ont le droit de modifier ce jugement en tout ou en partie. La jurisprudence exige seulement que l'objet du procès ne soit pas modifié. Cette opinion très ancienne dans notre pratique judiciaire s'appuie sur différents arguments que je vais rapidement vous exposer.

La jurisprudence invoque d'abord l'article 121 du Code de Michaud (ordonnance de 1629). Cette ordonnance distinguait suivant que le jugement avait été rendu au profit de Français ou contre eux. Cet article 121 que l'on trouve souvent cité dans les arrêts est-il encore en vigueur? On peut en douter, car on rencontre, soit dans le Code de procédure, soit dans la loi de promulgation du Code civil, des textes qui paraissent l'abroger. C'est l'article 1041 dans le Code de procédure civile, c'est aussi l'article 7 de la loi du 30 ventôse an XII promulguant le Code civil. Rien n'est donc moins certain que la survivance de cette ordonnance dans notre droit moderne

On emprunte encore un argument à l'article 2123 : on dit, puisque le tribunal tout entier est appelé à vérifier le jugement étranger, c'est qu'il y a ici œuvre de juridiction, c'est-à-dire revision. Mais en supposant que le tribunal français n'ait pas le droit de reviser les jugements étrangers, son rôle se justifie en ce que une foule de questions restent à résoudre en dehors de la revision. Par exemple, le tribunal doit se demander si l'ordre public français ne s'oppose pas à l'exécution, si le jugement est authentique, etc.? On comprend donc très bien que, si le mot tribunal a, dans l'article 2123, une signification quelconque, l'intervention du tribunal se comprend indépendamment de toute idée de revision.

On fait aussi appel à l'argument de la territorialité de la souveraineté. Il en résulte, dit-on, que l'autorité d'un jugement expire à la frontière du pays dans lequel il a été rendu ; il faut donc que le juge saisi de la question d'exécution rende un nouveau jugement qui comporte de sa part un nouvel examen de l'affaire. A ce troisième argument il y a une réponse très facile, c'est que la territorialité de la souveraineté n'est pas exclusive, car vous savez maintenant en effet que la souveraineté de l'État est aussi extra-territoriale, c'est ce qui explique notamment l'existence du statut personnel.

La jurisprudence est pour ces diverses raisons très combattue en doctrine. Je ne veux pas, pour le moment, entrer dans l'examen de cette controverse. Je vais y revenir dans un instant.

A côté de la question principale de l'exécution du jugement étranger en France se sont posées certaines questions accessoires assez délicates. On se demande tout d'abord si la nécessité de l'exequatur est fondée seulement quand il s'agit d'exécuter un jugement, ou bien si cette nécessité s'impose quand il s'agit simplement d'invoquer dans un pays l'autorité de la chose jugée à l'étranger. On observe à cet égard que l'article 546 du Code de procédure ne parle que de l'exécution du jugement ; on observe en outre que celui qui prétend simplement invoquer l'autorité de la chose jugée ne demande pas positivement un acte d'exécution. De là un parti dans la doctrine conclut qu'il faut faire une distinction et dire que l'exequatur qui est nécessaire quand il s'agit d'exécuter un jugement étranger ne l'est plus quand on prétend simplement invoquer en France l'autorité d'un jugement rendu à l'étranger. Cette distinction repose sur une apparence et non sur une réalité. Celui qui invoque l'autorité de la chose jugée pour en tirer une conséquence juridique donne, à ce qu'il me semble, au jugement étranger une exécution véritable, car cette décision étrangère servira de base, grâce à l'autorité de la chose jugée, à une relation juridique qui aura force exécutoire en France.

Je ne vois pas qu'on puisse faire de différence entre les deux hypothèses. Ce qui est vrai pourtant dans cette doctrine, c'est que le jugement étranger constitue un acte authentique et que les faits non contestés qui s'y trouvent rapportés y trouvent une preuve susceptible d'être invoquée en France.

Une autre question se présente à nous. La nécessité de l'exequatur des jugements étrangers existe-t-elle en toute matière ? L'opinion suivie par la plus grande partie de la doctrine admet une exception en ce qui concerne les jugements relatifs à l'état des personnes, au moins quand il ne s'agit pas d'invoquer ces jugements pour procéder à certains actes d'exécution. On cite, par exemple, les jugements d'interdiction, de légitimité. Nous rencontrons ici, Messieurs, une confusion curieuse entre la compétence législative et la compétence juridictionnelle. On dit que ces jugements ne sont pas susceptibles d'exequatur parce que c'est la loi nationale de la personne qui est compétente en matière d'état des personnes. On en conclut que dans les cas où cet état résulte non pas directement de la loi, mais d'un jugement, c'est la juridiction nationale des intéressés qui a le droit exclusif de rendre ce jugement. Mais cette argumentation ne tient pas compte de ce que la loi qui fixe l'état des personnes ne tranche pas des contestations, le jugement au contraire tranche toujours un litige, et alors se pose la question de savoir si les juges sont obligés de tenir compte d'une sentence étrangère. Je ne crois donc pas qu'il faille ici faire une différence entre les jugements étrangers ordinaires et ceux qui visent l'état des personnes.

La procédure de l'exequatur fait naître des questions que je n'ai pas le loisir d'étudier ici et que vous retrouverez d'ailleurs dans tous les ouvrages de droit international privé. Un adoucissement très sensible a été apporté à notre jurisprudence sur ce point par certaines conventions diplomatiques qui contiennent toutes renonciation des H. P. C. au droit de revision des jugements étrangers. Je citerai la convention franco-sarde du 24 mars 1760, étendue à l'Italie et complétée par une déclaration de 1860 ; le traité franco-suisse du 15 juin 1869, articles 15 et suivants ; le traité franco-badois du 16 avril 1846 ; le traité franco-belge du 8 juillet 1899, article 11. En prenant ce dernier traité comme exemple, on voit : 1° que la décision à exécuter dans le pays étranger ne doit être contraire ni à l'ordre public, ni au droit public du pays dans lequel l'exécution est demandée; 2° qu'elle doit avoir acquis l'autorité de la chose jugée dans le pays où elle a été rendue; 3° que toutes les conditions doivent être réunies qui sont nécessaires à la preuve de son authenticité; 4° que les parties doivent avoir été régulièrement citées, représentées ou déclarées défaillantes; 5° que les règles de compétence posées par la convention doivent avoir été suivies.

Voyons maintenant la question au point de vue des principes. En ce qui concerne l'exécution des jugements étrangers, je pense qu'il faut distinguer deux choses : 1° on trouve dans un jugement un droit acquis que la décision du juge a pour effet de rendre exécutoire; 2° on y rencontre une sentence portée par le tribunal sur la contestation existante entre les parties. Eh bien ! j'estime que ces deux points doivent être absolument distingués.

Au premier point de vue l'exécution des jugements étrangers ne me paraît pas présenter plus de difficultés que l'exécution en France d'actes authentiques étrangers. C'est donc sur la simple constatation de leur régularité que le tribunal donnera l'ordre d'exécuter ces jugements. Il en est ainsi certainement des jugements convenus, et ainsi, à mon avis, des sentences rendues sur arbitrage volontaire à l'étranger.

Le second point de vue est plus difficile et plus caractéristique aussi. L'autorité judiciaire a pour fonction propre de juger les contestations qui s'élèvent entre particuliers, et la question est de savoir si la décision du juge s'impose même à la juridiction des pays étrangers, où ces intéressés peuvent être amenés à l'invoquer? Il faut supposer que le jugement est régulier en la forme, qu'il est susceptible d'exécution dans le pays où il a été rendu, et enfin que le dispositif ne présente rien d'incompatible avec l'ordre public du pays dans lequel on l'invoque.

Reste une question de conflit entre les juridictions, question absolument analogue à celle de conflit de lois que nous avons antérieurement résolue. Nous nous demandons quel tribunal doit juger un procès déterminé. La question d'exécution des jugements étrangers est simplement une question de détermination de compétence judiciaire. Nous arrivons aux conséquences suivantes: si l'affaire dont il s'agit a été jugée par le tribunal compétent, le tribunal à qui est demandé l'exequatur doit s'incliner devant la souveraineté de l'Etat étranger représentée par le tribunal étranger. Si, au contraire, l'affaire n'a pas été jugée par le tribunal compétent, le jugement ne sera pas valable en dehors du territoire du pays où il aura été prononcé, il ne s'imposera plus aux magistrats étrangers, qui ne seront pas tenus de respecter en lui la souveraineté étrangère. C'est une question internationale de distribution de compétence.

Comment la trancher? Il faudrait ici des bases communes à tous les Etats, mais elles n'existent pas, et nous rencontrons les mêmes difficultés qu'en matière de conflits de lois. S'il existe des principes communs de compétence établis soit par un traité diplomatique, soit par une législation identique de part et d'autre, ces principes seront appliqués, et dans les rapports de ces deux Etats l'unité sera réalisée. Mais s'il n'y a pas de principes communs de compétence, l'Etat à qui on demande l'exequatur refusera de l'accorder, dans le cas où la connaissance du litige devait, d'après ses lois intérieures de compétence, revenir à ses tribunaux. Si, au contraire, l'Etat sur le territoire duquel l'exécution est demandée ne réclame pas ce procès pour ses propres juges, si cet Etat est désintéressé dans la question de compétence, je pense que ses juges devront décider de la compétence du tribunal qui a rendu la décision d'après les lois de l'Etat dans lequel siège ce tribunal.

Telle est ma doctrine sur ce point. Vous voyez qu'elle ne fait aucune part au droit de revision. Cependant, à ce principe une exception doit être apportée. Il est possible que le procès jugé à l'étranger ait porté sur une question de conflits de lois. Le juge étranger l'aura résolue d'après le système du droit international privé de son pays qui peut être différent du système suivi dans le pays d'exécution. Dans ce cas le juge ne devra pas donner l'exequatur au jugement étranger.

Voici un juge anglais qui résout une question de statut personnel d'après la loi du domicile. Le juge français ne donnera pas l'exequatur à ce jugement, car d'après lui la loi compétente n'a pas été suivie.

Il y a là place à une sorte de revision fondée sur ce qu'aucun Etat n'est obligé sur son territoire à reconnaître l'autorité d'un système de droit international privé autre que le sien.

FIN DU COURS.

LA ROCHELLE, IMPRIMERIE NOUVELLE NOEL TEXIER

Documents manquants (pages, cahiers...)
NF Z 43-120-13

9 782016 136553